本著作系河南省哲学社会科学规划项目阶段性成果，项目编号：2015BJJ086

≫区域物流产业的发展
——基于"一带一路"视角

◎张如云 / 著

中国水利水电出版社
www.waterpub.com.cn
·北京·

内 容 提 要

本书以"一带一路"视角下的现代区域物流产业发展为研究对象,以国内外物流规划的理论与实践为背景,在区域物流产业发展规划理论与方法和相关路径与对策方面进行了积极探索和系统研究,并从"一带一路"倡议关于区域物流的定位入手,以河南省冷链产业发展为例进行分析,论述了区域物流发展面临的新环境,充分阐述了"一带一路"视角下的区域性物流产业发展状况。本书对于当前的区域性物流产业发展具有借鉴指导性意义。

本书可作为物流类及相近专业类院校的专业基础教材,也可作为物流产业工作者和流通行业爱好者的参考读物。

图书在版编目(CIP)数据

区域物流产业的发展:基于"一带一路"视角/张
如云著. -- 北京:中国水利水电出版社,2018.9(2022.9重印)
　　ISBN 978-7-5170-6941-6

　　Ⅰ.①区… Ⅱ.①张… Ⅲ.①物流—产业发展—研究
Ⅳ.①F252

　　中国版本图书馆 CIP 数据核字(2018)第 220598 号

责任编辑:陈 洁　　封面设计:王 伟

书　　名	区域物流产业的发展——基于"一带一路"视角 QUYU WULIU CHANYE DE FAZHAN——JIYU "YIDAI YILU" SHIJIAO
作　　者	张如云　著
出版发行	中国水利水电出版社 (北京市海淀区玉渊潭南路 1 号 D 座 100038) 网址:www.waterpub.com.cn E-mail:mchannel@263.net(万水) 　　　　sales@mwr.gov.cn 电话:(010)68545888(营销中心)、82562819(万水)
经　　售	全国各地新华书店和相关出版物销售网点
排　　版	北京万水电子信息有限公司
印　　刷	天津光之彩印刷有限公司
规　　格	170mm×240mm　16 开本　16.25 印张　232 千字
版　　次	2018 年 10 月第 1 版　2022 年 9 月第 2 次印刷
印　　数	2001—3001 册
定　　价	72.00 元

前　言

随着经济全球化和区域经济一体化进程的不断加快，物流产业作为一种融运输、仓储、装卸、包装、流通、加工、配送、信息处理等在内的新兴复合型产业，已成为国民经济发展的动脉和全球新的经济增长点，对推动区域经济发展具有不可忽视的作用。世界各国物流产业的实践表明，现代物流与区域经济之间存在着深刻的联系，两者相互促进、协同发展，破坏了它们之间的平衡，都将对其中一方产生抑制作用。近几年来，随着国家各项利好政策及区域经济发展战略的逐步实施，我国的物流产业已经有了长足的发展，但是，仍存在总体规模偏小、运作模式落后，物流供给与物流需求失衡等问题，这些问题直接导致了物流产业与区域经济发展的不协调。目前，关于物流产业与区域经济关系的研究成果较多，但是基于"一带一路"视角的研究还较为鲜见，鉴于此，作者撰写了本书。

本书内容共六章。第一章从区域物流发展的理论基础入手，向读者阐述区域物流的内涵，并进一步概述了物流产业发展问题与影响区域物流产业发展的因素。第二章阐述了区域物流给区域经济的良性发展提供支撑，并从经济全球化的发展趋势入手进一步论证了区域物流是区域外向型经济发展的保障。第三章从"一带一路"倡议关于区域物流的定位入手，以河南省冷链产业发展为例进行分析，论述了区域物流产业发展面临的新环境。第四章从区域物流竞争力的含义开始解析，分析了影响区域物流竞争力的几个重要因素，并进一步阐述了提升区域物流竞争力水平的几种途径。第五章分别从区域物流"协同、创新、标准化、绿色化、立体化"五个方面详细论述了"一带一路"背景下区域物流产业发展新趋势。第六章即最后一章，阐述了区域物流的科学发展规划，并重点探讨了区域物流产业集群理论基础以及培养区域物流产业集群的政策、建议，同时进一步对中国物流产业的发展现状进行了总结，并对未来发展提出了展望。

本书在撰写过程中，查阅研读了国内外大量文献，在分析借鉴前人成果的基础上，进行了大量调研、数据资料处理及系统深入的理论研究。虽然本书撰写付出了艰辛的努力，但是由于作者水平有限、时间仓促，书中难免存在疏漏和不足之处，恳请同行和读者予以批评指正。

作者

2018 年 5 月

目　录

第一章 区域物流发展的理论基础

物流产业是融合运输、仓储、装卸、包装、流通、加工、配送、信息等产业的复合型或聚合型产业，在促进地区产业结构优化和地区经济发展等方面发挥着越来越重要的作用。区域物流发展水平是衡量一个地区经济发展水平的重要指标，但是由于不同地区交通基础设施、地理环境以及经济发展水平存在差异，我国物流业仍存在明显的区域差异。

第一节 区域物流的内涵

一、研究背景的分析

物流产业是经济快速发展、社会分工不断深化的产物，是国民经济的重要组成部分和支撑国民经济发展的基础性、战略性产业，物流业发展水平能够直接反映区域经济的发展水平，已经成为影响地区之间供应链体系竞争的重要因素，是提升地区综合竞争力的重要战略举措和抓手。物流业被认为是国民经济发展的动脉，物流产业的发展规模和竞争力水平，已经成为衡量一个国家或地区综合竞争力高低的重要标志。在全球化趋势不断加强、国际竞争日趋激烈的今天，大力发展物流业已成为优化我国产业结构、促进我国经济健康快速发展的必然要求。

二、区域物流的含义界定

物流是社会经济发展的阶段性产物，其概念和内涵是一个随时间和区域不断演化的过程。根据我国国家标准《物流术语》（GB/T18354—2006），物流的定义为："物资从供应地向接收地的实体流动过程，根据实际需要，将运输、仓储、装卸、包装、流通加工、配送、信息处理等基本功能实施有机结合。"

区域物流是指在特定区域范围内的物流活动，由区域物流网络体系、区域物流信息支撑体系和区域物流组织运作体系组成。区域物流是指为了实现区域经济社会的可持续发展，对区域物资流动进行统筹协调、合理规划、整体控制，以实现区域物流各要素的系统最优目标。区域物流是区域经济活动的重要组成部分。作为国民经济发展的重要产业和新的经济增长点，物流业在促进产业结构调整，转变经济发展方式和增强国家经济竞争力等方面发挥着重要作用。物流的主体、客体和载体及其相互关系构成了物流的总体结构。其中物流主体决定了物流的组织结构，物流客体决定了物流的品质类型和规模，物流载体决定了物流的空间结构。因此，一个区域的物流总体结构往往决定了该区域物流业的发展水平和规模。

三、物流产业的内涵及特性

物流产业是社会分工专业化背景下流通产业的子系统，是以提供物流服务为目标的各种盈利性事业组织的集合，其中包括运输业、仓储业、邮政业、装卸业、包装业、加工配送业、物流信息业等。物流产业是追求物资流动全过程整体最优化的一种新兴产业形态，其主要支撑是仓储业和运输业，但又不等同于仓储业和运输业，具有网络性、服务性、融合性、产业联系性等产业特征。

物流产业既是一个有产品市场边界的生产活动集合，同时也是一个嵌入到其他国民经济行业部门之中的横向经济领域，是一个跨地区、跨行业、跨部门的服务性、基础性和综合性的产业部门，其构成因素极为复杂，将构成庞大的产业集群。

物流服务在市场上表现为一种服务性产品，而物流在企业或行业管理中具体表现为一种组织方式和管理技术，这使得物流产业构成比较复杂，要明确划分物流产业的界限和范围极其困难，有着不同于其他产业的特征。但物流产业符合上述有关产业的定义，并且具备一般产业的特征，但从其内涵来看，物流产业将会表现出明显的服务性、基础性、综合性和复杂性等经济特性。

（一）物流产业的服务性

物流产业的服务性表现在它的物流服务上，物流服务主要是通过货物运输、物资仓储、包装、流通加工、信息服务等功能来实现，客户不仅购买物流设施的使用权，而且购买保证货物得到最优处理的服务。而物流服务具有无形性、不可储存性、严格的时间性和空间性，这一性质决定它表现为一个提供物流服务的产业。物流产业的服务性表现在物流服务的"及时性"，生产过程与消费过程同时进行，服务产品无法储存，仓库闲置一天就会浪费一天，车辆等设施也有类似情况。

此外，物流产业的服务性还表现为很强的引致性需求，物流服务并非最终产品，其时间价值与空间价值主要体现在为国民经济的各行各业服务上，若单纯地讲物流产业的时间价值与空间价值是没有任何意义的；引致性需求还表现在：物流产业是伴随着社会经济不断发展才逐步从商流中分离出来，成为独立运作的产业，但是它并不能够完全与商流分开，其还将作为商流的服务职能而存在。

（二）物流产业的基础性

物流对生产、流通和消费活动都有影响，物流产业是通过它包含的运输、仓储、装卸、流通加工和信息处理等活动，来实现对国民经济的基础性作用；物流设施的建设，例如运输线路和结点的建设，本身就属于国民经济的基础设施建设，而且，物流基础设施对于整个物流的运作是决定性的，没有基础设施就不可能有物流手段，而没有物流手段就不可能进行商品流通和市场扩展。另外，物流产业的基础性还表现在：物流系统的资源要素、流动要素、网络要素等要素的载体是由基础设施或依靠基础设施来运行的物流设备组成的，物流基础设施对生产、流通加工与信息处理产生重大影响；物流系统的某些组成部分还表现出公用性、准公共产品的特征，如道路运输业的发展，必将带动铁路和公路等方面的基础设施投资，这将起到改善社会经济环境的作用，为人们生活带来便利并增加"消费者剩余"和"生产者剩余"。

（三）物流产业的综合性

从纵向分析，物流产业将涵盖交通运输业、物资仓储行业、装卸行业、流通加工行业、物流信息业、咨询服务行业等，仅交通运输业又包括铁路运输、公路运输、航空运输、水路运输和管道运输等部门，其本身就构成庞大产业群，只不过具有与其他产业不同的产业特性，比如服务性，是为其他纵向行业提供服务的；而从横向分析，物流产业横跨多个行业和部门，涉及和影响国民经济的方方面面及各个领域，并且这种影响还有较强的基础性。因此，在考虑物流产业的指标体系和对我国物流产业国际竞争力进行评价时，必须综合考虑国民经济各部门、各领域的物流需求特点，并综合采用各种手段来满足这些需求，同时需要制定统一的预算和统计口径，需要专门的法律和规章并建立相应的行业运行机制等。

（四）物流产业的复杂性

物流活动具有很强的渗透性，其涉及的行业、领域众多，构成复杂，物流活动环节繁多、形态各异，而且物流需求将呈现出个性化和多样化的趋势，要求高定制式物流操作流程来满足各个客户高定制化的物流要求，以实现物流系统的"5S目标"，即合理库存（Stock control）、规模适当（Scale optimization）、节约空间（Space saving）、迅速及时（Speed）和优质服务（Service）。物流产业的复杂性在国际物流业务中表现尤为突出，国际物流将按照国际分工协作的原则，依照国际惯例，利用国际化的物流网络、物流设施和物流技术，实现货物在国际间的流动与交换，这将涉及多个国家，地理范围大，国际物流的复杂性主要包括国际物流通信系统设置的复杂性、法规环境的差异性、商业现状的差异性及各国文化间的巨大差异性等，这使得物流产业的外在特征表现得非常复杂，要求考虑物流产业国际竞争力的影响因素时尽量全面系统。

四、国内外研究现状

（一）物流产业结构研究

物流产业结构分为功能结构和权属结构两个方面。功能结构主要是指物流运转中涉及的运输、仓储、配送等活动形成的产业在物流产业整体中占据的比例和关系；权属结构则主要是指物流产业中的企业在整个物流产业中的比例和关系。国内外学者主要从产业结构的角度研究物流产业结构。国外方面 Lieb 和 Bentz 认为第三方物流产业结构会随着社会发展逐步改变和合并，而物流基础设施不完善、交通拥挤以及成本高等问题是阻碍物流企业难以实现统一管理的主要因素。Ruth 从印度尼西亚、马来西亚和泰国的发展经验出发，发现物流产业服务以及物流信息基础设施建设的改善有助于经济发展，并认为推动物流产业发展可以促进区域经济一体化。Tibus 和 Brennan 对物流产业进行了概述，阐述了在物流行业竞争力不断提高的背景下，美国物流企业为减少整体物流成本，应用管理信息系统来提高员工的工作效率，应用射频识别技术来完善物流活动中的仓储工作。Izabela 和 Bjorklund 认为物流服务商的服务应该结合企业社会责任考虑，将对社会环境以及其他方面的影响作为企业绩效考量的一项工作。

国内方面，刘爽利用系统动力学方法，通过建立区域物流业与产业结构优化的系统动力学模型，分析了物流业与产业结构之间的关系。李纯分析了无锡市物流产业与当地经济发展之间的关系，认为物流产业发展质量的提高能促进区域经济的增长，同时利用产业乘数分析发现无锡市已经初步形成物流产业集群，物流产业的发展可以促进产业结构更加合理。郭彩环实证分析了物流产业对河北省产业结构的影响，研究认为河北省物流产业的发展降低了第一产业结构比重，提高了第

二、第三产业结构比重，总体提升了河北省三次产业结构水平。马静漪研究认为京津冀物流业与三次产业之间存在着长期稳定的协整关系，京津冀物流业的发展会作用于产业结构的升级，而产业结构在向高级形态转变的过程中也会对物流业发展起到推动作用。

（二）物流产业效率研究

Rabinovich 和 Knemeyer 利用计量经济学模型对美国第三方物流企业的总体效率进行了比对分析，并实证分析了物流企业服务绩效和服务广度对物流生产效率产生的影响。Trujillo 和 Tovar 运用随机前沿法（Stochastic Frontier Approach，SFA）分析 22 家港口企业的物流效率，结果表明企业的现有资源没有得到充分利用，生产率仅达到 60%。Hamdan 和 Rogers 在传统数据包络分析—CCR 模型（CCR 是提出该方法的三位作者 Chames、Cooper、Rhode 的首字母缩写，后来将有关模型简称 CCR 模型）基础上将企业的成长目标和专家提议作为约束条件纳入其中，推出约束性数据包络分析模型，并运用两种模型对美国多个仓储中心进行效率分析。Odeck 和 Brathen 研究欧洲港口物流效率，他们主要以随机影响模型为基本模型，以欧洲港口相关数据为基础。

魏华运用数据包络分析模型对湖北省物流产业近 12 年的可持续发展状况进行实证研究，找出了制约湖北省物流产业发展的因素。曾佑新和杜立奎利用数据包络分析方法分析了江苏省物流效率，提出了有关对策建议。张春梅等对内蒙古地区 9 年的物流产业发展情况进行了整体有效性、技术有效性和投影测度分析。陈洁利用环境数据包络分析技术和方向距离函数方法，对碳强度约束下中国物流业全要素生产率的增长来源与区域差异进行了实证分析。王维国和马越越利用三阶段数据包络分析模型分析了物流外部营运环境条件对我国物流产业效率变化的影响。

（三）物流产业升级研究

Porter 认为产业升级就是国家在人力物力资源十分充足时，资本和技术密集型产业的发展更有竞争力。Poon 认为物流产业集群升级是劳动密集型角色的转变，利用人力资本生产出高价值的技术产品的转移过程。Franke 和 Kalmbach 认为科技变革优化了产业间投入与产出的关系，从而促进了产业结构调整和经济增长。陈长彬和盛鑫运用演化博弈的方法研究了供应链一体化下区域物流产业集群的升级问题。刘联辉和赵少波分析了广东省物流业发展情况，指出了广东省物流产业升级路径及对策建议。刘伟华等从全球物流价值链角度阐述了物流产业升级的内涵，分析了物流产业升级动力，给出了物流产业升级模式。肖小虹分析了物流产业与国家经济新环境的关联度，提出我国西部物流产业创新优化升级的路径。孙慧指出了我国区域物流产业集群发展中存在的问题，提出了物流链整合背景下区域物流产业集群升级策略。宋迎春探讨了全球价值链背景下推进我国物流产业升级的策略选择。赵松岭阐述了河北省沿海地区发展现代物流业的意义，指出了河北省沿海地区现代物流业存在的问题，分析了河北省沿海地区现代物流业的发展途径。

第二节　物流产业的发展问题

物流产业与经济发展、产业运行具有紧密的内在联系，物流产业的发展水平和质量，既受关联产业和经济发展阶段的制约，又因供应链物流管理与服务、第三方物流服务、物流园区规划与建设、城市配送系统建设等的应用和发展，对关联产业具有良好的提升发展和转型引导作用。物流产业是国民经济发展中非常重要的、运作机理较为复杂的产业。物流产业发展的重要性和复杂性，使得物流产业发展的规划和政策引导成为具有难度的一项工作。如何按照物流产业与经济发展关系特征，以及物流产业自身的发展规律，编制科学性、可操作性的规划，并制定出能推动物流业健康发展的实施政策，已成为物流产业发展中的重要任务和根本问题。

一、物流产业问题的产生

在现代经济发展趋向产业化和产业组织不断变革的背景下，物流产业发展问题的产生，既具有缘自物流本身的概念变化因素，又由于现实的通过规划引导产业发展模式在物流产业领域的应用，这两大因素是物流产业问题产生的重要基础。

（一）物流概念的演变

在物流概念的演变过程中，有一个脉络是非常清晰的，就是物流活动涵盖的内容越来越多，以物流活动为支撑的物流服务的专业化、规模化、信息化等程度越来越高，以物流服务为基础的企业经营活动范围越来越广，由此形成了由专业企业和特定经营领域构成的物流服务产业，物流概念的演变成为物流产业形成与发展的重要基础。

同时，也由于物流产业问题的形成与发展，在很大程度上推进了物流概念进一步朝着产业方向演变，物流概念的产业内涵不断扩展。由此可见，物流概念与物流产业问题在现代经济条件下具有相互影响和伴生性。

无论物流概念如何演变，物流活动内容不断增加和专业化的服务是其主要特征，尤其是物流活动的增加是以服务创新、服务组织的改变等体现出来的，而提供服务的企业的发展造就了物流产业的形成与发展。物流产业问题其实在物流概念产生之初就已经形成了，仅仅是由于规模小、影响范围窄和以运输、仓储等传统载体体现而不为人们认识，或未从产业层面上进行表述而已。

1965 年，日本在政府文件中正式采用了"物的流通"这个术语，并简称为"物流"。我国目前使用的物流一词正是来源于此。

1981 年，日本综合研究所编著的《物流手册》，对"物流"的表述是："物质资料从供给者向需要者的物理性移动，是创造时间性、场所性价值的经济活动。从物流的范畴来看，包括包装、装卸、保管、库存管理、流通加工、运输、配送等诸种活动。"

1986年，美国物流管理协会（National Council of Physical Distribution Management，NCPDM）改名为CLM，即The Council of Logistics Management。将Physical Distribution改为Logistics，其理由也是因为Physical Distribution的领域较狭窄，Logistics的概念则较宽广、连贯，更具整体性。改名后的美国物流管理协会（CLM）对Logistics所做的定义是："以适合于顾客的要求为目的，对原材料、在制品、制成品与其关联的信息，从产业地点到消费地点之间的流通与保管，为求有效率且最大的'对费用的相对效果'而进行计划、执行、控制。"

从配送概念的演进可以较为清晰地看到，以商品终端流通服务为其初期阶段的主要活动内容的配送，在经济发展和产业组织模式变化中发生了两个较为显著的变化：一是与产品的生产、流通全过程联系密切，既产生了不同的配送服务内容，也形成了全新的配送模式，并因生产、流通的社会分工而出现专业化的配送服务企业，促进了物流产业的形成与发展；二是专业化配送服务企业的不断发展，逐步形成了具有独立经营领域和特点的配送企业群体，具有扩张能力的企业在竞争中不断发展壮大，符合现代经济发展中的产业发展模式。

这种概念上的调整，导致供应链物流概念逐步形成。2005年，美国物流管理协会更名为美国供应链管理协会，从供应链的角度对物流的概念进行了定义："供应链管理，即利用计算机网络技术全面规划供应链中的商流、物流、信息流、资金流等，并进行计划、组织、协调与控制。"从供应链管理的角度定义并推进物流的发展，标志着世界物流已进入供应链管理的新阶段，物流活动的范畴已经大大超出了传统的物流定义，为物流业的发展奠定了理论基础。

由于我国物流产业发展起步较晚，同时制造业、商贸服务业发展的层次水平相差较大，导致我国物流实践客观上存在物流管理的多层次性，即多种模式的物流并存。我国的物流概念需要很好地涵盖这些内容，因此，我国的物流定义中既包括了物流配送等在内的物流活动，也具有供应链物流的内涵。

供应链物流概念的形成与发展，大大拓展了物流服务的内容和形态，使在物流服务基础上形成具有规模化、组织化特点的物流产业既成为可能又具有现实需求，为在地理空间（辐射区域和国际）、产业跨度（涵盖所有物流活动）上发展物流产业奠定了较为坚实的理论基础。现代物流产业形态之所以丰富多彩，很大程度上得益于物流供应链概念对物流活动的拓展性总结，也为未来物流业的发展指明了方向。

（二）物流产业发展的实践基础

在物流概念演变基础上产生物流产业问题的同时，在产业发展层面也开始了较为丰富的实践，尤其是不同层次、不同范围、不同视角和不同内容的各种类型的物流产业发展规划的编制，在很大程度上推进了物流产业的发展，使物流产业问题成为物流产业发展中的重要问题。

1. 发展内容

无论是物流相关的政府部门还是企业，在各种类型的物流产业发展规划编制过程中，很自然地涉及各种物流产业发展内容问题，这些主要由物流活动构成的发展内容构成了目前发展物流产业的基本框架。由于客观上物流产业规划走在了物流产业理论的前面，导致物流产业发展相关规划缺乏坚实的理论基础。目前，各类物流产业发展规划基本是按照一般性产业的构成要件和发展需要来编制的，各个不同区域范围和产业发展领域具有引导、控制、管理、建设等功能的规划，均具有这种特征。由于物流产业发展规划研究是在物流产业理论逐步建立和完善过程中进行的，不同阶段物流产业概念的差异，直接导致了规划内容和模式的不同，概念的演变也体现在规划内容的演进上。

编制物流产业发展规划，核心是科学、合理、有效率、低成本地实现物流产业组织和发展。从目前的物流产业发展规划分析，物流产业发展内容主要包括物流产业空间布局、物流基础设施建设、物流管理与服务组织、物流企业和企业物流的发展，以及支持物流产业发展的相关政策与措施等。由于物流活动随着实践的发展不断增加和物流组织形态日益丰富多彩，从产业角度对物流产业发展问题进行规划，需要对物流产业内涵进行界定，并针对物流产业内涵涉及的物流产业发展领域，按照物流运行的特点和模式，进行基础设施系统和服务网络的合理布局规划，以及对相关企业发展、技术应用、政府管理体制与机制进行适合物流特点的规划，以便使规划具有结构的规范性和内容的统一性。但是，近些年来，我国区域（省）、城市、企业和重要物流基础设施规划，以及物流信息化、标准化、技术进步等相关发展规划实践表明，由于对物流产业发展内容的认知缺乏统一性，导致规划缺乏必要的规范，很难适应物流产业发展特别是区域性、网络化发展需要，必须系统地研究物流产业的发展内容问题，以便能将物流产业发展纳入具有理论指导的轨道，使规划能够更好地指导物流产业的发展。

2. 发展思路

解决物流产业发展内容，仅仅是物流产业发展的一个方面。由于特定区域范围（如区域、省、城市）的物流服务系统，是在服务于制造业、商贸服务业，以及特定的综合交通运输环境条件下形成的，导致了不同区域物流产业发展内容可能相同，但发展的思路可能完全不同，于是产生了关于物流产业发展思路的问题。从近些年来的物流产业发展规划实践分析，在规划中均形成了一定的思路，如确立城市物流的区域定位、培育龙头物流企业、建设区域功能的物流基础设施系统、建设港口等依托交通运输枢纽的物流服务系统等，对指导、引导、推动物流业发展的确发挥了很好的作用。

对于在一定区域如何形成与区域竞争力、经济发展、产业布局等相关联，符合产业组织与发展规律的物流产业系统，目前的理论研究尚存在不足，导致关于一定区域物流产业发展思路的混乱。关于物流产业发展思路的相关理论问题，我国学术界尚未形成统一认识，部分领域还存在一些争论。由于对相关问题的认识不一致，到目前为止，在物流产业的发展思路上并未形成定论，反过来又导致物流产业发展规划的内容和形式呈现出多样化格局。这不仅在一定程度上影响了各类物流产业发展规划的质量和水平，也给各级政府、各类企业编制物流产业发展规划的科学性、系统性和可操作性方面带来影响，对规划的实施推进以及效果产生影响，不仅不利于物流作为产业在整体上发展，也不利于物流在各个相关领域统一的产业政策下顺利发展。因此，作为产业问题的重要组成部分，物流产业在发展思路方面的实践，既对产业发展问题进行了较多的探索，也对产业发展问题的正确认识提出了要求。

3. 发展政策

从规划的角度推进物流产业的发展，最终会体现到物流产业发展的政策层面，其实规划本身也是政策的重要组成部分。多年的物流产业发展规划实践表明，具有可操作性的政策，既是物流产业发展的必然要求，也是规划顺利实施的关键所在。以目前针对产业发展的政策机理分析，对物流产业发展问题的正确、全面认识，是制定科学政策的基石，而现实的情况是物流产业理论严重滞后于各类物流政策的制定，导致目前物流产业发展政策存在诸多问题：要么非常宏观，缺乏对产业发展的引导性和可操作性；要么非常微观，很难发挥对产业发展的整体引导。因此，物流产业规划中政策方面的实践，既对物流产业政策问题的认识提供了很好的支持，又要求对产业发展的机理进行深入研究，以便建立物流产业和物流政策之间的密切的内在联系，使物流产业政策成为物流产业发展的重要引导和推动力量。

（三）物流研究领域拓展

近些年来，我国物流学术研究非常活跃，各种学术成果不断涌现，形成了一批较高质量的关于物流产业的研究成果，且物流产业问题的研究呈现出研究领域不断拓展的局面。与其他产业相比较，物流产业在产业内容、结构和发展机理上更为复杂，具有较强的复合性特征，要形成较为一致的认识，存在较大的难度，争论在所难免。正是由于争论的存在，随着研究领域的不断拓展，对物流产业问题的认识不断深化，物流产业问题的研究架构和体系正在形成。

1. 早期物流产业研究局限

物流概念在 20 世纪 70 年代末、80 年代初期从西方经济发达国家引入到我国后，国内众多学者对物流管理的理论、方法等进行了大量研究，取得了丰硕的成果。由于受到经济发展水平和阶段的限制，早期的物流研究多局限于物流管理与服务的理论和方法层面，既缺乏从当代经济运行、产业布局与发展，以及物流服务结构与产业组织等涉及物流产业宏观层面问题的研究，也缺乏从具体的物流产业发展内容层面的研究，导致物流研究较长时间停留在管理、技术层面。

在宏观层面，对经济发展规模、水平、质量和运行方式与物流水平与管理模式提升的内在需求方面的研究，更多的是从社会物流成本角度进行，即社会物流成本（物流费用）与 GDP 的关系。对物流产业发展的宏观问题进行研究，从物流产业发展的历史比较视角，得出了社会物流成本与 GDP 的比率不断下降的研究结论，具有较为重要的产业发展意义和学术价值，为物流产业问题的形成和深化研究奠定了基础。但对于两者关系的内涵认识并不充分，如长期使用（现在很多学者依然在使用）"社会物流成本占 GDP 的比重"这种不严谨的提法。社会物流成本与 GDP 不应是包含关系，而应是获得同样 GDP 所付出的物流成本代价方面的关系，是体现经济活动的物流效率的概念。此外，社会物流成本代价不断下降的机理是什么？是哪些因素促成了社会物流成本代价的下降趋势？物流产业的发展与经济结构、产业结构和产业发展阶段、产业组织模式等是什么关系？物流产业内部在服务业态、产业组织上有什么特点？这诸多方面的问题，在早期的物流研究中，并未给予很好的回答，无疑成为早期物流研究的缺憾，也体现了对物流产业问题认识的渐进的过程。

在物流产业发展内容层面的研究，也存在一些薄弱的环节，如缺乏对物流企业整体和分类的经营管理理念与能力方面的研究，对物流管理技术应用的支撑环境与制造业、商贸服务业和物流业企业运行模式等的研究，也处于相对薄弱的状态，使得对物流管理与经营的人才的认识缺乏与企业发展模式和经营内容等的关联性，往往提出泛泛的人才研究结论，并不利于物流人才的培养。同时，物流管理作为能够为工业制造、商贸流通和运输、仓储服务等领域企业带来降低成本、提高效率和改善服务效应，并在促进流程再造、资源整合等方面具有重要作用的先进技术，其具体的应用技术研究并未得到足够重视。

2. 物流产业问题研究拓展

物流产业发展实践在很大程度上推动了物流产业问题的研究，但反过来，物流产业的理论研究的不断拓展，也对物流产业的发展实践形成了有力的支撑，尤其是在省、城市等区域性物流产业发展规划、物流园区等基础设施规划、物流信息化发展规划、物流标准化规划方面的理论探索。在物流网络结构、枢纽功能等方面的研究，在各种产业物流（如钢铁、粮食、农产品冷链、商贸、电子商务物流）服务体系等方面的研究，以及在影响物流业发展的税收、土地、企业扶持等政策方面的研究，出现了大批具有奠基作用的研究成果，使物流产业发展问题的研究范围得到了有效的拓展，初步形成了物流产业问题的研究范式与框架。

物流产业问题研究范围与内容的不断拓展，还得益于社会物流研究组织的努力和研究院所的学科建设。在社会物流研究组织方面，中国物流学会无疑发挥了极其重要的作用，首先是源于 2001 年度的全国优秀物流论文评选，虽然仅仅是精神层面的，获奖不一定能为当下各种职称评审、晋升等机构承认，但每年参与者的规模越来越大，达到千篇以上的参评规模，在 10 余次的评选中参评论文大大促进了物流产业问题的研究，尤其是促进了研究理论、方法和内容的交流，使研究的范围不断得到拓展。其次是后来作为年度学术会议重要内容之一的优秀研究成果评选，采取了向中国物流学会申请立项（依然是没有经费支持）和接纳社会研究成果申报的方式，扩大了研究成果的交流范围，尤其是物流产业问题研究成为这些申报项目中的重要组成部分，有力地促进了物流产业问题研究的拓展。研究工作的不断深入和成果的不断涌现，研究院所学科建设得到了完善，不仅涉及产业问题的研究，而且能从产业的构成方面，形成具有一定系统性的研究体系，有力支撑了产业问题研究范围的扩展。

（四）经济发展方式的转变

随着我国经济发展规模的不断扩大和水平的不断提高，在迈向建成全面小康社会门槛的过程中，调整产业结构和提高经济发展质量，特别是培育现代服务产业，加快经济发展转型和结构调整步伐，成为重要的国家战略。为此，现代物流业作为现代服务业的重要组成部分，以及通过供应链物流管理技术的应用有利于带动制造业、商贸服务业、运输与仓储业转型发展的重要产业地位得到充分认识，物流产业的发展与经济发展方式的转变实现了紧密契合，使物流产业问题成为重要的经济发展战略问题。

1. 发展方式转变需要物流业支持

随着我国经济的不断发展和结构调整要求的不断增强，国家提出了发展方式转变的战略，其中，增加第三产业比重和提升服务业的地位，成为重要的战略任务。物流业作为生产性服务业，既具有一般性服务业的增长潜力，更具有与制造业、商贸服务业紧密联系而创新服务运作方式的增量增长潜力。20 世纪 90 年代末期，我国开始高度重视物流业的发展，物流业与经济发展的关系，逐步形成了仅仅作为服务业发展到作为转变经济发展方式的重要内容和支持的转变，物流业的地位得到不断提升。尤其是 2009 年，为应对国际金融危机和国内经济发展面临的困难，国家出台了《物流业调整与振兴规划》，物流业的地位进一步提高，物流业被作为振兴经济的重要手段与途径，其复合型产业的地位得到确立，产业发展的任务也开始变得越来越明确。

2. 物流与经济发展关系的机制

降低成本、提高效率是物流管理的基本目标，因此，物流业作为产业，在仅仅作为一般性服务业的前提下，不断提高产业发展规模的空间受到物流管理目标的根本性制约，提出产业发展目标和特性层面地做大物流业规模，将不符合物流原理。

日本、美国等经济发达国家的物流指标，以及我国近些年来有正式统计的物流指标，都表明一个规律，即社会物流总费用与 GDP 的比率是不断下降的，也不支持不断做大物流产业的产业发展目标。物流产业的发展问题，需要在物流业与经济发展的关系机制层面进行认识，不能孤立地看待物流产业的发展问题。社会物流成本与 GDP 的比率在一定程度上反映了社会物流的效率，正是由于社会物流效率的不断提高，我国及日本、美国的该比率均为不断下降状态。

特别是处于经济转型中的我国，由于产业结构调整较日本、美国的变动更为明显，而经济发达国家的产业结构相对较为稳定，因此，社会物流费用与 GDP 的比率变动，使我国近些年的变化相对较为显著，与日本、美国在经济发展的相同阶段具有很大的相似性。物流与经济发展之间的关系机制，充分体现了转变经济发展方式需要不断提高经济发展效率的基本内涵，对认识和应用物流业改善经济发展环境与条件，具有重要的意义和价值，可以在此角度研究和考虑物流业与经济发展的相互促进。

但是，作为产业的发展，需要谋求增量，这其中隐含的命题实际是需要产业发展的创新，需要寻求新的产业发展空间与思路。近几年我国电子商务与物流的创新发展，说明了这种创新发展的产业空间是巨大的，物流产业在经济发展方式转变的背景下具有扩张空间，而非物流效率所反映的缺乏空间，因此，经济发展方式转变条件下的物流产业发展将是一个全新的产业发展命题。

3．物流业发展对经济发展的贡献

鉴于上述对物流业与经济发展关系的机制的分析，物流业发展对经济增长具有贡献作用，这种贡献作用来自于产业业态、产业组织方式、产业发展内容等的不断创新，而非传统的以运输、仓储等为主要内容的产业规模的简单扩张。经济发展方式的转变导致对提高物流产业发展水平与质量的要求，而物流对经济的贡献作用，是通过用尽可能小的投入形成物流服务设施和能力，为经济运行成本的下降提供管理和服务环境支持的方式来实现的。在经济及产业领域应用物流技术和发展物流服务，实际上是一种新的经济发展方式，在当前中国经济发展的大背景下，实质是将现代物流培育成全新的现代服务产业，赋予其新的产业发展任务与使命，不是简单地提高物流产业的发展地位和物流业领域自身认为物流产业重要的问题，而是寻求新的经济增长路子的问题。

近年来，随着物流服务业态的不断创新，物流业也的确发挥了对经济增长的贡献作用，贡献能力保持在稳定状态。

物流业对经济发展的贡献能力不断提升，物流作为产业的问题受到不断重视。由于不同区域（如省、城市）物流业发展中对经济发展的贡献受到资源禀赋和经济发展基础的制约，以及物流业发展创新带来增量增长能力的约束，物流产业对经济发展的贡献能力没有统一的规律可以遵循，为此，需要对不同范围和层次的物流产业进行合理和科学定位，不能单纯强调提高物流业的规模和不断提高其效益，以便使物流与经济增长保持合理的比例关系。

从产业的角度、从物流产业与其他产业关系的层面，研究物流与经济发展的关系，以便促进经济发展方式的转变，成为理论和实践均需要很好解决的问题。

（五）经济发展需要发挥物流业作用

在转变经济发展方式的过程中，需要在相关领域充分发挥物流业提升效率、降低成本和创新服务的作用，以便形成新的经济运行和企业运作模式，实现经济发展方式的实质性转变。

目前，我国物流业总体发展水平还不高，果品蔬菜在物流过程中由于缺少冷链系统损耗率高，粮食从产区到销区的物流费用较高，企业与社会货运车辆空载率高，包装、仓储与装卸环节物流的损耗高。因此，挖掘物流效率与效益的潜力巨大，以期通过物流业发展水平和质量的提升，为经济提升发展创造环境和运行模式条件。

鉴于物流与经济、企业发展的关系，以及物流业自身发展提升要求，我国在经济发展中需要充分发挥现代物流在以下十个方面的经济价值和功能，形成物流业与经济发展、产业布局相互促进的发展模式。

1. 改变粗放发展方式

我国目前物流总成本与 GDP 的比率与发达国家相比，高一倍以上。2017 年我国社会物流总费用与 GDP 的比率为14.6%，比上年下降0.3个百分点，即便考虑到我国产业结构的因素，我国经济发展的粗放性还是很明显的，需要通过各个产业企业物流技术的广泛应用，以及社会化、专业化物流服务的发展，通过企业物流管理与物流企业服务的基于社会分工的合作与衔接，改变粗放型的经济发展方式。

2. 加快调整产业结构

物流业属于服务业领域，是第三产业的重要组成部分，是我国要大力发展的产业。物流业的发展不仅使传统的流通业得到改造，也使传统的运输业、仓储业得到提升发展的机遇，物流园区、物流中心、配送中心、分拨中心等将成为社会经济生活中的新事物和新的产业增长领域。因此，应通过提升物流业构成中的传统业态和培育创新业态，提高物流业对经济发展的贡献能力，加快我国产业结构的调整。

3. 完善基础设施功能

改革开放以来，国家对包括交通运输等在内的物流基础设施的投入不断增加。基础设施投资建设达到一定规模，基础设施制约经济发展和产业布局的瓶颈基本消除后，接下来的问题将是如何提高基础设施的利用效率和以基础设施为依托实现服务创新的问题。现代物流业的发展为这种发展带来了机会，应充分发挥现代物流服务的网络化、集约化功能，加快以物流管理技术应用和专业化物流服务为手段的资源整合步伐，完善物流基础设施的服务功能，提高物流基础设施的使用效率。

4. 拉动潜在消费需求

现代经济发展中，消费的规模扩张和水平提升，对经济增长的贡献巨大。我国在实现产业发展结构转型中，很重要的战略是拉动内需的发展，以降低经济发展的外向度，提高经济发展的内生性增长能力，确保经济的持续健康发展。现代物流方便和低成本的服务，具有支持和拉动内需增长的功能，应积极通过物流服务环境的营造，拉动我国已经具备的潜在的内需发展能力。

特别是要充分利用快递、零担运输等物流服务带动电子商务消费的发展，近年来，"光棍节"这一"人造节日"消费井喷，充分说明了其拉动消费的潜力，应当结合小康生活的实现，以及电子商务法律保障与金融支付的完善，积极发展支撑网上购物的高效率物流服务。

5. 提升产业组织效率

我国经济发展方式粗放的表现形态之一是产业组织较为松散。为解决这个问题，国家提出利用信息化带动工业化的战略，以便用集约式经营提高效益和效率。为此，需要发挥物流管理与服务的支持，并通过物流业与制造业联动、物流业与商贸服务业融合等方式，提升产业的组织效率，使企业可以在更为广阔的区域范围内进行高效率的产业组织，同时提高物流业发展水平和质量。

6. 提高企业运行效率

物流业的发展首先是以企业内部的物流管理技术应用和流程再造形态出现的，其次才是发挥专业化物流服务的作用。发挥物流业的管理与服务功能，目的在于通过合理的库存管理和具有良好衔接的专业化服务，以达到减少企业生产、销售过程中的原材料、半成品和产成品的库存量，以及相关联的流动资金的占用，加快资金周转速度，降低物流成本，提高市场竞争力。

7. 有效增加就业规模

尽管现代物流具有集约化、规模化和网络化的特征，但从整个产业的发展状态分析，在国民经济各行业中，物流行业具有劳动密集的特点。2016年末，我国物流岗位从业人员数为5012万人，比上年增长0.6%，成为人员增长最快的行业之一，已经占到全国就业人员6.5%，因此，应充分发挥物流业吸纳就业人员较多的特点，发挥其对经济发展的支持作用，尤其是要形成高端人才、一般劳动者共同从事物流业的就业发展格局，提高物流产业的整体劳动力素质。

8. 改善城市运行环境

在建成全面小康社会的进程中，提高城镇化水平和城市经济发展质量，改善城市经济和社会运行环境，将是非常重要的战略任务。随着城市人口的不断增加，以及城市交通拥堵问题的日益严峻，改变城市物流服务模式成为当务之急。以共同配送为创新模式的现代城市物流产业发展，为改善城市物流运营方式，并为解决城市交通拥堵带来福音，应以城市配送系统的建设为切入点，以高效率的配送替代低水平的传统城市货物运输，有效减少完成等量配送任务的交通流量，并以标准化和环保的配送车辆替代传统的运输车辆，降低对城市环境的负面影响。

9. 促进新农村的建设

现代农业产业实际上是由种养业、农产品加工业以及农村流通业构成，这三个方面都离不开与之相匹配的农业物流的发展。农业物流包括满足农业生产需要的农业生产资料物流、满足人民生活需求的农产品物流、满足农业劳动力再生产的生活资料物流，以及满足循环经济需要的可利用物资回收物流。目前，我国农业物流十分落后，需要培育农村物流服务业的发展，以便发挥物流业带动农业提升的作用，不断提高农村和农业物流的水平、质量和效率，这应成为新农村建设的战略任务。

10. 加快电子商务发展

电子商务是利用信息技术、物流服务对传统流通业进行的一场革命性变革，其发展的前景非常广阔。随着电子商务在网络购物领域与物流紧密结合产生成熟的产业组织与发展形态，未来电子商务将不可避免地向其他领域扩展，成为产业发展和运行的基本形态。因此，应在总结网购快递为主体的物流产业发展经验的基础上，对其他领域电子商务物流产业发展业态、组织模式等方面的产业发展问题进行探索，发挥物流业在实现原材料采购、产品生产和产品销售在空间上依托物流、信息管理进行有效分离，不断扩大产业组织范围和企业经营活动范围的作用，以便不断降低经营运行和产业组织成本，提高经济运行效率和质量。

（六）需要不断改善物流业发展环境

鉴于物流产业对经济发展方式转变的支持作用，以及在未来我国经济发展的重要领域均需要发挥物流的功能和作用，加快物流产业发展成为经济领域的重要任务，由此产生了物流业发展中的另一重要问题，即产业培育与发展环境问题，必须积极营造物流产业发展的良好环境。改善物流业发展环境，主要涉及三个方面的问题。

1. 市场竞争环境

传统物流产业是市场竞争最为激烈的领域，尤其是传统的运输、仓储等服务领域，市场进入门槛较低，市场竞争不断加剧，市场竞争环境较为恶劣。为此，必须按照物流产业体系建设的内容，按照物流产业运行的趋势和规律，营造有利于经济发展方式转变所需要的物流管理技术在工业制造、商贸流通企业的应用环境，使相关产业企业的市场竞争建立在良好的物流管理基础上，并有利于企业物流服务外包，使我国从"世界工厂"的产品生产中心向以产业物流组织为核心的世界供应链管理中心转变。企业的物流管理水平提升和服务的外包离不开良好的物流服务企业的专业化服务运作。为此，要为专业化物流服务的发展，为降低物流成本、提高效率和改善服务，以及合理整合和利用物流资源创造良好的市场竞争环境，使物流服务企业的市场竞争建立在服务质量和运作效率的基础上，确立物流企业的"蓝海战略"，而非简单的价格战的"红海战略"。

2. 产业政策环境

从我国经济运行模式和管理体制的特点出发，为营造良好的市场竞争环境，必须以加快政府管理改革为基本导向，营造良好的物流产业发展政策环境。首先需要变革政府管理体制，在物流业发展涉及多部门的现实情况下，形成既具有统一的政策导向，又具有各个部门紧密衔接和配合的政策机制。为此，需要彻底打破部门界限，实现物流业发展中的政策融合和政策执行的管理融合，在物流业发展政策环境营造方面形成政策合力；其次是改革政策机制，要按照物流产业发展的结构特点和规律研究物流业的发展政策，而非按照现状的物流产业构成进行分割的政策制定，以便使物流业发展政策具有迎合和适应物流业提升发展的前瞻性；同时，在政策制定上要能体现具有与物流业创新发展及时衔接的机制，发挥政策的引导作用。

3. 物流供需环境

市场竞争环境与政策环境建设目标的实现，来自于良好的物流产业运行环境，按照经济运行和产业发展的基本规律，要实现物流产业的良好运行，必须克服就物流论物流的市场、政策模式，从源头问题的解决入手，积极营造物流服务需求与供给的良好发育环境。

（1）营造需求环境。与西方经济发达国家相比，我国物流业的发展具有需求的多层次性和高端物流产业发展的跨越性，即经济和产业发展水平决定了我国传统的储运物流、物流产业发展提升阶段的配送物流，以及物流产业发展高级决断的供应链物流等在市场中将长期共存，如此决定了物流需求的多样性和服务要求的多层次性。

（2）为加快物流业的发展，供应链等高端物流的发展又必须发挥对整个产业提升的引导作用，因此，必须在以低端需求为主要需求形态的基础上，通过制造业与物流业联动、商贸服务业与物流业的衔接和融合等途径，积极培育高端物流服务需求，营造产业在需求支撑下的良好发展格局。

（3）实现供需对接。要按照需求环境培育的方向和要求，有针对性地解决创新性物流企业发展的问题，实现物流需求与供给的良好衔接，提高物流产业发展的水平与质量，并发挥物流业支持、保障经济发展方式转变的作用。

二、物流产业的发展内涵

从物流产业问题产生过程的分析可以看出，为推进物流产业发展，需要正确和全面认识物流产业的概念，以及物流产业的内涵、外延和特性等问题，以便准确和全面把握物流产业的发展内容、政策界限和管理范围，将物流产业的发展纳入具有理论和方法论支撑的轨道。

从物流产业发展的理论层面，由于目前理论界在物流产业概念等问题上存在争论，要解决这个问题难度较大，需要理论研究的不断深入和完善。但是，鉴于物流产业发展规划编制，以及产业发展环境建设中的政策制定等均需要在产业层面开展工作，需要对产业发展问题进行具有框架意义的界定，至少也需要在物流产业发展的内容、发展手段等方面进行界定。因此，明确物流产业问题的目的，并非要在此给出正确的产业理论解释和解决争论问题，而是根据物流产业发展需要和制定规划的要求，界定其相应的发展范围，以便根据物流产业的内涵及特点，形成讨论物流产业发展问题的基础平台，推进物流产业的不断发展，并且通过在规划和政策等层面对物流产业的理论问题的探索，为最终解决物流产业理论问题创造条件。

从物流产业发展的实践层面，目前，物流产业发展也面临产业理论的现实性问题。现代物流产业的发展受到各级政府和制造业、商贸、物流服务等企业的重视，利用各种政策、方法系统性地推进物流的发展，尤其是按照宏观、微观两个层面的规划来推进物流业发展，已经成为重要的物流产业发展视角。一个命题被反复强调，这就是要积极发展物流产业，国内部分省市也提出了要将物流产业作为支柱产业来培育和发展，而产业在政府的推进下获得发展，产业发展的领域和内容是必须具有相应界定的问题，否则政策的作用点无法确定，其效果也将无从评价。因此，在实践层面形成科学、合理的物流产业发展局面，也需要对物流产业概念等问题进行探索研究。

（一）产业的基本概念

产业及产业化是我国近几年来出现频率较高的两个概念，政府推动产业发展的政策也落实在产业领域和相关企业的发展上。为明确物流产业的性质和概念，需要明确产业的基本概念。在《辞海》中，对"产业"的解释为"各种生产、经营的事业"。《知识进程中的产业变革》一书中，所描述的产业概念为："一个比较宽泛的概念，在不同的历史阶段和理论研究中，产业的含义是不同的。产业的产生和形成是社会分工发展的结果，产业的概念与内涵是随着社会生产力发展逐步形成而不断充实的。"马克思曾指出："这里所说的产业，包括任何按资本主义方式经营的生产部门。"我国部分学者给产业的定义是："所谓产业，简言之，即生产性企业、行业、部门的某种集合。"

鉴于目前在理论界并无较为系统和清晰的产业概念，在许多产业发展中，基本按照约定俗成的对产业发展内容和领域的认识去研究产业发展问题。综合各个方面对产业的相关定义和具体做法，结合经济发展中产业所处的地位和作用，为研究物流产业问题的需要，对产业概念做如下归纳：产业是指具有特定经营方式、遵循相同或相近的市场规则、服务具有相同需求对象的企业集合体。按照这个定义，产业具有以下特点：组成产业的企业集合不是简单的企业叠加，而是企业之间存在一定的专业化分工，形成了较为完整的服务体系；企业群体参与的经济活动，使得产业发展需要具备一定的环境条件，主要是市场环境和条件，需要政府在管理与政策方面提供支持。

（二）物流产业发展的意义

按照上述对一般意义上的产业概念及对产业发展边界的界定分析，在确立物流的产业地位之前，应对物流产业的经济属性进行具体分析，以便明确物流产业的经济形态和特点，为奠定物流业的产业地位，以及对物流产业边界进行界定创造条件。

关于物流是否是产业，或是否是独立产业的问题，争论始终存在，争论的焦点涉及物流理论与实践的诸多方面。通过对相关观点的归纳和分析，其根本的问题在于认识角度的差异，以及无法套用一般性产业概念。之所以在前面分析产业的一般概念、内涵和外延，是希望在厘清产业本身的属性的情况下，从发展物流的必要性角度，借鉴经济发达国家物流产业发展的经验，界定其发展的边界。综合地将相关生产、经营事业与通过市场实现价值紧密地结合起来，认识物流产业的经济形态和特性，以便寻求讨论物流产业发展问题的基点。按照产业的特点，物流产业的经济形态和特点主要体现在经济价值、技术价值、投入产出和宏观经济意义等方面。

（三）物流产业发展的外延

在物流产业发展背景下认识物流产业的外延问题，需要与物流产业内涵具有一致性，除了从物流管理与服务上对物流产业外延进行界定外，还需要从物流产业发展领域和政府规划、管理手段等方面进行确定，即物流产业的外延是指构成物流产业上游直接相关企业、核心企业和下游直接相关企业，包括生产制造、商贸流通内部物流管理与资源整合基础上的服务外包（自营物流或管理物流服务），以及专业化的承接服务外包的第三方物流服务，具有较为完整的系统性和紧密的产业链关系。

三、物流产业发展的结构

对物流产业问题的产生和产业发展内涵的分析，搭建了认识物流产业问题的框架，但从推进产业发展的层面，还需要解决物流产业发展的内容问题，以便使物流产业的发展具有与产业内容紧密结合的针对性，形成较为清晰的产业推进层次和发展结构。

（一）物流产业分类

关于物流产业的分类，已经产生了大量的研究成果。如前所述，由于物流产业的复合性特征，无论哪种分类，都很难涵盖和清晰表达所有物流管理和服务类型，即便仅仅从物流企业的角度，也没有形成完全一致的看法。但是，在实践中，目前已经形成了关于物流产业分类的两大角度，即从企业类型角度和从行业归并角度的分类。

1. 按企业类型分类

物流产业的主体是各类物流企业，对物流企业的分类研究是确定物流产业构成的基础。在《物流企业分类与评估指标》（GB/T 19680—2005）中，按照各类物流企业的主要业务功能特点，将其分为运输型、仓储型、综合型三种类型。运输型物流企业是从事货物运输或代理运输服务为主，包含其他物流服务的企业；仓储型物流企业是从事区域性仓储、配送服务为主，包含其他物流服务活动的企业；综合型物流企业是专门为客户提供原材料、在制品、产成品一体化物流服务的企业。

2. 按行业归并分类

物流产业目前尚不是独立的行业，但可以从涉及物流的相关行业归并中形成相应的行业分类，这种归并思维也体现了物流产业的复合性。

根据《国民经济行业分类》（GB/T4754—2011）以及物流产业的定义和物流企业的分类，以 G 门类（交通运输、仓储和邮政业）为主，集中反映了物流产业的有关内容。物流产业的基本结构主要包括国民经济行业分类中的 G 门类与 L 门类（其中客运等部分内容已剔除）的有关内容。

（二）物流产业发展的结构

从服务的组织和产业关联的角度来分析，物流产业的运行涉及三个层次的内容：一是物流基础设施，包括综合交通运输基础设施系统和物流节点设施系统，点与线结合成为物流基础设施网络，反映了物流设施的"生产"能力。物流基础设施不仅因为它们大部分是固定在地面的基础设施，更是因为对于整个物流产业的发展和服务的运作是决定性的，没有基础设施就不可能有物流服务运作手段，而没有物流手段就不可能进行物流产业的扩张和发展。二是依靠基础设施来运行的物流装备，包括各种方式的运输车辆、搬运装备、仓储装备、分拣、包装、条码印刷和识别，以及信息管理与服务、物联网等物流信息系统等。三是物流运作管理与服务。其主要实体为物流企业，通过物流企业对服务资源的组织和协调，为特定客户提供物流服务的运作。鉴于上述分析，从构成完整的物流活动组织角度，物流产业是由三个层次的物流服务运行内容构成的具有系统性和紧密的产业链关系的产业发展结构。对于物流产业的发展而言，分析物流产业结构的意义在于推进物流产业的发展进程中，通过政府管理和市场运作，使物流产业维系良好的各个产业组成部分之间的关系。

（三）物流产业发展的系统

按照物流产业的发展结构，以及物流产业的复合性、跨行业、网络化和规模化特征，在产业发展层面分析，物流产业在实际发展和企业运行过程中，具有较为明显的系统性特点，往往依托一定的具有共同特点和分布在不同环节的服务企业，形成包括物流基础设施、技术装备和服务运作的较为完整的、提供相同或具有紧密内在联系的产业系统。

如服务于网上购物的快速高效物流系统，该系统既涉及快递、快运等具有专门功能和布局要求的用于集结、分拨和分拣、递送的基础设施，也涉及分拣、信息处理、快递运输等装备，更需要专门的快递企业提供服务。

三大产业结构在实际运行中可以是具有整体性的，也可以是多个企业参与的，但总体上为维持快速、高效的服务，必须具有较为完整的、高效率和成本合理的基于完成全过程服务的系统性。此外，区域物流分拨系统、城市物流配送系统、制造物流服务系统、大宗物资物流服务系统、冷链物流服务系统等均具有系统性特点。为营造良好的物流服务系统建设与发展环境，在物流产业系统化发展背景下，运输服务也需要实现系统发展，如与各种物流服务系统衔接和发挥支撑作用的多式联运管理系统等。

四、物流产业发展的运行特点

之所以要形成关于物流产业发展内涵和发展结构的基本共识，目的在于从产业发展内涵和结构层面，更好地按照产业运行规律推进物流产业发展。为此，需要分析物流产业的运行特点，以便为物流产业发展规划的制定，以及物流产业发展实际运行，提供一定的理论基础支撑。

物流概念产生的内在动力来自于其所包含的基本目标，即各类企业在物流管理与服务中对成本、效率、服务等核心管理目标的追求。物流产业的运行就是针对核心目标展开的。正是由于追求目标过程中所面临的环境差异和采取的手段、模式的不同，才使物流产业运行出现了丰富多彩的局面。因此，要从产业发展规律的层面上认识物流产业的运行特点，首先必须分析产业运行的演变过程，以及导致运行方式演变的内在实质。

（一）物流产业运行演变过程

现代经济活动与物流业的紧密结合，使当今物流与过去传统的物流有了很大的区别,这种差别主要是由于物流运行方式的不断演进造成的。社会化大生产的发展和专业化分工的深化,逐渐出现了专门为制造业、商贸服务业提供服务的第三方物流和网络化快速运输等现代专业物流运行形态。在计算机和网络技术的支撑下,物流规模和活动范围扩大,物流企业不断向集约化、协同化方向发展。世界经济因专业化物流服务的形成与发展而进入到了消费多样化、生产柔性化、流通高效化、生产与流通全过程服务的物流时代。因此,物流运行既具有不同的阶段演变特征,也具有与服务模式、服务对象和服务网络等相匹配的演变特点。

1. 发展阶段演进

随着工业和流通企业的经营理念、经营方式演变,物流服务的内涵和运作模式等处于不断的演变过程中。物流管理与技术的提升,在很大程度上支持物流服务向集约化、规模化和网络化方向发展,也促进了作为物流服务环节和运作支撑的运输、仓储等相关传统运作环节的加快转型和向更高水平发展。物流服务内容的不断丰富,服务方式的不断完善,活动范围的不断扩大,不仅使物流运作具有明显的阶段性、多样化特征,也使得通过物流服务所要实现的关于成本控制、效率提升等方面的目标具有阶段性特点,即关于物流产业运行的目标并无统一的标准,完全取决于经济、产业、企业等的发展阶段和水平。物流产业运行目标的阶段性,对于通过规划和政策推进物流产业发展具有重要意义。物流产业的发展是在科学和合理的目标下进行的,脱离合理的阶段性目标强调物流产业的运行,将因经济环境、产业发展水平和企业运作能力、模式不支撑而并不利于物流产业发展。

2. 商贸流通物流演进

商贸流通领域是物流服务的发源地。由于物流服务是在与流通紧密结合的过程中发展的,而且物流概念的产生和发展也反映了商贸与物流紧密联系的发展与变化过程,因此,商贸流通产业的发展演进在很大程度上促进了物流产业运行的演变。也正是由于这种运行中建立的演进关系,使得现代物流产业发展条件下,物流运行环境对商贸服务业产生了引领作用，即依托物流运行方式的创新，可以派生出新的商贸流通业态。如电子商务的发展产生了网络购物物流服务，反过来快递物流服务系统的形成，又引领了网购产业的快速发展。我国现代商贸流通产业尚处在发展初期，对商贸流通物流运行的认识有个逐渐提升的过程。从国际上关于商贸流通领域物流服务的运行演变过程，以及物流与商贸结合的演进历程的看法分析，必须认识商贸流通产业现代化演进与物流服务产业演进的关系，以便促进为商贸流通业服务的物流业的快速发展，同时，积极营造有利于商贸流通产业提挡升级的物流产业运行环境。

尤其是在全球经济一体化和企业争夺国际市场的竞争日益激烈的背景下，几乎一切经济活动都是围绕满足市场需求而进行的，从而使经济活动通过产品生产所需原材料采购、产品销售等市场流通组织过程而体现出来。商贸流通领域的物流服务实际成为流通的组织与服务手段，是商贸流通供应链基础上的物流管理与服务。我国提高企业的经济效益和市场竞争能力，需要积极借鉴国际上商贸流通领域物流服务的发展规律与经验，以物流服务为支撑，建立以市场流通引导产品生产的发展模式，积极依托连锁经营、生产资料流通、电子商务等经营活动，在集中采购、区域分拨、终端配送等方面，推进物流服务的发展。

3. 工业生产物流演进

工业生产领域物流运行经历了企业自营物流服务与逐步扩大物流服务外包的演变，这种演变实质上是实现工业企业的物流服务从内部管理和运作向社会化和专业化发展的过程。特别是经济全球化和跨国企业的发展，使原材料产地、产品生产加工地与产品的消费地之间实现了在不同国家、地区之间的空间分离，物流服务的组织与管理难度超过以往任何时候，物流服务的网络化和专业化程度得到空前提高，工业生产领域以具有战略伙伴关系的专业化供应链物流服务为重要标志，推进了物流服务的社会化程度的不断提升，成为物流产业运行方式改变的重要标志和演进推动力量。我国传统上工业生产物流具有

"大而全、小而全"的特征，企业往往自备运输设施、装备，成立专门运输、仓储等物流管理和运作机构，提供企业自身所需要的运输、仓储服务。目前，这种方式仍然占有较大的比重。由于物流管理与服务的理念较为落后，这种传统的经营模式，不仅使企业沉淀了大量的运输、仓储等物流设施，而且其利用效率很低，是造成企业物流成本居高不下的主要原因。

因此，目前我国相当部分工业生产企业认为物流服务就是整合资源，就是积极开展物流服务获取"第三利润源泉"。

在产品市场竞争加剧和物流产业发展潜力被认可后，从生产领域是物流服务需求的原生地角度，积极整合资源和开展企业内部物流管理，并采取多种形式实现物流服务外包，将从培育需求的角度推动物流服务的发展。经过多年的物流产业发展，目前，工业企业普遍不再排除专业化的物流服务，生产环节物流需求的推动，已经成为包括供应链物流管理、第三方物流企业发展演变的重要因素。

4. 物流企业演进

商贸流通和工业生产领域物流服务的发展，为物流服务的专业化带来了动力。物流企业在这种物流服务发展动力的作用下，发生了物流服务业态、企业组织形态等的诸多变化。为寻求更低的物流成本、更高的物流效率和更好的物流服务，从社会化分工的角度，出现了基于规模经营和专业管理与服务技能，并以特定的物流运作模式，为商贸流通和工业生产企业提供物流服务的专业化多种形式的第三方物流服务。先是商贸流通和制造企业从专业化的角度寻求外部的运输、仓储等具有单一和组合功能的专业物流服务的支持，以解决商贸流通和工业企业内部物流服务的不经济和水平不高的问题，这种物流服务需求为专业化物流服务企业的发展演变提供了推动力。之后，逐渐产生了第三方物流服务，即专门从供应链物流管理的角度，为商贸流通和工业企业提供从原材料采购、生产到产品销售的一体化的物流服务，为物流服务的发展带来了市场分工的拉动力。第三方物流服务的产生和发展，是物流产业运行走向社会化、专业化的重要标志，也是现代物流与传统物流服务之间的重要区别所在。

5. 物流基础设施演进

物流服务的专业化运行促进了物流设施的规划、建设和发展，以及相应的利用既有设施与规划建设设施的范围不断扩大的物流资源整合，这种整合也在很大程度上推进了区域服务的竞争。形成这种发展局面的经济逻辑是制造业、商贸服务业的规模扩张和布局的区域化，物流在提供其所需要的服务过程中，因追求更低的成本和更高的效率而逐渐向网络化发展，即以物流运作节点为据点建设物流服务系统建设基础上的物流产业运行模式的形成，以便在更大的范围内开展具有竞争力的物流服务。物流网络化在物流服务方面产生了更为细化和社会化分工要求，物流服务的专业化分工，形成了以物流规模经济为目标，以配送中心、物流中心、物流园区为组织功能的物流基础设施，为在区域范围内开展具有扩张和发展潜力的物流服务创造了条件。物流基础设施及其为依托的覆盖区域的物流网络的出现，对物流服务的规模扩张、整体水平与质量的提升，产生了重要影响，并发挥了重要作用，创新了物流产业的运行形态和模式。

（1）以配送中心为依托的物流运行。

以配送中心为运行节点的物流运行演变，将商贸流通和工业制造领域的物流带到了更为集约和规模发展的新阶段；配送中心及网络系统的形成，更是使集中采购、区域分拨、及时配送服务等物流运行具有创新性。特别是配送中心对连锁商业、大型超级市场、电子商务等的重要运作支撑，推动了商业模式的转变和发展方式的转型，使物流服务的组织化水平和运行效率得到有效提升。目前，许多创新性的物流服务，均具有以配送中心为依托的运作特征。配送中心在物流产业运行发展，以及建设具有区域覆盖服务能力的物流服务网络方面，正在扮演重要的角色。

（2）以物流中心为依托的物流运行。

物流中心在功能上将运输、仓储等物流活动的规模化和集中化发展推进到新的水平，较配送中心在规模化物流运行中的作用更大。由于物流规模运作和经营最大限度地降低了物流成本，提高了物流效率，使分散在物流中心周边地区一定距离范围内的物流组织开始趋向集中，形成以物流中心为依托的服务组织，物流设施在区域性物流组织与服务上的功能得到充分培育和发展，使得以城市为依托、为区域和重要的制造业基地提供物流服务的规模不断扩大成为可能；在一定区域以物流业规模发展为目标的物流服务的竞争逐步形成，并从企业之间发展到不同地区之间，逐渐改变了物流运行形态，为物流产业运行效率的不断提高创造了资源整合与聚集条件。

（3）以物流园区为依托的物流运行。

在物流运行不断集约化、规模化和网络化的推动下，物流园区将物流产业的运行推向了更新和更高的发展阶段，其发展的目标就是通过物流设施和企业资源的双重集聚，实现物流产业运行的规模化发展。由于物流园区在选址上既兼顾区域辐射又充分考虑为所在地区服务，从区域性物流规模组织的特征层面考虑，物流园区对配送中心、物流中心具有组织辐射功能，自身也形成了各类物流企业、多种运输方式的集聚和综合服务功能。物流园区对不同层次的物流网络的形成与发展，以及对一定区域范围和经济中心城市物流服务的规模化具有重要意义，对地区之间物流竞争水平与质量的提升具有重要作用。以物流园区为依托的区域性的物流业发展竞争可能成为物流产业发展的重要推动力量。尤其是物流园区在物流运行功能和服务组织上对物流中心、配送中心形成了组织和运营支持，为在特定空间形成三者共同服务城市、服务区域的物流基础设施系统奠定了基础，使三个层次的物流基础设施成为物流产业发展的重要内容。

6. 运输与仓储服务演进

在物流服务和组织不断演变的背景下，运输和仓储服务不断向专业化、规模化和网络化方向演变，也使运输和仓储等传统产业的运行经历了服务方式、内容和企业运作模式的转变和发展的过程。由于传统物流活动能够被直观反映的核心环节是运输和仓储，对物流成本、效率和运作模式具有重要影响的也是运输和仓储，因此，运输和仓储产业的运行变化，在物流产业的总体演变中扮演着重要的角色。现代条件下，运输、仓储服务除在成本上需要满足企业对效益的追求外，还需要在质量、效率、准确、安全、模式等方面满足和适应物流服务的要求。从经济发达国家运输与仓储发展过程、现状与趋势分析，运输与仓储适应物流服务不同要求的过程，推进了运输与仓储服务的全面提升与运作模式的转变和创新。

7. 物流咨询服务演进

由于物流服务具有需要很好整合工业、商贸流通企业资源，优化其物流管理，转变其运作模式，改变其业务流程的特点，为有效发挥物流服务的这种功能，需要深入研究企业物流管理的内容、方式和运作模式、解决方案，以便指导企业的物流管理和专业化的物流服务。

同时，物流企业开展经营活动本身，也因为物流基础设施布局与功能、物流服务网络建设、物流服务模式创新等需要较强的技术性支持。鉴于这种专业性和技术性均很强的专业服务需求，物流咨询服务在物流产业的发展中也经历了不断的演变过程。

随着物流产业运行复杂程度的不断提高，企业物流管理规划与咨询、物流基础设施的规划、物流管理与服务的信息化解决方案，以及企业物流解决方案的研究与编制等与物流产业运行直接相关的物流产业发展问题，逐渐成为专门的服务企业的服务内容，从事该领域服务的企业也得到很快的发展。同时，物流作为产业认识的逐步形成，区域性（全国、经济区域、省、市）的物流产业规划研究和咨询服务也随之产生。物流研究与咨询服务的发展和服务系统的形成，既为推进物流产业向更高水平发展提供了技术支撑，又丰富了物流产业运行的内容与方式。

（二）物流运行实质

物流产业运行演变的复杂性和过程显示，推进物流产业运行方式不断升级的内在动力来自于物流成本控制、效率提升和服务模式创新三大核心要素。这三大要素也是物流产业运行与发展的实质问题。

1. 控制物流成本

在物流概念形成和服务发展的初期阶段，物流成本的管理和控制多局限在单个企业或单一活动的范畴，即物流管理与服务的目的在于不断降低显性的物流成本。随着物流产业运行的不断演变和发展，物流成本的内涵和外延均发生了较大的变化。在微观层次上，物流管理与服务的目标已经集中于供应链整体成本的管理和控制，而非供应链上的某个企业或物流活动某个环节的成本问题，物流成本的控制成为供应链系统的目标和任务。

宏观层面而言，一定区域的企业物流成本转化为社会物流总费用，社会物流成本的高低，既反映了社会物流产业发展的阶段和产业内容，也对区域经济竞争力具有重要影响，必须合理定位和控制社会物流总费用。因此，在物流管理与服务中，成本控制问题占据重要地位。从成本的角度分析，物流的实质是通过管理和服务实现从宏观到微观的成本控制，使物流成本具有与区域发展、企业运行相匹配的合理性。

2. 提升物流效率

物流服务将生产、流通紧密联系起来，实现了从原材料采购、产品生产到最终产品销售全过程的物流管理。由于物流管理与服务涉及环节多，特别是从供应链物流管理的角度，多个企业和多环节的共同参与，必须通过全过程的统筹管理与协调，才能保证各个物流活动环节，如运输、仓储、流通加工和配送等的效率，以及参与供应链的企业之间的衔接和配合效率。

同时，专业化的物流服务所具有的规模化、网络化特征，也使得物流运作在更大的区域中进行，服务环节的增加和参与服务企业数量较多，也需要很好地解决运作的效率问题。因此，鉴于物流与经济发展和企业管理的紧密结合、相互渗透，作为经济活动细胞的企业，已经在流程、资源整合和管理上对物流管理提出了更高的要求，为不断提高经济和企业的运行效率，物流管理和服务必须给予足够的保障。从此角度看，物流产业运行的实质就是通过科学和有效的管理与服务不断提高效率，从现代经济发展和企业运作的模式考虑，提升物流服务效率成为物流管理的重要目标。

3. 创新物流服务模式

现代经济发展的特征和趋势使服务业地位不断提升，在经济总量中的比重和对经济结构调整的作用日益明显。在很大程度上，现代企业之间的竞争已经从产品转向了服务，在产品从供应者向需求者的转移过程中，良好的物流服务已经成为保证企业维持较高服务质量的重要手段和条件。

特别是物流供应链服务与企业服务的融合和发展，在物流服务模式创新的支撑下，成为企业提供更好的客户服务的核心竞争力。在现代物流服务支撑企业培育核心竞争力的过程中，物流服务模式的创新和发展，成为物流产业运行发展的实质内容。

物流服务企业与制造业、流通业企业的战略合作伙伴关系的建立，以及相关企业建立具有自身特点的物流服务系统，均需要物流服务模式的建立作为基本条件，需要企业根据自身情况和市场竞争的需要对服务模式进行创新。因此，从提高企业竞争力和完善企业服务的角度，物流产业的运行目标就是建立具有创新能力的服务模式。

（三）物流产业运行特点

对物流产业运行演变规律的分析可以看出，在不同的经济和产业发展阶段，物流产业运行具有不同特点。在现代物流产业发展环境条件下，需要认识物流产业的运行特点，以便按照产业运行特点推进产业发展，提高产业发展的质量和水平。对物流产业研究分析的视角和认识的差异，使得目前关于物流产业的运行特点的认识并不一致，但需要研究该问题的认识是共同的。从现代物流产业发展的形态层面分析，物流产业具有四个基本运行特征：以物流资源的优化整合为手段，实现多功能一体化运作；以信息网络技术为支撑，实现全程信息化；第三方物流企业的出现，成为专业化物流服务提供商；全球物流市场的形成，物流业作为生产性服务业已成为全球经济稳定发展的有力支撑。

因此，现代物流产业具有较为鲜明的一体化服务、资源整合、信息管理和资本增值等特征。

1. 一体化服务

在现代经济发展和产业布局、产业组织环境条件下，物流产业运行是在供应链物流管理环境下实现的，是将产业链不同环节企业的原材料采购、半成品及产成品库存、销售相关的运输、仓储、配送、包装等进行一体化运作管理与经营。这种一体化并非简单的多个物流活动的叠加，而是必须建立内在的紧密联系，即某个物流活动是根据另一活动的需要而设计的，是为了获得整个供应链的物流成本、效率和服务目标。

2005 年，国家发展和改革委员会为推动现代意义上的物流的发展，制定了对物流企业分类的标准，明确了只有具备两个及以上物流活动，并拥有实现物流活动系统管理（一体化管理）的信息系统，才能认定为物流企业，其基本的含义也是物流运作服务的一体化。物流运作服务一体化除包含物流过程的作业形态和物流服务功能，主要从物流活动要素（运输、仓储、装卸搬运、包装、流通加工、配送和信息处理等）角度实现一体化外，还包括企业的经营活动全过程（供应物流、生产物流、销售物流、回收物流和废弃物流等）的物流活动。

目前，这种企业物流与物流服务全过程一体化，已经演变成为较为成熟的供应链物流管理下的服务模式，而且，因对物流管理目标追求的不同，在一体化服务的实现上存在很大的差异。可以认为，现代物流之所以出现丰富多彩的运作模式，其主要原因就是各种不同物流要素和产业环节在一定氛围和程度上实现一体化管理的结果。

2. 资源整合

一体化物流运作服务模式的形成，以及多模式供应链物流管理与服务运行格局，主要推动因素是物流管理目标的多样性和实现途径、标准的差异性。正是物流服务一体化及模式的多样性，使得在提升物流运行效率、降低成本的过程中，形成了寻求各个物流要素资源更高效率利用的运行模式，即物流资源整合。

在以往的物流产业运行中，物流资源往往作为保障物流运行的手段，随着管理水平不断提高和经营领域不断扩展，整合物流资源也逐步成为物流运行中非常重要的领域，并因为整合的方式、手段和效益的不同，产生了企业物流、物流企业、公共物流服务等不同的物流资源整合模式。物流资源从手段到目的的身份转变，大大拓展了物流管理与服务的内涵和外延，如物流园区、物流地产等物流设施和经营模式的出现，很大程度上就是网络化、集约化物流产业发展背景下物流资源整合的产物。

遵循这种理念，物流成为对企业的仓库、运输设施及装备等相关资源进行重新整合，以优化企业对物流资源的合理和充分利用的资源整合活动。因此，以物流在社会经济和相关企业活动中的目标和实际功效为出发点，物流资源整合将更有利于物流服务的一体化和专业化，这也从物流服务的发展进程得到证实。

而从物流资源整合的运作角度分析，最显著的特点是导致制造业、流通业企业物流业务的外包（供应物流、生产物流、销售物流的专业化服务），从而促进第三方物流的形成与发展。在物流资源整合过程中，不仅形成了各种物流运作与管理模式，如零库存管理、JIT 运作、供应商管理库存、配送中心、物流中心、物流园区、供应链管理，使物流成为参与资源整合的企业系统的第三利润源泉，而且，资源利用效率提高和管理水平提升后，物流也因此构成企业核心竞争力的一部分，成为企业战略管理的重要内容和物质基础。

3. 信息管理

计算机技术的进步和网络技术的发展，以及信息采集与传输技术的进步，是建立现代物流管理信息系统，实现网络化物流运作与管理的重要前提和基本手段。而物流管理的实施和资源整合、成本控制等目标的实现，并非通过信息系统自身的功能发挥来实现，而是物流信息系统和管理所提供的决策信息，帮助参与一体化和供应链管理的企业进行科学决策的结果。信息对于物流运行的重要性，在得到物流运作各个环节的企业认可和应用的过程中，逐步派生出了物流信息管理与服务的模式，如供应链信息整合、公共信息平台、货物跟踪、条码技术、数据采集与传递服务等。

因此，现代物流的标志性特点，不是管理技术、服务模式和资源整合等，而是信息管理与服务。物流是为参与供应链物流管理的企业的生产计划制订、存量管理、产品分布提供市场需求及决策支持的信息服务与管理活动。利用信息系统和一体化的物流运作进行供应链的物流管理，参与企业在授权的范围内，可以随时了解各个物流活动环节的原材料库存、在途运输和销售等即时信息，从而为企业进行原料采购、产品生产和市场销售提供了最为准确的决策信息。

关于这种信息服务特点，目前国内企业的重视程度依然不高，注意力还更多地集中在物流活动环节以及物流模式的建立，这也是我国物流产业落后于经济发达国家物流业的主要原因之一。随着物联网技术的发展，将使现在以物流活动环节信息为主要特征的信息管理转变为过程中的任意点的及时信息。信息管理与服务对于提高效率、降低成本和生产、销售的决策、管理支持意义更为重要，将带来物流信息化支持下的运行模式创新，应引起企业的高度重视。

4. 资本增值

在现代物流产业运行环境下，无论是一体化物流服务、物流资源整合，还是物流信息管理与服务，均围绕用最少的资源占用、最低的资源消耗目标，以期获取最大的经济效益。

因此，物流是通过降低或使企业运输及配送费用更为合理，通过实现零库存或库存管理的优化，使原材料和产成品库存量保持安全有效的数量，以及通过物流主要活动环节的科学有效管理和控制，优化资金流管理，从而实现企业经营成本节约而创造更高价值的资本增值活动。物流的资本增值特征还可以从物流过程的组织形态得到体现，物流管理实现了参与活动或供应链管理企业的集成化管理和运作，企业之间形成供应链管理环境，并实现核心业务在社会分工细化、专业化基础上的强化，实现了具有产业关联性的供应链上的企业群组成利益共享、风险共担的经营机制，既整合了企业内部资源，又充分集成企业外部资源，使资本在快速周转和充分使用中得到增值。

现代物流产业运行中的资本增值特征，使现代物流真正成为企业的核心竞争力，为现代物流管理和服务在经济发展、产业运行中的广泛应用奠定了基础。

五、物流产业发展的关键问题

我国高度重视现代物流业发展，并从"十一五"开始，将物流产业发展问题纳入国家规划，以期通过国家层面的政策推进物流产业发展的情况下，针对我国目前在物流业发展中存在的产业体系建设滞后，以及政策的针对性不强的问题。在认识物流产业运行特点的前提下，解决涉及物流产业发展的产业地位、发展模式、产业体系、空间布局和推进方式等关键性问题，这些问题既是物流产业发展的重要问题，也是物流产业发展规划中必须进行深入研究的问题。

（一）地位问题

目前，国家和地方政府均给予了物流产业很高的地位，部分地区甚至将物流产业的发展提升到非常突出的地位，过分强调物流产业的重要性，以为如此就能加快推进物流产业的发展。

其实，由于缺乏对物流产业运行特点和物流产业与地区经济、产业布局的正确认识，脱离地区经济发展与物流业发展关系的实际强调物流产业的特殊地位，并不利于物流产业的发展，需要对物流产业的地位问题进行更为全面和科学的分析。

1. 与关联产业发展关系地位

在现代经济和产业发展背景下，物流产业与关联产业之间具有较为密切的发展关系，是通过提升关联产业的发展效率与质量而与相关产业建立的这种关系，因此，从与关联产业之间关系的角度，物流产业具有重要的产业地位。

从与关联产业发展关系的角度认识物流产业的地位，对于纠正较长时期在物流产业发展过程中就物流论物流的产业发展理念具有重要意义，尤其是在国家积极推进经济结构调整和转变经济发展方式的战略下，注重通过现代物流服务提升产业发展质量，既有利于培育物流服务需求，又能充分发挥物流服务帮助制造业、商贸流通业降低运行成本、提高发展效率的作用，并建立较为紧密的发展关系。

2. 作为独立产业的发展地位

物流产业作为独立产业的发展地位在于通过物流业的发展提升服务产业的发展质量与水平，寻求服务产业新的增长点，以及加强包括运输、仓储、配送、信息、金融等在内的服务产业的发展联系，提高服务产业的整体竞争与发展能力。由于物流产业是以制造业、商贸流通业付出成本的方式获得发展的，降低物流成本和提高物流效率又是物流产业发展的基本特征，因此，在特定的区域范围内提出将物流产业培育成支柱产业，不宜成为一般性的产业发展目标，必须明确物流产业发展内容、服务范围和发挥作用的方式，否则，提出的发展目标将无任何实际意义。

3. 合理确定物流产业发展地位

物流产业与关联产业发展关系地位和作为独立产业的发展地位，决定了在制定一定范围内（经济区域、省、城市群、城市、县域等）的物流产业发展规划过程中，以及制定物流产业发展政策时，必须进行特定区域范围、产业发展内容与结构相适应的产业定位，明确物流产业的发展地位，使物流产业在与其地位相适应的范围内推进发展，不顾及物流产业的发展特性，人为确定过高的物流产业地位，或者忽略物流产业发展地位，均不可取，不符合物流产业发展要求。

（二）模式问题

物流产业在特定区域范围内的不同发展地位，决定了区域性物流业发展内容、发展方式不同而产生不同的发展模式。物流产业发展模式的基本含义是指：按照服务于经济发展、产业布局、企业运作等物流需求的不同，通过物流产业发展内容与结构的调整与完善，形成的产业发展方式。从该层面考虑，由于区域经济发展的差异性，导致物流产业的发展模式具有多样性和创新性，在制定特定区域的物流产业发展规划过程中，必须充分考虑这种特性。

1. 发展模式的多样性

物流业与经济发展之间具有双重特性，物流业既服务于产业发展，提升产业发展的效率与效益，同时，物流业又可以通过与经济运行的紧密结合，引导产业布局与提升发展。

在区域经济发展阶段和内容存在差异的情况下，物流产业的这种特性，决定了区域物流产业发展模式的多样性。区域物流产业发展模式多样性的基本内涵是区域物流没有固定的发展内容和方式，区域物流业发展取决于区域经济发展需要和对物流业发展的合理定位。从目前的状况分析，区域物流产业发展主要有两种模式：存量发展模式和增量发展模式。所谓存量物流产业发展模式就是区域物流系统以服务自身经济发展和产业布局为主要任务，与经济增长之间具有较为紧密的伴随关系，不谋求物流产业快于经济增长所带来的额外增长；增量物流产业发展模式是区域利用和充分整合物流资源，获取高于经济增长的物流产业增量，将物流业培育为新的经济增长点。

由于现代物流的网络化、集约化和规模化发展特性，这种谋求增量的发展模式具有产业布局发展的合理性，但由于不同区域特别是区域中心城市在这种发展模式下存在较为激烈的竞争，因此，不是所有区域和城市均适合采取这种增量的发展模式。

2. 发展模式的创新性

在现代经济发展条件下，区域物流产业发展模式出现了一定的创新，即除存量和增量两种发展模式外，还出现了物流业与制造业、商贸服务业联动发展，或者在特定的物流服务领域如快递、区域分拨等方面的聚集发展。区域物流产业发展模式的创新，使得特定区域在发展模式上出现了新的选择，即提升存量发展水平谋求局部的增量，往往这种局部的增量，使区域物流产业发展更具有竞争力。

比较典型的案例是美国的部分中小城市如孟菲斯、亚特兰大等，因国际龙头快递企业选择其作为全球性总部和操作中心，使城市物流业具有很好的增量发展能力。物流产业发展模式创新是现代物流业发展的新特点，在制定物流产业发展规划中，区域和城市应分析自身的发展优势，确定适宜的与产业地位相匹配的发展模式。

（三）体系问题

无论采取何种物流产业发展模式，现代物流产业的网络化、集约化和规模化发展特征，以及供应链管理技术的普遍应用，均决定了需要依托物流服务需求与供给环境，建立包括物流基础设施、物流技术装备和服务企业在内的物流产业体系，形成服务于特定需求的物流服务系统，提高物流产业的组织化发展水平。

1. 物流产业体系

在一定区域范围内建立物流产业体系，其基本含义是按照区域物流产业的发展地位和发展模式选择，根据区域物流服务需求规模，形成由基础设施、技术装备和服务企业构成的结构较为完整的产业体系：形成规模、功能与布局合理的物流基础设施系统，满足物流服务运作和产业组织的需要；形成具有创新能力和质量水平的物流技术装备，满足提升物流运作效率的需求；形成服务衔接、功能齐全和分工合作的物流企业系统，满足物流服务运作效率提升和降低成本的需要。

2. 物流服务系统

构建物流产业体系，仅仅解决了物流产业的构成要素问题，按照现代物流产业运行机制和服务运作方式，要推进物流产业发展，必须建立服务特定对象、具有较强供应链协同关系和较高运行效率的各种物流服务系统，如大宗物资物流服务系统、快递服务系统、冷链物流系统等，以便通过物流服务系统的建设和运行，提升整个物流产业体系的发展水平和运行质量与效率，最终提升物流产业的组织化水平。

（四）空间布局问题

现代物流产业体系的建设是在特定的空间范围内进行的，为提高物流产业的运行效率和物流资源的利用水平，必须解决区域性物流产业的空间布局问题，以便合理整合物流资源和高效开展物流服务。

1. 物流基础设施布局

在现代物流产业的发展进程中，逐步形成了包括物流园区、物流中心和配送中心等构成的多层次物流活动、物流企业聚集设施，以及物流通道、运输枢纽等运作载体设施。为不断提高物流效率和降低物流成本，为构建更为高效的物流产业体系，均需要很好地解决一定区域范围内的物流基础设施的空间布局问题。按照目前已经形成的经验，物流基础设施的空间布局，主要是依照基础设施之间的运作关系和功能匹配关系进行。为提高设施的利用效率，必须按照新建设施的布局与既有设施的整合进行综合考量，目标是完成单位物流运作量的物流设施占用规模。关于这一点，目前在规划中存在较大的误区，通常许多区域采取的是物理性增加物流基础设施的方式，不符合物流产业发展的基本特性和规律。

2. 物流服务企业布局

虽然物流产业的空间布局主要考虑的是基础设施的布局问题，但作为服务产业，物流产业的布局还需要考虑提供区域所需要的物流服务方式、内容等的物流企业的布局问题，物流服务企业的布局很大程度上可以决定区域物流运作的效率。目前，物流企业布局主要采取三种方式：一是依托基础设施布局，形成局部的物流活动聚集，产生规模运作和服务效应；二是建设物流企业总部聚集区，实现物流企业的聚集发展，形成具有衔接和分工关系的物流服务企业系统；三是网络化企业的节点局部，形成具有网络化运作特征的单个企业系统。物流企业的合理空间布局，对于提升物流效率和培育高质量的物流企业具有重要价值，必须在物流产业的空间布局中给予高度重视。

（五）推进方式问题

在较为系统地解决了物流产业地位、发展模式、产业体系和空间布局等关键问题之后，为推进物流业的健康和稳定发展，需要最终解决物流产业发展的推进方式问题。从物流产业发展的宏观层次上分析，明确物流产业地位、发展模式、产业体系和空间布局等，均属于推进方式的范畴，但从产业发展的组织和发挥政府的作用层面，推进方式更主要体现为规划、政策和市场监管机制等。

1. 规划与政策环境

就具体经济领域而言，政府进行管理的主要方式是针对产业（行业）发展编制规划和制定引导性政策。尽管市场经济条件下推进产业发展与政府管理的关系存在不同的模式，但我国改革开放和政府引导的经济发展实践，证明了政府推进产业发展作用的合理性。

同时，我国政府在推动经济发展的过程中，也形成了依靠产业规划和政策引导的政府管理模式。物流产业体系的建设，需要政府进行规划和政策引导，以便营造良好的发展环境。

2. 规划与政策推进

物流产业体系的建设是一个庞大的系统工程，按照经济发达国家物流产业发展中政府管理所发挥的作用，这种系统的发展可以通过市场对资源的合理配置作用来实现，也可以通过政府规划和政策实现更好、更有序的发展。由于我国发展现代物流的基本目标是充分发挥物流在成本控制、效率提升和服务环境改善中的作用，以便使经济发展具有更高的水平和质量，与其他产业培育的加速过程一样，需要加速物流业发展。为此，物流产业体系的建设，需要得到政府规划、政策的引导和支持。

3. 体制与机制创新

从物流产业体系建设涉及的领域和建设的多目标特性分析，政府作用的发挥，并非制定规划和颁布相关政策这么简单，需要在物流产业体系建设的方方面面进行有效的协调，这种协调又是目前的政府管理体制和机制所缺乏和存在难度的地方。

因此，我国现代物流产业发展的主要问题，在很大程度上归结为政府管理方式、手段和政策问题，需要政府管理部门在管理体制与机制上实现创新，以便形成良好的市场监管与推进发展条件，满足物流这种复合产业发展的需要。

第三节 影响区域物流产业发展的因素分析

物流活动涉及到人们生产与生活的方方面面，影响区域物流发展的因素十分复杂，而且多种多样。通过查阅文献，对影响区域物流发展水平的因素进行剔选，同时考虑数据的可得性，本节总结了九个影响因素，并探讨它们与区域物流发展的关系。

一、劳动力供给情况

近年来，我国物流业蓬勃发展，已经成为国民经济增长的新亮点，为国民经济发展做出了巨大贡献。但就目前我国物流产业的发展状况来看，物流产业还属于劳动密集型产业。因此，低成本劳动力和高技能人才对区域物流的发展来说都十分重要。

德国经济学家阿尔弗雷德·韦伯（Alfred Weber）在《工业区位论》中提出劳动力成本在产业成本尤其是劳动密集型产业成本的组成中占有重要地位，许多产业进行区域转移都有降低劳动力成本的目的。因而，物流企业在选址过程中往往要考虑所选区域的低成本劳动力供给情况。

不过，对于物流产业来说，不应当过于追求劳动力成本的低廉，而要对劳动力成本进行综合衡量，注重对劳动者素质的考察和培养。这是因为物流业的发展也离不开专业人才的支持和推动。现代物流业本身就是一个系统化、专业化的综合性领域，涉及到信息技术、贸易、营销、管理、财务与法律等多门学科知识。

据有关部门的调查结果显示，当前我国物流行业最紧缺的四类人才分别是综合性物流管理人才、物流信息管理人才、国际物流业务管理人才和供应链设计人才。这说明，随着我国物流业的快速发展，物流企业对人的需求逐渐趋向于综合化、专业化与高端化。

因此，交通枢纽城市、港口、区域经济中心等区域物流中心吸引了大量物流高技能人才，已成为物流专业人才创业和工作的重要平台。可见，一个地区劳动力资源（包括低成本劳动力与高技能人才）的储备情况，会对该地区物流产业的发展产生重大影响。

二、物流基础设施情况

所谓区域物流基础设施是指支撑区域物流系统正常运作必需的有形固定资产，包括铁路、公路、航空、港口等线路要素、物流中心、配送中心、物流园区等节点要素以及运输、仓储、搬运、包装等技术设备和物流信息平台。

区域物流基础设施是区域物流系统的载体，是区域物流正常运转的基础保障和区域物流发展的前提条件，区域物流基础设施建设状况直接影响区域物流产业的服务能力与竞争力水平。

从发达国家的物流演化历程中可以看到，物流的发展是以物流基础设施建设为先导的。而且，物流企业等物流经营主体都是以物流基础设施为平台和基础进行物流活动的。

因而，一个地区可以通过不断完善物流基础设施来提高物流效率、降低物流成本和改善物流服务质量，从而提升该地区的物流产业以及其他产业的竞争力。

例如，交通枢纽城市往往具有较完善的物流基础设施，最容易吸引物流企业聚集，形成区域物流中心。美国、日本、西欧等发达国家能取得如此巨大的的经济成就，可以说在很大程度上得益于它们各自拥有的物流基础设施和现代物流服务体系。

三、物流需求规模

区域物流需求规模是指区域内工业、农业、建筑业等各行业对物流服务产生的需求数量和规模，区域物流需求规模越大，说明区域工业总产值、农业总产值、建筑业总产值、客运总量、货运总量等指标越大，标志着本区域具有较强的物流供应能力和物流发展潜力，因此区域物流需求规模应该作为反映区域物流竞争力的重要解释变量。

张涵也曾指出，物流需求是指一定时期内社会经济活动对生产、流通、消费领域的原材料、成品和半成品、商品以及废旧物品、废旧材料等的配置作用而产生的对物在空间、时间和费用方面的要求，涉及运输、库存、包装、装卸搬运、流通加工以及与之相关的信息需求等物流活动诸方面。

随着社会经济的快速发展，物流活动日益渗透到整个社会经济活动（包括生产、流通、消费等活动）过程当中，在社会经济发展中扮演着越来越重要的角色。生产、流通、消费等社会经济活动直接或间接的产生大量的物流需求。因此，物流需求的大小在很大程度上反映了区域社会经济发展与区域物流发展之间关系的密切程度。物流需求的变化将直接影响区域物流发展的方向和具体规划。

因此可以说，物流需求的激活是区域物流发展的动力。目前，虽然我国出现了新一轮"物流热"，尤其是第三方物流企业与日俱增，但是，当前的"物流热"实际上大多是物流供应方的热，物流需求方却相对不热。在物流投资热浪滚滚的今天，物流需求的难以激活令人深思，这给物流行业的可持续发展造成了不小的阻力。

四、区域经济发展水平

区域经济与区域物流是相互影响、相互依存、相互协调发展的统一体，区域物流的发展往往与区域经济的发展呈正相关的关系，区域经济发展水平越高，由此产生的对货物运输、仓储、配送、流通加工、物流信息处理等区域性物流服务的需求越大；区域经济的发展是区域物流业产生与发展的原动力，区域经济的发展水平制约区域物流业的发展高度，对区域物流发展具有保障与支撑作用，是影响区域物流业竞争力的最主要因素。

显然，区域经济作为一定地域范围内包括物流活动在内的各种经济活动的统一体，与区域物流是整体与局部的关系。如将区域经济比作一个系统，那么区域物流就是它的一个子系统。因此，区域物流的存在与发展是以区域经济的存在与发展为前提的（海峰等）。

随着经济全球化与区域经济一体化趋势的日益增强，区域经济对区域物流发展的促进作用愈发强劲。

经济全球化使得不同国家和地区之间的经济联系日益密切，促进了生产要素在世界范围内的自由流动。

区域经济一体化的发展目标之一就是通过不断消除国家或地区之间的贸易壁垒和限制，促进生产要素在区域范围内的自由流动。而生产要素不论在世界范围内还是在区域范围内的重新组合与配置，除了要依赖资金这个载体之外，还要依赖区域内庞大的现代物流网络才能实现。

因此，从这个角度讲，经济全球化和区域经济一体化为现代物流业的发展提供了广阔的市场，推动了区域物流的繁荣发展。

五、产业结构

物流产业作为国民经济的一个产业部门，必然会与其他产业部门发生联系。而且，物流业作为一种衍生性服务业，是伴随着其他产业发展而发展的，即物流业与其他产业是共同发展的。那么，区域产业结构发生变化，物流产业与其他产业的关联关系也会随之发生变化，进而影响区域物流的发展。

从历史条件来看，产业结构的演进遵循着从由第一产业主导到由第二产业主导再到由第三产业主导的客观规律。在社会经济以农业为主导的时期，社会上可以交易的产品种类极为单一，物资也极为匮乏，大部分人们仅仅根据生活需求在交易市场上换取所需的物品。虽然在那时候也存在着简单的货物运输和存储活动，但这还与现代意义上的"物流"相差甚远。

工业革命的兴起标志着第二产业蓬勃发展时期的到来，在这时期以钢铁、化学、石油工业为代表的重工业的发展可以用一日千里来形容，为现代物流业的形成与发展提供了必要的运输工具、交通基础设施、仓储搬运设备等基础条件。而现代物流业则为第一产业和第二产业提供了生产过程中所需要的装卸、运输、储存、配送以及信息处理等各种物流服务。

到了工业化的中后期，以电子信息、软件、通信、金融业等为代表的第三产业在国民经济中所占比重的逐步提升，使得现代物流业进一步蓬勃发展。产业结构与物流产业之间相互依从、协调发展，存在密切的内在联系。

目前我国正在进行产业结构的优化升级，这必将对物流产业的发展产生积极深远的影响。

六、外商投资

改革开放以来，随着我国经济结构的不断优化和投资环境的持续改善，我国的外商投资规模不断扩大。我国经济是外向型经济，外商投资对我国经济各方面都产生了重大的影响，因此，正确认识和评估外商投资对我国经济各方面的影响，对于利用外资促进我国经济的发展具有相当重要的意义。

自加入 WTO 以来，我国的外商投资政策变得更加开放、透明和友好。目前，国家对外商投资采取分阶段分行业分地域逐步放开市场准入的政策，逐步扩大外商投资领域。对于东道国来说，外商投资是一把"双刃剑"，既有调整经济结构、加快经济增长方式的转变等正面效应，也产生诸如垄断国内市场、大量利润汇出以及排挤民族品牌等负面效应。

近年来，外商开始在我国开展速递业务，这标志着外资已进入我国物流领域。尤其是在 2004 年我国兑现承诺对外资物流放开我国市场之后，外资物流企业大量涌入，利用先进的物流网络渗透我国市场，将我国物流市场纳入到全球供应链体系中，将我国物流网络与其全球网络进行整合，从而完善其全球物流服务体系。

同时，外资的进入也为我国物流业发展带来了必须的稀缺资源，比如先进的物流管理经验、高新的物流产业技术以及高素质的物流人才等，有利于我国物流人才与技术的升级，促使我国传统物流业向现代物流业转变。因此，自我国加入 WTO 以来，外商投资对我国区域物流发展的影响日益显著。

七、城镇化进程

空间经济学认为，城镇化是社会经济发展的结果，是集聚效应的集中体现，其本质上体现了各种社会资源（如资金、技术、人力资本等）在地域空间上集聚的过程。

随着城镇化进程的不断推进，大量优质的社会资源在特定的区域聚集，为该区域物流的发展提供了良好的发展环境。城镇化为区域物流的发展提供了必要的基础要素，如基础设施、人力资源、技术支持、资金等。基础设施的建设情况是物流企业选址要考虑的重要因素之一，而物流产业发展所需的基础设施，只有在城镇化水平较高的区域中才能得到满足。而且，城镇化发展水平较高的区域对不同层次的人力都有着极大的吸引力，随之而来的还有大量的高新技术和资金。

同时，区域物流的发展离不开良好的制度环境，城镇化为区域物流的发展提供了良好的制度环境。

对于物流企业来说，良好的制度环境有利于企业间公平的竞争和交易，降低企业间交易与合作的风险，促进企业进一步的合作与交流。

此外，良好的制度环境还能够吸引高级人才、高新技术、资金等高级资源向该区域的不断聚集。

因此，区域物流的长远发展需要良好的制度环境的支持，而城镇化水平的不断提高能够满足这种需求。城镇化为区域物流的发展营造了良好的文化交融环境。城镇化水平高的区域人口流动频繁，他们来自不同的区域，具有不同的文化背景。在日常的工作和生活中，这些具有不同文化背景的人们在思想上产生碰撞与交融。这种交流有利于企业文化的形成和企业创新能力的提高，进而促进区域物流的发展。

八、政府的作用

对于国民经济中的任何一个产业来讲，仅仅靠市场机制的调节来实现产业的均衡发展都是不可能的，尤其是对于物流产业这种公共物品属性和外部经济效应不很强的产业，在其发展过程中政府宏观调控的引导作用就显得格外重要。

同时，政府会根据物流产业的发展状况以及其在不同发展阶段对社会经济发展的影响，发挥相应的职能，如为物流发展确立法律框架、制定物流战略、制定物流标准、制定相关政策与措施、加强物流基础设施建设以及加强物流市场的宏观调控等。而政府的这种宏观调控方式对物流业的发展是起积极作用还是消极作用，是推动物流业的发展还是延缓其发展，这取决于政府政策的正确与否，亦取决于相关政策是否符合经济发展的客观规律。

九、物流信息化水平和宏观环境因素

区域物流的发展需要将现代信息技术运用到区域物流运行过程中，以形成有效的区域物流网络系统和区域物流管理系统。区域物流信息化对提高区域物流服务质量和提升区域物流运行效率具有重要作用，因此，区域物流信息化水平是支撑区域物流系统发展和影响区域物流竞争力的一个关键因素。

区域物流宏观环境因素包括与区域物流相关的政策法规、物流产业发展规划、资源利用政策、市场环境等，是区域物流发展的平台，可以对区域物流竞争力培育提供支撑基础。由于物流业是一个公共物品属性很强的产业，与其他产业的关联性也很强，所以政府有关区域物流方面的政策法规等，不仅影响物流市场的需求、规模、结构和竞争，还影响区域物流业的整体效率和效益，进而影响区域物流业的竞争力水平。

第二章　区域物流与区域经济发展的关系

本章分别从区域物流与区域经济的互动促进关系、可持续发展的积极影响以及绿色物流的贡献三个方面阐述了区域物流给区域经济的良性发展提供支撑，并从经济全球化的发展趋势进一步论证了区域物流是区域外向型经济发展的保障。

第一节　区域经济是区域物流产业发展的基础和前提

一、物流产业与经济增长的关系

随着全球经济的发展，物流的产生则成为一种必然。按照一般的情况来说，在区域经济的发展进程中，应该最先将物流产业发展起来，这也是全球经济一体化的对于物流产业所提出的要求，而对于我国传统贸易的转型来说，发展物流产业是不二选择。从广义上讲，现代物流业包括传统概念的物流企业和商贸流通企业，从狭义上来讲，它也属于经济活动的一种，它涉及了很多方面，如配送、仓储、运输、装载、卸货、信息等都属于经济活动的一部分。全球的经济都在快速的发展，现在已经没有哪一个行业能够离开现代物流而单独存在。现代物流业已经成为覆盖范围最广泛的产业。

二、物流产业与区域经济的互动关系

物流产业的发展，必将会促进本地区的经济发展，相反，一个地区的经济发展起来之后，其物流产业也必将随之发展。物流对经济起

促进作用，而经济为物流发展源源不断的输入驱动力，二者是彼此促进，相互成就的。物流产业与区域经济发展相关的另一种关联是区域与区域之间的经济联系，是区域与区域间的经济活动、经济联系在物流领域的体现。

（一）物流产业是区域经济的子系统

在某一特定的区域内，其经济发展过程中，内、外部条件交互作用所形成的综合体就是区域经济。每一个地区的社会经济条件、自然条件，还有经济政策都不同，这些条件都限制着本地区的经济发展。自然条件对于经济的发展影响很大，如降水、温度、阳光强度、光照时间，土壤、自然灾害等，有一些因素还有着非常重要的作用；如果生产力已经发展到一定的阶段，那么在经济方面所投入资金的多少，技术水平，以及劳动力发展的程度都会成为限制经济发展的因素；技术经济政策的作用也不容小觑，它对某一区域的经济发展的影响也是非常大的。

物流产业包括很多方面，如配送、仓储、运输、装卸、加工、包装、信息处理等，这些物流资源产业化后形成的一种复合型或聚合型产业，是国民经济的重要组成部分。物流几乎涉及国民经济的所有产业，所以除了物流产业本身得到了很好的发展之外，更重要的是其他相关产业在物流产业的带动下也得到了发展，这也是物流产业的意义所在。特别是对制造业、商贸流通业等行业的发展具有极大的促进作用。

对一个地区来说，发展物流产业可以使本地区经济运作的成本减少，使其经济增长的方式发生改变，由粗放型向集约型转变，促进以城市为中心的区域市场的形成及发展，使本区域各产业的结构更加的合理，这样区域经济也能随之得到很好的发展。发展现代物流最大的好处就是，可以调整经济的结构，使其处于最佳的状态，有利于社会各产业的集聚和分工。生产型企业可以将其物流业务外包出去，从而将企业的注意力放在增强核心竞争力上面；另外，由于社会各方面对物流的需求量增大，促使物流行业迅速蓬勃发展，并向专业化方向发展，同时也提高了物流行业的社会化水平。物流行业与社会各行各业都紧密相连，使得一些与现代物流向配套的行业（如生产制造、信息、商贸、通信、基础设施建设）也随物流业的发展获得了新的发展机会，促进了传统产业的发展，社会的经济结构也得到了相应的调整。

区域经济一般泛指一定区域内的人类经济活动，是一个国家经济的空间系统。在一定区域范围内，区域经济系统是由两方面的要素融合在一起，即地域和经济发展各自的组成要素，各种各样的经济活动彼此作用所形成的经济系统，只不过这个经济系统的结构和功能是特定的。它是一个开放的动态系统，由诸多要素和子系统共同组成，是一个有机的整体，总体功能的实现有赖于各子系统功能的发挥及子系统间的相互协调和配合。区域经济又是一个涉及大量经济要素的复杂的动态系统，物流系统和一些与经济相关的部门结合在一起就是一个系统，即区域经济系统。如果缺少了现代物流产业，那么区域经济网络也就不复存在了，因为它是区域经济发展进程中，一些要素进行扩散和聚集的载体，正是因为有了物流产业，区域的产业活动才能够正常运转，物流产业使得部门和地域分工的目标得以实现，是各项经济活动之间相互联系的纽带。

区域物流产业是区域经济的一个二级子系统，它的主要作用就是负责区域经济内的各项交流活动，如区域经济系统的环境，内部的能源、物质，还有系统本身之间的各项交流。区域内部以及内部与外部之间的物质、能量、人员、信息的输入与输出，除信息和二次能源（如电力）的传输不属物流的系统功能之外，其余绝大部分都由区域的物流子系统来完成。物流活动在区域经济活动之中所处的地位是最根本的，如果将其形容为现代物流产业经济发展的"大动脉"一点也不为过。

对于我国来讲，通过发展物流产业整合相关功能性活动，既能迅速提高道路交通设施的利用率，发挥其对经济和社会发展的促进作用，也能在物流产业集聚的同时，极大地带动人流、商流、资金流、信息流的集聚，从而增强对周边地区的经济辐射能力，扩大经济腹地，促进区域经济中心的加速形成；减少区域经济运行中的阻力，将区域经济发展过程中的各个要素的功能扩大，从而实现区域经济的实力、效果及利益的整体水平都大幅度上升的最终目标。

（二）物流产业与区域经济之间的相互作用

1. 物流产业与区域经济相互依赖

现代物流产业作为区域经济系统的一个重要子系统，它的结构和功能对区域经济系统的结构和功能有着直接和间接的影响。现代物流和区域经济的发展是相互依存、紧密联系的统一体，现代物流是区域经济的重要组成部分，其存在和发展对于区域经济竞争力的提升有着非常重要的作用。它通过促进区域内企业的专业分工、优化区域产业结构、节省经济成本、完善区域基础设施建设以及增强区域的聚集和辐射能力来促进区域经济竞争力的提升。

并且，现代物流的发展跟区域经济有着密不可分的关系，后者不仅是前者的载体更是其推动器，为什么说发展良好的区域经济对现代物流有益：第一，现代物流所需建设的基础设施可依赖区域经济得到满足；第二，现代物流可通过信息与技术层面加快其发展的速度。尤其是对于大规模的区域开发而言，区域物流发展状况是投资者最为关心的因素之一。没有良好的物流系统作为保障，大规模的区域开发将难以获得最终成功。

2. 物流产业集聚程度取决于区域经济的发展水平

物流产业集聚的产生和发展始终是依托于区域经济环境之上的，区域经济环境左右着物流产业集聚的发展。区域经济环境对物流产业集聚而言，归根结底是一种"资源"的集合。

这种"资源"不仅包括外在得天独厚的地理位置、周边的相关产业的发展情况，同时还包括当地政府的投入、消费水平以及科研院所等因素。区域经济部门的能源、原材料以及产品的运输、储存等通过物流系统完成，区域经济是区域物流系统赖以生存的基础。区域经济的发展水平决定了区域物流的集聚水平，区域经济要发展，必然要与外部环境联系密切和频繁，为确保规模化的区域产品输出以及区域之间的物质联系，先进的物流管理与物流技术的支持因而变得更加重要，物流产业集聚现象自然更加突出。

所以说，物流产业的发展对其他相关产业有着很大的依赖性，比如制造业、零售业、快递业等。这些产业是物流产业投入的来源，也是物流产业提供服务的消费者，这些产业的发展作为物流产业的"资源"归结于区域经济环境的发展。

（三）物流产业集聚作用于区域经济

在分析世界经济发展史时，经济史学家 Angus Maddison 指出，全球经济的发展成果绝大部分是由通信和运输成本的日益下降带来的，经济自由化以及运输和通信成本的不断下降将继续推动世界经济一体化。

所以说，现代物流产业融合了信息技术与交通运输等活动，涉及国民经济的各行各业，在 21 世纪必将对整个世界的经济运行产生积极而深远的影响，特别是近十年全球经济一体化的发展也印证了这一点。

一来，区域经济包含区域内各项经济活动，也包括区域内的物流活动，区域经济的强弱直接决定物流的发展水平。区域经济发展一般会出现人力、物力和财力等生产要素的空间集聚现象，从而形成经济快速发展的"增长极"。而在这个集聚的空间内，生产资料、生活资料、人力、物力等都需要物流作为媒介以达到输入输出的目的；同时，区域经济的聚集和扩散理论认为，在通过集聚效应促进增长极发展的同时，也通过扩散效应带动周边地区的发展。随着增长极的发展，增长极区域进入发展的中后期，此阶段增长极的作用体现为促进区域经济平衡，开始为周围地区提供投资和技术支持，为周围地区初级产品提供市场，吸收农业剩余劳动力等。在增长极的推动力通过一系列联动机制不断向周围地区发散的过程中，便形成了"扩散效应"，其扩散作用可促成区域物流体系的建立。扩散效应的结果是，以收入增加的形式对周围地区产生较大的乘数效应。区域内部及周边的快速发展过程极大地促进了物流需求的增长，形成了一定的"物流短缺"，促进物流产业集聚以更好地满足"物流短缺"。区域经济环境所提供的

"资源"吸引物流企业的聚集从而形成物流产业的集聚，集聚周边的相关上下游产业的发展和科研院所的设置又为物流产业集聚的发展提供了动力支持，促进物流产业集聚走向成熟。

再者，作为区域经济的一个子系统，物流产业集聚是区域经济活动各环节与部门相互得以联系的有效方式，也是以重要部分来组成区域经济，并且区域经济的发展会因为区域物流产业集聚的良好发展而获得较好的平台，有利于降低企业经济活动的交易成本，提高资源配置效率，优化地区产业结构，实现区域产业结构合理化和高度化，强化产业关联，调整区域经济结构，促进区域经济增长极的形成，提高一定的竞争力于区域经济，使区域经济的发展脚步越来越快，物流产业集聚能够充分利用区域内的道路、水路、港口、航空、铁路、仓库等物流设施来满足区域内不断增长的物流需求，实现各类生产、生活资料的时间效应和空间效应，在此基础上将整个区域内各部分经济活动联成一个整体，有利于降低物流成本，促进区域经济的发展。

区域经济是一种综合性的经济发展的地理概念。它反映区域性的资源开发和利用的现状及其问题，尤其是指矿物资源、土地资源、人力资源和生物资源的合理利用程度，主要表现在地区生产力布局的科学性和经济效益上。区域经济的效果，并不单纯反映在经济指标上，还要综合考虑社会总体经济效益和地区性的生态效益。建立健全物流集群体系是完善区域经济系统的关键抓手。在不同区位环境、能源资源、市场机制、运输能力、产业构成以及发展规划的区域，拥有着形态各异的物流产业集群结构和发展模式。集聚化的物流产业能够促进区域全方位快速发展，这是因为区域经济发展的出发点和动力源泉是物流产业。

现在，我国已经建成了长江三角洲经济区以及珠江三角洲经济区和成渝经济区等经济区域，经过长期的实践证明，无论是区域物流企业的集聚情况还是区域经济的发展壮大趋势，建立集聚化的物流产业和充分发掘它的功能作用对区域经济的快速发展具有重大的推动作用，并且区域经济发展的程度反过来也会促进物流产业的集聚化。

物流集聚区的形成与发展要依托集聚区周围的产业和企业，也更侧重于物流信息技术平台的形成和发展。通过归纳物流集聚区形成的原因、条件和过程，可以发现物流集聚区的发展具有产业发展的一般共性，同其他产业集聚一样，是一个经济、社会、文化等多层面的区域复合体。但物流集聚区的形成也有其特殊机制，物流集聚区这些特殊的形成机制不同于高新技术园区或工业园区，其最大的亮点不只集中在经济层面的营销方案、市场策略和成本较低等方面，而且还包括创新文化、合作共赢、社会资本的创新、诚实守信等方面，这是在整个竞争、汇聚、融合的进程中产生。

1. 物流产业的规模效应

因社会分工和经济全球化的不断深入且加剧，物流产业也在紧随着其的步伐迅速的发展起来，使得产业构成在优化上不断予以调整，成为区域经济迅速发展助动力之一，因此逐渐形成一定的规模，在这一点上物流行业的发展过程和缘由与其他行业有很大的共同点。但是物流行业的分工相比其他产业而言，行业里经济组织机构的发展空间越来越大，专业化程度越来越高，细化程度也一直不断加深，这些都是物流行业进行汇聚、集合之后产生的。同时，由于集聚造成产业内成员企业的集中和联系的加强，使得中间投入品的规模效应和劳动力市场规模效应得以发挥，从而促进效率的提高和产出的增加。

除此之外，共享现象也会在物流行业中产生，并且推动产业的规模化发展，这种共享仍然是由整个行业的汇聚、集合发展产生的，主要体现在其他机构组合、公共基础设施和服务措施等方面，进一步加强协同效应与企业的储、运过程密切的联系。物流企业通过这种方式发挥资源的组织效应，同时扩大规模，还可以间接地降低产品的物流成本，将仓储协同和运输协同相结合。通常情况下规模效应指的是经济效应，也就是由范围经济来决定物流企业总的成本，而总成本将小于单个业务分别进行的成本总和。

2. 物流产业的乘数效应

市场在正常运转的情况下，其内部的市场因素是紧密相连的，一个因素发生变化必然会引起其他因素的共同变化，诞生一个新的经济概念——区域乘数，即在市场中，一旦新兴的产业、经济机构发生了扩张现象，便会改变市场的供需和区域经济，使得区域经济的阈值产生新的变化。

区域乘数是用来表现区域内一个经济因素对其他经济因素产业的连锁反应，通俗来说，就是一个经济组织机构的生产成本、收入总额和就业情况等方面发生了增长的变化，对经济活动中其他机构的发展造成的一系列影响便由区域乘数来表示。而在现阶段，物流行业是产业链中的重要一环，其乘数效应表现在：物流产业的发达程度成为区域经济中服务和产品不断扩散发展的保障程度；同时随着物流产业的集群效应不断增强，会带动其他经济机构、部门的正面影响从而推动区域经济的发展。

此外，乘数效应在物流行业中的体现还表现在另一个方面：在一个区域范围内，物流行业增长了生产成本、投入总额和就业情况等方面数值，也会对这个范围内其他经济因素产生一定的影响，而且这些影响会直接表现为实际投入中增加的生产需求、间接表现为在生产过程中直接增加的工资和就业人数。

3．物流产业的扩散效应

区域经济更多是由资本流量、人流量和商业产品的流量共同组成的聚集经济，即把一定区域范围内重要的经济因素共同集中起来进行生产的规模化过程，这个规程具有持续性和批量化、规模化的特点。其中，这是要素的集中有利于商品更好的扩散传播，而且物流和商业贸易的发达是区域经济正常运转的重要要素。否则许多产品和服务无法扩散出去，造成商品的积压，商品失去了原有的价值。物流行业在这个过程中扮演着重要的角色，是区域经济迅速发展的重要推动力，特别是推动产业、金融、交通、物资、信息等经济因素的聚集和扩散发展。

物流产业之所以能成为整个区域经济迅速发展的重要推动力，这是因为物流产业能把中心城市中的优势经济因素传播扩散到区域的其他地方，比如科学技术、管理体系、经济发展等方面的先进信息向区域的各个地方引进。物流产业最重要的两个作用——扩散和集聚是区域经济的发展过程中扮演的不同角色，前者主要是将中心城市的优势因素向区域的各个地方扩散，再结合各个地方的特色形成各自的优势，在详细的分工制度下实现协调发展；后者将区域中所有重要的资源汇聚在一起，提高经济实力的同时也提高了经济的运转速度和质量。

4. 物流产业的创新效应

按照熊彼特的理论，创新包括产品创新、生产方法创新、市场创新、原材料创新和组织创新。

物流业集聚区内企业之间紧密的竞合关系、空间地理上的接近、人际关系上可能的亲缘和朋友关系、行业协会的沟通和协调、培训和企业间的交流等，都会促进企业之间某一方面的相互竞争。

另一方面，相互学习和模仿，这种竞争与模仿的关系，加快了企业创新的步伐，使各种创新的成果特别是隐性知识在集聚区内可以很快地扩散。另外，集聚区企业因为竞争和差异化的需要，也会纷纷进行产品和技术的创新。由于物流产业所发生的产业集聚，会导致生产技术工艺、各类市场信息以及专业知识的逐步积累，在这种情况下，很多与之相关的科学研究机构，各行业相关的中介机构、涉及各领域的企业也会在此快速形成汇集的态势。这样不仅各类信息以及相关知识得到了积累，同时也会引起相同领域企业间的激烈竞争，这些因素都会成为产业创新的动力之源。

在这个区域中，企业与企业间通常会借助发达的技术和信息建立起一个共通的网络，这个网络很容易被不同的企业当作一个学习经验、沟通信息的平台。这种有学习功能的网络结构不仅具有其高效实用性，而且企业的使用成本也相对低廉。在这个平台上，各企业的决策者以及普通员工都能找到适合自己的沟通方式，比如网络上的聊天，比如线下的商务性的洽谈等。这种交汇、融合、碰撞过程，会令各类经验和知识得到交流，从而产生很多新的方法和新的思想。

综上所述，物流产业和区域经济二者是相互依存、相互促进、相互发展的互动关系。物流产业集聚能够发挥规模效应、乘数效应、扩散效应和创新效应，在此基础上引导整个区域实现健康、高速、富有成效的发展。

第二节　区域物流给区域经济良性发展提供支撑

一、区域物流与区域经济的互动促进关系

当社会经济发展到相应的程度，现代化的物流业就会应运而生。一个区域，或者一个城市的综合性的实力以及现代化的发展进程直接影响着现代物流业发展的水平。只有当区域经济得以存在并有所发展，才会有区域物流业的产生和发展。区域物流业具备什么样的规模，通常是由这个区域拥有的经济发展水平决定的，而且物流业的结构往往也是与区域经济的结构相对应的。

区域物流往往在一个区域的经济发展中起着十分重要的作用，可以说在一定程度上支撑着区域经济的基础。能够对区域物流业产生影响的要素主要有政策方面的变化、区域经济的现状、相关设施的配备水平、信息化水平的高低等。区域经济的发展速度和规模，主要由以下几个因素来决定：区域的产业结构是否合理，区域的文化发展是否具有成效，区域内的基础设施规模是否与需求相符，区域发展的战略是否得以准确制定等。

（一）区域经济发展是现代物流业发展的基础

经济增长极理论认为，区域经济的发展初期一般会在经济基础较好的地区出现人力、物力、财力等生产要素的空间集聚，从而在这些地区形成经济发展的"增长极"。

物流业依附于区域内其他的生产和流通性质的产业，它归属于服务业的范畴。物流业之所以能够得到发展，是因为有物流需求作为前提，这是关键所在。区域经济相关理论得出了这样的结论：当各类企业、科研院所以及中介机构等聚集在一个区域后，不仅会促进这个区

域中心的发展，而且会带动这个区域周边地区及产业的发展，区域中各行业的不断发展，自然会引起生产要素的频繁流通，这时就会产生对物流的大规模的需求。

物流业和区域经济的发展是相辅相成的，经济越发达的区域，越能吸收和容纳各类商贸企业以及制造企业入驻，与之相对应，市场对于物流的需求量就越大，有了大量需求才有好的发展基础，也才有更广阔的发展空间。同时，当一个区域具备了足够的经济实力，有了更高的经济发展水平时，才有能力为现代化的物流建设投入更多的财力和物力，这个区域的物流也就会得以更快的朝着更健康的方向发展。

（二）区域物流是区域经济发展的支撑

区域经济是一种规模化的生产过程，也是一种聚集性质的经济。商业流、人口流以及资本流共同组成了它的生产要素。当商品进行扩散时，这种聚集所带来的价值才能得以显现。这时，物流体系就必须适时发挥自身的作用，及时将区域内各企业生产出来的产品扩散出去。否则这些产品就会被"困"于原地，无法产生应有的效益。物流业作为一种桥梁和纽带，紧密连接着消费者和上游产业，如果失去了物流业的协同和保障，整个区域经济都会陷入混乱和停滞。

由此可以看出，物流业是区域经济发展中的支撑性产业，一套运转高效并且设计完善的相关系统是必须的"标配"。

（三）区域产业结构对区域物流发展有着重大影响

物流业发展的规模、物流的体系建立以及需求量大小都取决于区域的产业结构状况。

拥有不同产业结构的区域，其物流发展的重点和方向是不同的。比如当区域经济是以第一产业为基础时，这个区域物流发展的方向和重点是加强储备运输设施的建设，构筑起快速的通道，进一步完善区域内的路网建设；当区域是以第二、第三产业为基础时，这个区域物流发展的模式往往是铁路、公路、水陆以及航空运输共同发展；当区域经济是以第二产业，尤其是重工业为基础时，这个区域物流业发展的重点就是加强铁路以及水陆运输能力；当区域经济以第三产业做为重点时，尤其是一些国际化的大城市，这类区域物流业发展的重点则是国际化物流业以及国际化物流业基础设施的建设。

当第二和第三产业没有成功分离时，这个区域的产业结构就是不合理的。区域内的企业大多也会固守着僵化的理念，沿袭着过时的经营方式，在物流运作时还习惯于自给自足，大包大揽，不愿意接受专业物流企业的服务。相较于其他区域，这种区域物流的发展肯定是滞后的。

（四）区域物流发展能促进区域经济竞争力的提高

产业结构演进理论指出，产业结构演进方向是由第一产业占优势比重逐渐向第二产业、第三产业占优势比重演进，由劳动密集型产业占优势比重逐渐向资本密集型、知识密集型产业占优势比重演进，由制造初级产品的产业占优势比重逐渐向制造中间产品、最终产品的产业占优势比重演进。区域经济竞争力的提高与产业结构演进程度关系密切，区域物流的发展能够大大推动这些产业结构的演进进程。区域物流的发展带动了生产要素和商品的流通，物流业优化资源配置的功能促进了商流、资本流、信息流、技术流向高层次产业集聚，形成了优势明显的产业集群，这些产业集群已经成为区域经济发展新的"增长极"。

高效的区域物流体系建成后，这个体系内的所有企业将会有条件实现合理的分工，达成有效的合作。企业间互通有无，优势互补，可以共同节约交易中产生的成本，不仅能有效提升本企业的竞争力，而且还能共同提升区域经济的竞争力。

二、区域物流对区域经济可持续发展的积极影响

（一）能够提高区域经济活动的效率和水平

当富有特色的经济发展到一定程度时，就会形成区域化经济，经

济全球化的过程中，市场分工的细化也成就了区域经济。伴随着这种分工，一些区域经济发展中的特点开始显现：全球间的贸易显现出更强的相互依存度和互补性，市场开始高度集中，市场化以及商品化的程度不断加深，自给自足的现象越来越少，经济结构开始变得多样化，并且呈现出一体化的态势。提高不同企业、不同行业间的合作能力和水平是市场分工细化的客观要求，物流水平的提高正好能够有效促进这种协作效率，从而使所有参与者用于交易方面的成本大大降低。现代物流业能够使企业的时间成本大大降低，因为它能加速商品的流通效率。

现代物流业必须适应市场经济运行的需要，这种需要包括七个构件，即价格、时间、地点、顾客，服务、质量以及数量。这几个构件都需恰到好处地运作起来，才能达到市场的要求，也才能促进物流业自身的发展。

（二）能够带动区域产业结构升级

区域物流无论处于哪个发展阶段，无论达到什么样的发展水平，都存在相应的产业结构。汪鸣、冯浩在其《我国物流业发展政策研究》一书中，对"物流—复合产业"的概念进行了系统分析。

书中指出：所谓物流业是复合产业，系指既具有局部的独立产业形态，如第三方物流企业、运输业等，又在整体上具有以共同使用的技术为媒介的多个产业交叉和融合的特殊产业形态，如货主物流业。物流能力的形成和发展会对区域产业经济产生一定的前向效应、后向效应和旁侧效应。物流产业的发展将促进物流装备制造业、物流系统业、物流新工艺和新技术的发展，提高物流活动的效率，促进物流产业优化，潜在地增进经济和社会机会（前向效应，从物流能力主体的视角）。物流能力的发展将带动公路、铁路、仓储、通信等区域物流业的发展，进而拉动对钢铁、煤炭和制造业的需求（后向效应，从物流能力载体的视角）。物流能力的发展将对所有区域的商业、供销等行业中的物流活动产生经济影响，提高区域内各类经济活动的效率（旁侧效应，从物流能力客体的视角）。

由此可见，物流能力对于区域产业结构升级有着直接的重要影响。

（三）能够形成区域经济"增长极"

按照区域经济发展的"增长极"理论，目前区域性的物流园区（基地）已经成为区域经济的"增长极"。区域性物流园区（基地）的形成和发展过程具有人力资源迅速聚集、支柱产业迅速形成、资金迅速聚集的特点。物流园区（基地）的"增长极"作用主要体现在对区域经济增长的带动效应和改造传统产业的辐射效应。物流园区（基地）高水平的物流能力能够带动区域内上下游产业及其关联产业的发展。

第三节　区域物流是区域外向型经济发展的保障

所谓区域外向型经济，就是某地区为推动该地区的经济发展和增长，以国际市场需求为导向，以扩大出口为中心，根据比较优势理论，积极参与国际分工和国际竞争，所建立的经济结构、经济运行机制和经济运行体系。

一、经济全球化发展趋势中区域物流发展的重要意义

进入新的历史时期后，经济全球化的趋势越来越明显，世界经济汇合成一个大的全球化的市场，不再仅仅局限于区域内、国家内，而是朝向全球化的方向发展。所有的企业还有地区包括国家，全部被纳入了国际市场的大环境中，按照不同的轨道，不同的领域在同一个空间协同发展。它们之间相互竞争，相互协作却又相互依存。资源开始可以在全球的范围内实现高效流通，很多企业的采购、生产、运输、销售环节不再被时间和空间所限制。这虽然会引起国际市场竞争的进一步加剧，但同时也为企业创造了更大的空间和更多的发展机遇。全

球的企业和行业自发形成了供应链，供应链间的竞争开始变得比企业间的竞争更令人瞩目。

实际上，在经济全球化的背景下，这种竞争不仅是企业间的竞争，同时也是区域以及国家之间的竞争。为了争夺有限的资源，不断拓展自身发展的空间，这种竞争在地区之间也是一直存在的。区域间的竞争，由企业以及供应链之间的竞争共同组成。当下各国以及各地区的交流更加频繁，这就必然导致竞争的进一步加剧。并且这种竞争所涉及的要素也更加复杂。

在全球经济一体化的形势下，努力加快现代化物流业发展速度的意义已经上升到战略的高度。物流业就是要以最小的成本，以最高的效率，将商品从生产地转移到消费地，以最大程度地满足顾客的需要，从而促进经济的发展。

发展现代化的物流业，就是要利用先进的技术手段，对物流产业链的各个环节采取信息化的科学管理手段，不断提高工作效率，以最快的速度，最小的成本，最优的服务，完成商品从生产源头到消费终端的移动。

现代物流业的发展对于促进地区以及国家经济的发展至关重要，它已经成为世界经济发展的重要增长点和"生力军"，世界各国已经越来越意识到现代物流发展的战略意义。现代物流业发展的水平，直接影响着当地区域经济发展的速度，影响着区域和国家的整体经济实力。

当生产、流通以及消费过程被成功衔接，再生产的过程也就会开始加速。现代物流业的发展水平，会直接对这个地区企业的生产以及销售的各个环节产生很大的影响，包括商品在流通过程中的成本、所获得的效益、顾客的满意度等，从而决定了企业及其所在的区域竞争力的高低。

要想实现信息以及各类商品在全球范围内的高速流转，必须要有现代化的物流服务作为基础。这样才能有实力迎接全球化的市场竞争。物流企业虽然起步于区域内，但目光必须投向世界范围，不光要帮助企业在区域经济发展中占据优势，而且还应当为整个区域甚至国家在全球化的竞争中提供支持和动力。

新形势下，国际物流业已经迈入了新的发展阶段，如何有效建立起综合物流系统越来越为行业以及全社会所重视。这已经成为发展地区经济的一个重点内容。经济建设的历史原因以及国家政策的支持力度的不同，共同使我国的经济发展呈现出区域化的特征。即经济发展区域主要集中在京津唐地区、长江三角洲以及珠江三角洲。这些地区经济的快速发展，带动着全国经济的发展。在区域竞争越来越激烈的形势下，现代物流业需要担负起为桥梁和纽带的责任，促进不同经济聚集区间的协作和发展，带动这些区域以及国家有效融入到全球经济体系中去，并在激烈的竞争中立于不败之地。

二、区域物流发展是区域外向型经济发展的保障

区域经济发展和区域物流发展间是相辅相成、相互促进的关系。积极推进区域物流沿着高效、有序的方向发展，建立起现代化的物流产业，对于促进全国，尤其是西部不发达地区经济社会的发展有着至关重要的作用。

（1）物流产业拓展了价值创造的新空间——"第三利润"开发，可以形成新的产业形态，培植内部新的经济增长点，从而推动区域产业结构的优化。

（2）发展现代物流产业，可以加快资本周转，节约流通成本，提高区域经济的核心竞争力。

（3）发展现代物流可以促进以城市为中心的区域市场形成与进一步发展，从而增强中心城市的经济辐射能力，带动区域经济的快速成长。

（4）优化区域物流的发展，改善发达地区与欠发达地区人民物质文化需求与供给的时空关系，有助于缩小我国区域经济发展的东西部差距。

因此，研究区域物流系统优化分析，明确区域物流发展的政策选择是区域经济发展中的一个重要课题。

现代物流企业发展的目标通常是用最优质的服务来达成客户满意度的无限提高。其中包括对所有物流的处理方式、与物流相关的涉及外部事务的活动、第三方服务提供的项目等，这些方面都被希望能够达到高效、专业的标准。运营成本的降低，客户满意度的提高都是物流业即定的目标。要想全面提高物流业的效率，只靠企业的一己之力是难以达到的。必须要有生产、运输、销售产业链上的所有参与者共同努力，专业协作才能实现。物流协同成了该行业发展的主流。

经济社会高速发展的当下，现代物流业也步入了快车道。呈现出良好的发展态势，服务的专业化、社会化水平不断提高，高科技的网络手段被广泛运用于物流管理系统，内部管理方式更加科学合理，设施设备自动化水平明显提高。物流企业间开始处于良性的共存状态，相互间既有竞争又有协作，呈现出健康有序的发展态势。

现代物流发展的一个重要趋势就是促进区域内物流企业间的协同发展。这就要求区域内部要有一个设计合理、实施有效的物流资源的分配方案。需要相关部门认真研究如何实现区域物流的高效化、网络化、畅通化，从宏观上对区域物流业的发展进行规划，对涉及区域物流发展的相关理论以及方法进行认真思考和积极的探索。通过促进区域物流这一重点领域的发展来实现区域经济的可持续发展。

然而我国区域发展中存在的现实问题是，很多区域经济显现出产业结构过分单一的状态，导致了区域内部各企业以及各行业间竞争的不断加剧，地方保护主义盛行，市场被无限分割，区域内的资源也无法得到有序协调，直接影响了区域经济的健康、长远发展。

当区域物流实现一体化之后，将会有效打破市场中因行政区划导致的壁垒，使区域产业结构得到调整，可以使城镇体系以及城市布局得到进一步优化，使区域经济的整体水平得以提高。要想实现这一目标，就要积极探索并建立起科学合理的区域物流优化理论，以这个理论为指导，全面有效地促进区域物流的发展，并且借助区域物流的发展带动区域经济的全面发展。

第三章 "一带一路"背景下区域物流发展环境解析

"一带一路"区域是世界经济体系中的经济凹地,物流水平低下是其短板之一,在发达国家和区域物流质量已经较高的国际经济环境下,其现有交通基础设施、信息处理能力、专业化水平等物流构件已经难以支撑规模快速扩大的区域经济往来,高起点弥补物流短板,发展绿色物流成为必然选择。

本章从"一带一路"的发展战略中关于区域物流的定位入手,以河南为例进行分析,由"全国人民的大粮仓"向"大厨房"转变、发展食品加工业及冷链产业的角度,论述了区域物流发展面临的新环境。

第一节 关于区域物流的定位

习近平总书记于 2013 年提出了沿线各国协同发展"丝绸之路经济带"的伟大构想,旨在进一步开展中国、中亚、西亚以及欧洲各国间的经济以及其他方面的广泛合作,实现道路交通、国民心理、贸易交流、货币流通以及经济政策等方方面面交流上的通畅无阻,促进丝绸之路沿线各国的共同发展和区域合作。

一、"丝绸之路经济带"的空间理论基础

"丝绸之路经济带"是把"丝绸之路"与"经济带"结合起来,理论基础是区域空间结构理论。空间结构理论是一定区域范围内的社会经济各组成部分及其组合类型的空间相互作用与空间位置关系,以及反映这种关系的空间集聚规模和集聚程度的理论。

区域空间结构由点、线、面三种基本要素组成，点是最基本的要素，如城镇、企业等；线有起点和终点，并且有方向，如交通干线、能源通道等；面是指各类经济区。

"丝绸之路经济带"在一定程度上符合"点—轴"模式，"丝绸之路经济带"国内段由西安、兰州、乌鲁木齐等中心城市组成的"点"，由铁路、公路、能源管道组成的"轴"，由中原经济区、关中—天水经济区、河西走廊经济带、天山北坡城市带形成的"面"，构成了区域空间结构。

二、"丝绸之路经济带"的空间范围

（一）"丝绸之路经济带"的空间区位

"丝绸之路经济带"包括北、中、南三大经济轴线及其辐射区域。

北道：起自环渤海经济圈，经大同、呼和浩特、额济纳旗，从伊吾进入新疆，至阿勒泰地区，穿过哈萨克斯坦的厄斯克门和俄罗斯的鄂木斯克、莫斯科，止于圣彼得堡（波罗的海沿岸）。

中道：上海—徐州—西安—兰州—哈密—吐鲁番—乌鲁木齐—奎屯—精河—霍城哈国阿拉木图—乌兹别克斯坦塔什干—土库曼斯坦捷詹—伊朗马什哈德—伊朗德黑兰（支线自德黑兰通波斯湾沿岸霍梅尼港）—亚美尼亚埃里温土耳其安卡拉—法国巴黎法国勒阿弗尔（大西洋沿岸）。

南道：广州—长沙—怀化—重庆成都—阿坝—格尔木—若羌—且末—和田—喀什—巴基斯坦伊斯兰堡—巴基斯坦卡拉奇（印度洋沿岸）。

"丝绸之路经济带"始于中国，从地理空间看，可涉及三个层次区域：

第一，核心区，包括中亚的哈萨克斯坦、吉尔吉斯斯坦、塔吉克斯坦、乌兹别克斯坦和土库曼斯坦五国。

第二，重点区，包括俄罗斯、中亚、巴基斯坦、印度和西亚地区。

第三，拓展区，包括环中亚地区、欧洲、北非等地，即中亚经济带、环中亚经济带、亚欧经济带。

其中，拓展区涉及高加索地区的阿塞拜疆、格鲁吉亚、亚美尼亚以及东欧的乌克兰、白俄罗斯和摩尔多瓦等位于欧亚地理交接线及其邻近地区的国家。

（二）"丝绸之路经济带"的空间构成

1. 经济区

把丝绸之路和经济带联系起来，体现了一种新型的区域经济的空间模式。"丝绸之路经济带"本质上是经济区域，是生产、贸易、流通一体化的带状经济区。"丝绸之路经济带"是在古丝绸之路的基础上形成的一个新的经济发展区域。

总体上可划分为国内经济区和国际经济区：国内经济区以陕甘青为主体，其他省区是外围，新疆是核心区。"丝绸之路经济带"东边牵着亚太经济圈，西边系着欧洲经济圈，被认为是"世界上最长、最具有发展潜力的经济大走廊"。

2. 发展轴与城市群

经济带发展需要一定的交通干线，并以其为发展轴，以轴上发达的一个或几个城市为核心，发挥经济集聚和辐射功能，联结带动周围不同等级规模城市的经济发展，由此形成点状密集、面状辐射、线状延伸的城市群。

3. 增长极

"丝绸之路经济带"是我国西部大开发、向西开放的"升级版"。中西部地区应该抓住这一机遇，通过资本、技术等的聚集，形成新的增长动力，提高中西部地区的产业层次，深化中西部的对外开放，形成新的增长极。

（三）"丝绸之路经济带"的空间演变形势

中国的整体经济布局正在由过去的各种经济要素和工业活动在东

部地区高度集聚，逐步转变为由东部沿海地区向中西部和东北地区转移扩散的趋势。这种趋势使"丝绸之路经济带"建设发展轴线成为可能。中国区域经济的多支点格局逐渐明显，形成了增长极的扩散。多个支点支撑中国区域经济发展，中国区域经济从聚集到扩散，在区域空间上逐步均衡。

三、"丝绸之路经济带"的战略意义

（1）"丝绸之路经济带"建设能够形成沿海、内陆、沿边全方位对外开放格局，实现优势互补。

（2）"丝绸之路经济带"建设为我国经济转型打开了一扇"新窗户"，既能够减轻我国资源紧张对经济发展的制约性，又可以扩大对外开放，吸引外资，优化进出口商品资源配置，促进市场全球化。有利于消化国内过剩产业，也会促进我国产业结构转型升级，进一步提高我国产品在中亚、南亚、西亚的地位和占有率。

（3）"丝绸之路经济带"建设能够促进我国区域协调发展。

（4）"丝绸之路经济带"为物流产业向西转移带来发展空间。

（5）"丝绸之路经济带"是我国能源供给线新"抓手"。

（6）"丝绸之路经济带"建设能够"带活"西部大开发。

四、"丝绸之路经济带"的战略重点

（一）加快落实同周边国家和区域的"五通"建设

按照习近平总书记关于"丝绸之路经济带"建设的"五通"要求，积极推进中国与丝绸之路沿线国家和地区在通道方面的建设。

（1）积极与丝绸之路沿线的中亚、南亚、欧盟等国家或地区签订相关双边或区域性贸易协定。

（2）提升基础设施的互联互通水平。建设通道，构建"丝绸之路经济带"交通网络。

（3）依托大通道建设，进一步放宽丝绸之路沿线国家和地区外资对华的投资准入。

（4）进一步发挥人民币国际化对贸易和投资便利化的促进作用。

（5）积极开展与丝绸之路沿线国家和地区的文化教育交流工作。

（二）与丝绸之路沿线及周边国家和地区构建高标准的自由贸易区网络

新的自由贸易协定应包含以下几个方面。

（1）实施高标准的开放性政策，推进与沿线及周边国家在服务业领域的相互开放和制造业领域的全面开放，大幅放宽外资准入限制。

（2）建设全面性的制度安排，在多领域建设既顺应世界贸易标准高端化发展，又符合沿线及周边国家具体国情及发展需要的制度安排。

（三）立足重点领域，扩大国际区域合作

立足贸易的互补性，推进与东北亚、东南亚及澳洲的区域合作。立足能源、投资等领域，推进与中亚、阿拉伯海合会间的区域合作。扩大经贸投资，推进中国与南亚之间的区域合作。立足全面战略伙伴关系建设，提升中欧合作水平。

（四）提升国内丝绸之路沿线地区贸易投资的数量和质量

适当在地区间采取差别化外资政策和技术倾斜政策，以鼓励跨国公司技术溢出向内陆沿边地区企业转化和扩散；鼓励东部沿海地区加工贸易产业向内陆沿边地区转移；积极鼓励内陆沿边企业加大对丝绸之路沿线及周边国家的投资力度；推进合作型产业园区建设。

第二节　区域物流发展面临的新环境分析

区域物流推动区域经济发展的作用日益凸显，物流业已经成为区域经济新的增长点。同时，区域物流的发展业面临着新的挑战。本节以河南省区域物流产业发展为例，详细论述了区域物流发展将如何应

对新的挑战。

一、河南省"大粮仓"基础

河南作为全国农产品的主产区之一，粮、棉、油、肉等产量均居全国前列。与全国比较，全省耕地占 1/16、粮食产量占 1/10、夏粮产量超过 1/4，每年还调出 1500 万吨原粮及加工制成品，成为名副其实的"天下粮仓"。

河南作为农业大省，却还不是农业强省。以农为基，提高农产品科技含量，促进农产品的加工转化，把资源优势变成经济优势。也就是说，为消费者提供更好的食品，让他们获得更多、更好的满足。

为形象化地表示这种认识，河南省委、省政府提出，要把河南省建设成为全国的粮食生产和加工中心，成为名副其实的全国人民的"大厨房"。

认真剖析"大厨房"这一比喻，包括如下几个含义或者愿景：首先是"大"的含义，是指能够提供的产品丰富多样，规模很大，甚至可以设想不仅是为全国服务，而且还要走向世界。因此，大的含义包含了数量之大和服务范围之广两层含义。

其次，厨房不仅是大，而且要"香美可口"。"香美"的含义是花色品种要丰富，加工工艺要灵活，能根据人群的口味开发出不同风味的美味食品，满足人们多样化需求。更重要的，大厨房还得是"高、精、尖"的。必须运用高技术手段改造传统食品工艺，开发现代食品工艺，不断打造食物精品，创造尖端效应，即占领食品科学的顶级位置，用集成的手段，集美食、营养、保健和审美于一体，实现高端享受。

二、"大粮仓"向"大厨房"转变

河南作为粮食生产大省，同时也是消费大省，其粮食消费在全国范围内具有鲜明的代表性。随着粮农产品加工能力的不断提高，农业产业化经营和龙头企业的发展，全省规模以上食品产业如味精、面粉、方便面、挂面、面制速冻食品等产量均居全国首位，涌现了双汇肉制品、莲花味精、三全凌汤圆、思念水饺、白象方便面等产量均居全国首位，涌现了双汇肉制品、莲花味精、三全凌汤圆、思念水饺、白象方便面等一批名牌产品，实现了由"卖原料"向"卖产品"、由"中国粮仓"向"国人厨房"的历史性转变。

河南省的粮食及粮农产品在未来的发展已经自给有余，完全有能力对外输出，进一步改变输出方式，提高输出的附加值，这将是河南未来努力的主要方向。

三、河南省发展冷链产业的必要性和意义

（一）发展冷链产业是确保食品质量安全的需要

通过生鲜食品的流通加工、运输配送、市场交易、批发中转、销售服务等全程冷链运作，可以形成"生产放心生鲜食品、采购放心生鲜食品、消费放心生鲜食品"的良性流通体系，满足消费者需求多元化发展。

生鲜食品作为每天必不可少的消费品，事关居民的身体健康和生命安全。

然而，近年来由于种种因素，生鲜食品的质量安全存在一定的问题，如牛奶中的三聚氰胺、猪肉中的瘦肉精、水果残留农药超标、蔬菜受污染等现象不断出现，给人民身体健康和生命安全造成极大威胁。通过冷链物流流通加工，减少生鲜食品的"显形污染"；通过检验检测，及时发现生鲜食品食用安全问题，消除生鲜食品中各种有害物质残留的"隐形污染"；通过生鲜食品冷链物流信息网络及技术，实现生鲜食品冷冻加工、冷冻储藏、冷冻运输及配送、冷冻销售全程监控和追溯，保证城乡居民吃上"安全生鲜食品"。

（二）发展冷链产业能够减少相关产品流通损失，降低物流成本

河南省是农产品生产大省和食品加工大省，发展冷链产业能够减

少相关产品的流通损失，降低物流成本。

当前河南省生鲜食品物流一般经过"生产者→产地市场→运销批发商→销地市场→零售商→消费者"等多个环节，物流链条长，而且很多环节以自然形态或常温形态形式流通，极易导致生鲜食品腐烂变质，其售价中相当一部分是用来补偿储运过程中损坏货品的损失。由于运输过程中损耗高，生鲜食品的物流费用往往占到了其总成本的50%以上，远远高于国际标准。在整个生鲜食品流通环节中运用冷链技术，能够确保生鲜食品的"新鲜"，减少生鲜食品的流通损失。

同时，建设冷链物流信息共享平台，快速反馈市场信息，可以缩短生鲜食品订货提前期，降低生鲜食品物流成本。

（三）发展冷链产业是促进农民增收的有效途径

从源头构建冷链物流是减少农产品流通损失、实现农民增收的重要途径之一。

目前，河南省农产品物流以常温物流为主，这导致果蔬、肉类、水产品流通腐损率分别达到20%~30%、15%、12%，每年损失惊人。

如2011年河南省作为全国蔬菜种植第二大省，多个地方的菜农在丰收之后，却遭遇季节性蔬菜价贱与滞销，郑州市中牟县的芹菜、惠济区的莴笋及周口市淮阳县的包菜，价格低至每斤几分钱都少有人问津。

农产品冷链物流断链、脱节现象严重，一方面受保鲜储运能力的制约，生鲜农产品上市时间集中，辐射范围有限，各地频频出现"菜贱伤农"现象，农民增产不增收；另一方面冷链物流滞后也导致农产品质量上不去，达不到国家或国际标准，在市场上缺乏竞争力，制约农业产业化的发展。因此，发展冷链物流是提升农产品质量、减少流通损失、缓解供求矛盾、实现农民增收的有效途径。

四、冷链的内涵及特征

(一) 冷链的内涵

随着国民经济发展逐步摆脱粗放型模式以及质量与效益意识的逐渐提高，冷链越来越受到我国产业界和学术界的关注。不同的机构或学者从各自角度提出了不同的冷链定义，在定义所包含的内涵上有一定的差别。总结国内外有代表性的冷链定义，大致可以分为三类，分别从"物流网络""系统设施"及"供应链"视角描述冷链的内涵与本质。

1. 从"物流网络"视角定义

2006 年的国家标准《物流术语》（GB/T18354—2006）（以下简称国家标准2006）定义"冷链是指根据物品特性，为保持其品质而采用的从生产到消费的过程中始终处于低温状态的物流网络"。该标准也对物流网络（Logistics Network）做了明确的定义，物流网络是物流过程中相互关联的组织、集合，不仅包含了实物层的设施，还包括信息和管理职能中的组织。

2. 从"系统设施"视角定义

王之泰定义："冷链是对特定物品在生产制造、流通、物流、应用和消费过程中使用的链式低温保障系统。" 欧盟（European Union）定义："冷链是指从原材料的供应，经过生产、加工或屠宰，直到最终消费为止的一系列有温度控制的过程。冷链是用来描述冷藏和冷冻食品的生产、配送、存储和零售这一系列相互关联的操作的术语。"这两个定义强调冷链的实际操作，强调运作的规范化。

3. 从"供应链"视角定义

孙明燕、兰洪杰等提出："冷链是从原材料的采购到产成品被消耗的整个过程中，物品始终处于维持其品质所必需的可控温度环境下的特殊供应链。"美国食品药物管理局（Food and Drag Administration，FDA）将冷链定义为："贯穿从农田到餐桌的连续过程中维持正确的温度，以阻止细菌的生长。"这两个定义体现的是从田间到餐桌的整个过程和供应链集成化管理的思想，强调在整条供应链上不同企业间的计划和运作活动的协调。

国内多数研究文献不对冷链和冷链物流进行区分。由于冷链涵盖的范围主要是社会流通过程的物流环节，很多人使用"冷链物流"概念替代"冷链"概念。

在一般情况下，这种表达方式是可行的。严格讲，冷链和冷链物流在概念上是有区别的，冷链是全体，冷链物流是冷链的物流过程。随着冷链的深入发展与广泛应用，在很多领域，冷链的"链"必然会深入到前端的生产、制造环节，后端的消费、运用环节，还有中端的商流环节，如果仅仅强调"物流"，则不能反映冷链有效涵盖的范畴。

此处的"冷链"或"冷链物流"泛指特定物品在原料采购、生产加工、储存运输、销售以及消费的全过程中始终处于规定的低温环境下，以保证物品质量和性能的系统工程。它是以保持低温环境为核心要求的供应链系统，是以冷冻工艺学为基础、以制冷技术为手段的低温物流过程。

（二）冷链物流的主要环节

冷链物流的主要环节分为原料预处理、原料冷冻储藏、原料运输方式以及营销模式等。本书主要概括为冷冻生产、冷冻储备、冷藏运送、冷冻营销四个环节。

（三）冷链物流的特征

作为物流的重要组成部分，冷链物流除了具有一般物流的特点外，还具有自身的特色。

1. 货物的易腐性

冷链物流配送的货物通常是生鲜产品，即易腐性（Perishable）食品，运输过程中，多种原因会使货物品质逐渐下降。生鲜食品在运送时保存环境的温度越低，品质越能保持长久。

2. 时效性

冷链物流配送的生鲜产品生命周期短，其品质在很大程度上由运送时间决定。销售商为了达到较高的服务水准，往往限制运送者必须在事先约定的时段内送达商品。

3. 协作性

整个"冷链"的运行需要建立在供应链的基础上，将多个企业进行联合，在各个环节都通力合作，这是因为商品的产权属性在不同的流通环节是不同的。

4. 复杂性

商品在物流过程中，质量随着温度和时间的变化而变化，不同的产品必须要有对应的温度和储藏时间，点的监控不能保证商品的质量安全，需要跟踪整个产品流通链，这大大提高了冷链物流的复杂性。

5. 系统性

商品在物流过程中可能处于不同的环境，进而影响商品品质。要保证商品质量特征，就必须把整个冷链作为一个系统来完成。

6. 高成本性

冷链物流需要建立在先进的冷藏设施的基础上，并对时间有严格的把控，这就决定了流通过程中需要购进专业的低温运输仪器或者用来保鲜的设施，这会导致投入资金相对较高，运行的成本提升，所以说对成本的合理控制决定了冷链发展是否高效。

五、冷链涉及领域与冷链产业

（一）冷链涉及的领域和产品

冷链涉及的领域很多，主体是农业（包括农、林、牧、渔）、食品工业、商业。此外，医疗用品、化学制品、军用设施等产业也会应用到冷链。医药、化工、军工等产业领域尽管比第一产业、食品加工业以及商业应用的数量小，但是在一些边缘产业冷链发挥了巨大的不可替代作用，甚至在专业技术要求上，这些领域应用冷链的程度大大高于第一产业、农副产品加工业和商品服务也在此等范围。

以医药领域的疫苗为例，对于某些活性生物疫苗制品，冷链覆盖从生产到最终使用的整个过程，温度控制要求非常严格，一旦出现冷链中断问题，甚至会导致药品完全报废。这些领域往往是特殊冷链需求的重要领域。

冷链物流通常应用到以下三类产品领域：首先是以瓜果蔬菜、海鲜禽肉、花草树木等为代表的初级农产品类；其次是以速冻商品、二次加工的海鲜禽肉和奶制品等为代表的加工食品；最后是以医药产品、预防疫苗为代表的特殊类商品。

（二）冷链产业构成

此处，冷链产业体系由冷链相关行业生产者、贸易者、物流服务者等组成的集群构成，涵盖冷链物流企业、物流设备及配件、制冷设备及配件、农产品、水产品、速冻食品、酒品饮料、餐饮原料、医药、化工等冷链产业集群。

冷链物流产业链一般指冷链物流相关行业的总称，包括制冷设备、冷库、冷藏车、冷藏箱、冷藏运输、冷链信息化建设、冷链物联网等多个环节。

从我国《农产品冷链物流发展规划》中可以看出冷链物流产业链的含义：一是冷库建设；二是低温配送处理中心建设；三是冷链运输车辆及制冷设备；四是冷链物流企业；五是冷链物流全程监控与追溯系统；六是肉类和水产品冷链物流；七是果蔬冷链物流；八是冷链物流监管与查验体系。由此可见，冷链物流产业链是一个各功能节点有机结合在一起的系统供应链体系。

六、国内外冷链产业发展现状与趋势

（一）发达国家冷链产业发展的主要特征与经验

1. 发达国家已经形成了完整的农产品冷链产业体系

现在许多国家均已建立起了全方位完备的农产品冷链产业体系，

比如美国、加拿大、德国、意大利等，在一些容易变质的产品类物流运输中的冷藏率可以达到100%。在食品销售数量占比中，冷藏类食品所占比例超过半成，而且越来越多。

据"空调制冷大市场"调查了解，欧美、日本等发达国家农产品进入冷链系统流通的占90%以上，其中水果冷链流通率高达95%以上。我国目前进入冷链系统的蔬菜类比重只占到全部蔬菜的5%，肉类只占到15%，水产品也只占23%。

2. 发达国家把贮藏加工保鲜放在农业的首要位置

发达国家把产后贮藏加工保鲜放在农业的首要位置。美国农业总投入的30%用于生产，70%用于产后加工保鲜；意大利、荷兰农产品保鲜产业化率为60%，而日本则大于70%。美国农业产后产值与采收时自然产值之比为3.7：1，日本为2.2：1，而我国仅为0.38：1。美国拥有保温车辆20多万辆，日本拥有12万辆左右，而中国仅有约3万辆。美国冷藏保温汽车占货运汽车的比例为0.8%~1%，英国为2.5%~2.8%，德国为2%~3%，中国仅为0.3%左右。欧洲各国汽车冷藏运量占比为60%~80%；中国汽车冷藏运量占比约为20%。西方国家的城市超级市场销售额中冷冻、冷藏商品约占35%，我国约占20%~25%。

3. 发达国家重视冷链产业系统的建设和管理

现在许多国家均已构建起了多位一体的农产品冷链产业系统，比如美国、加拿大、德国、意大利等。而且在许多国家农业产品类用于流通运输的基础建设是包含在国家公共财政投资中的，比如日本、韩国以及欧美等发达国家，建设主体大多是政府，甚至有的全部是政府投入资金进行建设。

例如法国，政府部门每年会抽调25%的财政资金用于补贴农业，用以改善农产品运输条件、完善储藏设施以及加强加工和销售基础建设，在一些经济发展缓慢的地区政府投入资金会达到30%~50%。再如英国和荷兰等欧洲国家的政府投资建设的国家基础建设包括了大型物流和配送中心等商品物流运输建设。而在美国，自20世纪80年代至今，国民经济基础设施建设规划就包含了全方位的商业信息化体系，并且政府会投入大量资金支持建设。

4. 发达国家广泛使用先进的制冷技术和设备

（1）气调技术与微生物控制技术取得显著效果。

气调技术作为一项先进科技现在被广泛应用到蔬菜水果的储藏领域。英国用于气调储藏的重量可以达到 22.3×10^4 吨，气调技术在法国、意大利、荷兰、瑞士、德国等国家也获得了广泛应用和发展。在苹果储藏中应用气调技术后可以储藏 $50\% \sim 70\%$。由于细菌的侵害会降低食品企业的形象，在肉食奶制品以及方便快餐类商品等领域微生物控制技术得到迅猛发展。

（2）预冷技术日渐成熟。

在国外大部分采用空气预冷法、水预冷法、碎冰预冷法以及真空预冷法四类预冷方法。而空气预冷法又包括空气循环预冷和差异空气预冷；水预冷法是通过冷水的作用把产品从相对较高的温度冷却到想要达到的温度；碎冰预冷法大多在欧洲国家受到欢迎；真空预冷法主要被日本和美国等国家应用在诸如蔬菜、菌类以及甜玉米和豌豆等商品的预冷中。

（3）积极采用自动化冷库技术。

自动化冷库技术分为以下三类：一是自动化储备和冷藏技术；二是 HDDS 即高密度动力存储技术；三是电子性数据信息交换和库房管理系统，储藏时应用这种技术产品的相比较普通的冷藏会延长 $1 \sim 2$ 倍的保质期。装箱处理技术包含两类处理系统即思迈特传送系统和凯罗筛系统。思迈特系统主要建立在传送器系统的基础上，依靠控制技术，在冷藏以及冷冻领域把箱子设计成传送和登记自动化。而凯罗筛系统历来被应用在各种环境下，而且经过许多实践论证出对于垂直贮藏空间具有重要作用。

（4）发达国家不断革新冷藏运输手段和技术装备。

1）冷藏集装箱多式联运比例迅猛增加。冷藏运输技术发展阶段包括公路、铁路、水路以及冷藏集装箱联运方式。欧洲交通网络畅通无阻，公路交通运输物流不仅快速而且可操作性性，省去了装卸货物，降低了整个装运环节的资源消耗，实现快速、高效、精准的服务。20世纪70年代，欧洲一些国家将冷藏集装箱和铁路运输相结合，建立了一体化的应用系统，减少了铁路运输不能实现精准、高效、快速服务的弊端。

随着社会的发展，发达国家的输送环节的冷藏技术和装备设施呈现出如下优势：第一，将集装箱进行多种形式的冷藏开展运输逐渐增多；第二，冷藏船托盘在商品运输中的使用频率越来越高；第三，一些高级容易变质产品从航空运输转变为成本低且效率高的冷藏集装箱海上运输。

2）为活体动物（活牛、火鸡、鲜活海鲜等）提供特殊运输。为活体动物（活牛、火鸡、鲜活海鲜等）交运、仓储、运输、提取提供特殊照料的航空运输服务，适用于运输过程中需要新鲜空气的活体动物，包括各类宠物、野生动物、家畜家禽等。

例如，澳大利亚与中国重庆的肉牛贸易尝试采用活牛运输方式，取得了较好的效果。传统上，澳大利亚向中国市场出口的牛肉大多以冷冻肉、冰鲜肉为主，对储运冷链技术要求严格，经过长途运输，口感质地较易受到影响，成本也较高。2015年8月，首批澳大利亚活牛进入重庆。2015年8月5日，重庆恒都农业开发公司首批购买的163头活牛，在澳大利亚当地牧场实行预检，直飞运抵重庆江北国际机场，在重庆口岸清关检疫后，8月中旬上市。从澳大利亚牧场直接运送活牛，经过清关、检验检疫等流程，最快只需要6天时间就可到达重庆，重庆消费者在家门口就能吃到新鲜的进口牛肉。

5. 发达国家重视冷链信息系统建设

发达国家依靠信息化技术建立起具有电子性和虚拟性的农产品冷链产业管理体系，可以在全国各个区域实现跟踪货物、连接信息和网络的作用。在冷链实行过程中，全部采用温度控制管理，普遍采用测量与监控仪器对易腐食品有效期内全过程实行时间—温度监控。同时，强化了消费者的信息建设，在冷藏展示柜子上公示产品的各类数据信息，包括保质期、最有效使用期、最高储藏温度等，在快餐店可以根据个人需要随时取用贴着相关数据信息的隔热袋。

（二）中国冷链产业发展现状与问题

1. 中国冷链产业市场现状

（1）总体呈稳定，局部有亮点。中国物流与采购联合会发布的《2014 年冷链产业发展报告》显示，中国冷链产业"总体呈稳定，局部有亮点"。2013 年，在全球经济疲软的不利因素影响下，冷链产业通过转型升级，转变经营思路，深耕细分市场，市场需求达到 9200 万 t，增长率达 20%。

2013 年中国冷链产业基础设施建设再创新高，固定资产投资超过 1000 亿元，同比增长 24.2%；冷库规模继续保持较快增长势头，截至 2013 年底，全国冷库储存能力总计约 2411 万吨，同比增长约 13.6%。冷链产业专业委员会调研结果显示，2013 年全国建成投入运行的冷库储存能力总计达 287.8 万吨，其中公共型冷库总储存能力约 262 万吨。

冷链运输方面，公路运输占比 90%，2013 年新增冷藏车 1.3 万辆，同比增长 14%；铁路运输主要由中铁特货运输有限责任公司和中铁集装箱运输有限责任公司下属的中铁铁龙集装箱物流股份有限公司负责经营，2013 年铁路冷藏箱保有量 200 只，冷藏箱发运量 1196 箱。

《2014 年冷链产业发展报告》指出，先进国家冷链流通率高达 85%，中国仅为 19%，中国冷链产业发展空间巨大。中国食品腐损率高达 30%，而发达国家仅为 5%，中国冷链设备提升空间巨大。2014 年，中国政府出台多项促进冷链产业发展的政策，地方政府也纷纷加快出台地方冷链产业扶持政策，完善地方冷链体系建设。冷链产业面临政策利好，将进入高速发展期。

（2）货品品类丰富。目前，冷链产业的货品品类可以细分为水果、水产品、冷冻食品、乳制品、肉类、蔬菜、医疗冷藏品等。从行业整体规模和增长速度两个角度看，水果和水产品消费量较大，多年来始终是冷链产业的重点货品品类。近几年，由于政府对医药行业监管力度不断加大，医药产品在冷链运输上的占比越来越高。在前100种最畅销药品中，有冷藏温控要求的药品占比45%。目前采用冷链的医药类产品主要是疫苗和血液制品，未来诊断试剂这一市场将会进一步放开。

（3）客户渠道拓展。由电子商务催生的冷链产业宅配市场，带动了冷链产业客户渠道的改变。冷链产业宅配的客户群体可分为B2B和B2C两个市场。2014年商务部公布的数据显示，B2B占总体市场的3/4，B2C占总体市场的1/4。虽然B2C市场规模较小，但受电子商务发展的影响，2012—2014年的3年间其年均增速已经达到80%~120%。随着冷链产业市场的发展，消费者消费能力的提升，客户购买频次增多，以及生鲜产品尤其是海鲜产品高达50%的毛利率，使得当前电商企业纷纷加大对生鲜产品品类的拓展。

（4）价值链延长。冷链企业由单个环节服务领域逐渐向一站式综合性服务领域扩展。综合型冷链产业供应商所占比例逐渐增大，冷链企业在服务过程中逐渐向立体化、跨界方向发展。

2. 中国冷链产业布局

（1）郑州冷链产业发展概况。河南省冷链产业优势独特，食品制造业发达，农产品批发市场密集。目前，以郑州为中心的沿陇海、京广铁路的冷链产业带上分布着双汇、三全、众品、冰熊等十几家国家龙头企业。河南省政府"十二五"规划把发展食品冷链产业作为十大专业物流之首，同时批准建立了86Km^{2}的郑州国际物流园区，要求大力发展多式联运，形成以速冻食品、生鲜果蔬、肉及肉制品为重点的交易中心、配送中心、低温加工中心和集散分拨中心，成为辐射全国、联通世界的国际冷链产业中心。

目前，郑州航空港经济综合实验区正加快中原冷链产业园、普传物流基地等物流园区建设，进一步深化与UPS、TNT等国际物流货代商的合作，强化圆通快递等货代企业招商，尽快形成完善的物流体系。中原冷链产业园项目已落户郑州航空港经济综合实验区，致力于建设全球新鲜食品的"集散地"。首期项目占地面积360亩，投资18亿元，由三弦国际投资集团有限公司投资建设。该产业园将依托航空港"连天接地"的物流优势，将全球的生鲜水果和食品等运抵郑州，再从郑州分拨到全国各地，进行"全球—郑州—全国"的物流运输。

（2）北京冷链产业发展概况。北京市大力支持冷链产业发展。2010年1月出台的《北京市物流业调整和振兴实施方案》中提出建立"三环、五带、多中心"的交通运输网络：重点建设以顺义空港、通州马驹桥、房山良乡、平谷马坊和大兴京南为代表的五大物流基地；扶持培育一批竞争力较强的现代物流企业，建立起比较完善的现代物流体系，进一步提升对城市运行的服务保障能力。2012年底，作为京东第一物流基地的平谷马坊物流基地2万吨全自动立体冷库投入使用，吸引了知名品牌哈根达斯、湾仔码头等冷链企业入驻。

尽管北京冷链产业发展迅速，但还未形成冷链体系。目前，北京市大约90%的肉类、80%的水产品、蔬菜水果基本上还是在没有冷链保证的情况下运输销售，蔬菜类进入冷链系统的比重只有5%，肉类是15%，水产品是23%，平均损耗率达到25%~30%。

（3）西安冷链产业发展概况。西安大力建设冷链产业核心集聚区。《陕西省现代农业发展规划（2011~2017年）》提出，在西安及大中城市周边建设30个5万~10万亩设施农业大县，建设40个3万~5万亩设施蔬菜重点县。加快建设农产品冷链产业体系，建设西安冷链产业核心集聚区，关中、渭北、陕北、汉中、秦巴山区5个冷链产业基地。这样一系列工程将形成城市都市农业圈，在很大程度上改善了农民蔬菜水果售卖难和城市居民买菜贵的问题。

（4）成都冷链产业发展概况。成都充分发挥蔬菜基地气调库等冷链设施的储存功能，积极组织农业产业化龙头企业开展鲜菜收储加工。成都划定2万亩应急叶菜类蔬菜储备基地，并在3个大型区域性农产品批发市场建立3万吨耐储蔬菜气调储备库，确保全市居民7天蔬菜消费量的动态储备。聚和农产品市场3万~5万吨农产品气调库、彭州蒙阳镇全球农产品采购中心8000吨冷气库、都江堰市向峨乡棋盘村5000吨猕猴桃气调库、成都农产品中心批发市场7000吨蔬菜气调库相继建成，对保障市场、稳定菜价起到了相当大的作用。

成都精品果蔬冷链产业中心建成具备气调库、保鲜库、冻库和普通库的 20 万平方米现代化仓储基地，4 万平方米物流配套设施和 5000 多平方米国际化果蔬冷链产业商业中心，确保冷链产业环节"不断链"，全程做到低温冷藏。成都产水果"冬眠"到欧洲，双流的草莓、枇杷，龙泉驿的水蜜桃，都江堰的猕猴桃等成都特色优质水果从该中心低温冷藏出口到欧洲、美国。

2015 年，成都地区从事冷冻食品产业链经营的 300 多名企业家组成了成都市冷链产业商会，进一步推动成都冷链产业的发展。

（5）两岸冷链产业合作。冷链产业是两岸经济合作委员会确定的先期合作的 5 个产业（LED 照明、无线城市、低温冷链产业、TFTLCD 和汽车）之一，已经成为深化两岸产业合作的重要领域。两岸冷链产业合作由中国物流与采购联合会规划研究院、台湾工业技术研究院组成的两岸冷链产业合作工作组具体推进。

2011 年，商务部和国台办确定天津、厦门为两岸冷链产业合作首批试点城市，经过近三年的试点，两岸已经签署 34 项合作意向书，包括 29 项企业试点、4 项综合场域试点和 1 项两岸联盟合作。2014 年，商务部、国台办联合发文，决定将昆山、北京、武汉列为两岸冷链产业合作第二批试点城市。根据商务部、国台办要求，两岸冷链产业合作试点工作将围绕城市冷链产业发展规划、冷链基础设施改造升级、冷链技术和管理模式应用和冷链标准化、信息化等重点工作，以促进业界项目合作、整合冷链资源、提升城市冷链产业发展水平为重点。

（6）中航工业冷链发展概况。2015 年 5 月，中航工业河南省新飞集团有限公司海外并购法国 Lamberet 公司 100% 股权，标志着中航工业冷藏车国际化战略迈出了坚实有力的步伐，将加速中航工业冷藏车产业转型升级，快速提升品牌影响力。

促成此次收购的重要的原因，是基于双方的协同效应。Lamberet 公司是排名法国冷藏车市场第 2 位的专业化公司，主要从事冷藏车的研发、生产、销售和租赁业务，年生产 3500 辆冷藏车。该公司在欧洲有 4 个生产基地、9 家售后服务中心、140 多个售后服务网点，销售网络遍布 30 余个国家。该公司秉持"制造＋服务"的商业模式，在销售工业冷藏车和商业冷藏车的同时，开展租赁、二手车、修理服务等业务。以德国提出的工业 4.0 为标准，Lamberet 公司已经做到了多条生产线自动化，具备了工业 3.0 的水平。新飞集团稳步拓展亚洲市场的同时，可以将 Lamberet 公司作为欧洲的发展平台，参与国际市场竞争，实现"1+1>2"的协同整合效应。

新飞集团以明确的"四大协同"理念，打造中航工业冷链核心竞争力：一是技术工艺协同；二是商业模式协同；三是供应链协同；四是品牌渠道协同。Lamberet 公司是欧洲知名的冷藏车品牌，新飞冷藏车是中国知名的冷藏车品牌，品牌的强强联合将打造国际化品牌，协同营销渠道也将助力新飞产品交叉销售，占据更大的市场份额。

七、推进河南省冷链产业发展的政策

（一）优化冷链产业的产业布局与服务模式

1. 政策引领优化产业布局

2013 年，河南省政府印发了《河南省人民政府关于加快推进产业结构战略性调整的指导意见》（豫政〔2013〕65 号）。2014 年，又印发了《河南省人民政府关于建设高成长服务业大省的若干意见》（豫政〔2014〕42 号），将河南省的物流业提高到重要的发展战略地位。河南省人民政府办公厅落实精神，发布了《关于印发河南省物流业发展三年行动计划的通知》（豫政办〔2014〕82 号）（以下简称《通知》）。

《通知》提出，围绕中原经济区和郑州航空港经济综合实验区建设，依托航空、铁路、公路等现代综合交通枢纽和网络，进一步强化中心、优化节点、完善设施、提升功能，加快物流园区建设，大力培育物流领军企业，发展壮大特色物流，以产业联动提升产业集聚区生产物流服务能力。

《通知》提出，大力发展冷链物流等特色物流，打造一批优势突出、辐射带动能力强的特色物流集群。壮大行业龙头，完善区域网络，加快构建适应消费升级的冷链物流体系，建设全国重要的冷链物流基地。整合物流资源，创新服务模式，加强冷链物流企业与连锁零售餐饮、食品加工、贸易分销等企业合作，提供全球采购、城市终端配送等服务，推广"线上线下"经营模式，实现网订店取，推动行业龙头向供应链集成服务商转变。广泛采用物联网技术，加强冷链物流设施设备信息化改造，建设产业链全流程质量监控和追溯系统。建设完善冷链物流的专业信息平台和公共信息平台，推动物流信息技术创新和应用。

根据河南省政府的规划，要把冷链产业发展纳入郑州航空港经济综合实验区城市发展总体规划，科学合理地进行产业布局。

2. 构建适应消费升级的冷链物流体系

（1）建立进口澳洲活牛、活火鸡、活海鲜等活体冷链物流体系。建立完善的进口澳洲活牛、活火鸡、活海鲜等活体冷链物流体系，主要包括建设活体运输、养殖、隔离检疫和屠宰及深加工中心，带动从运输、饲养到深加工等多个产业的发展。

（2）建立以大型屠宰企业为依托的肉类冷链物流体系。积极发展覆盖生产、储存、运输及销售整个环节的冷链，建立全程"无间断"的肉类冷链物流体系。依托全省重点骨干屠宰企业，改善和扩大冷藏规模，提升冷链物流运行能力。自建或与社会冷链物流资源整合，形成以猪肉为主导，以家禽肉类为辅的冷链物流加工配送依托体系。发展猪肉冷链物流，减少生猪活体的跨区域运输。在大中城市要加快普及小家禽集中宰杀、冷藏配送物流体系。

（3）建立以主要水产品生产加工企业为主体的水产品冷链物流体系。为了构建更好的冷链物流体系，就要加快水产品生产加工企业对冷藏场所以及设备的升级改造，更好地和第三方物流企业开展供应链之间的合作，从传统的冷藏保鲜的技术上更好地构建新的运输、超低温储藏、包装以及加工体系，从冷藏为主营项目的基础上构建包装上市、存储运输到市场营销这一整套流程。重点水产市场要配备必要的冷藏库，购置水产冷链运输配送装备和设施。

（4）建立以果蔬基地为依托的特色农产品冷链物流配送体系。以区域集配中心为核心，对重点地区特色蔬菜水果，推广产后预冷、初加工、储存保鲜和低温运输技术，发展一体化冷链物流，建立跨地区长途调运的冷链物流体系，促进反季节销售，大力发展"农超对接""农校对接""农企对接"等产地到销地的直接配送方式。

（5）建立从生产到消费的花卉全程冷链物流系统。花卉产品的生产和销售都离不开花卉冷链物流，但是它的相关要求和资金需求都是非常高的。所以为了节约相关成本，有关部门要加快对鲜花分级后冷却、鲜切花采后预冷以及运输前中长期冷藏的保鲜车、冷藏车、冷藏库的建设进程。

通过合理运用社会资源，来打破私人公司在场地、资金、人才以及设备设施多方面的条件不是很充足的阻碍以及区域划分、地方所有的行政堡垒，来构建一种全新的花卉冷链物流链。要形成一种全新的风险共担、利益共享的花卉冷链战略合作关系以及互惠互利的合伙联合体，把供应链物流网格化划分，来减少花卉冷链物流的资金需求，让整个产业的利润达到最高。引导花卉种植、零售以及批发公司分工协作，加快公司内部物流向社会化转型，让专业的第三方花卉物流企业加入到整个运行模式中来。

（6）建立以大型农产品批发市场为依托的农产品流通冷链物流体系。依托全省重点农产品批发市场，进一步完善冷藏加工配送，建设和完善与之配套的冷链物流设施，提高自建冷链物流装备水平，大力发展共同配送，与社会冷链物流资源整合形成农产品流通冷链物流体系。

（7）建立以大型商业连锁为主体的终端冷链物流体系。寻求较大的商业连锁超市并且与其展开合作，解决农产品在销售上的隐患，让社区市场、农贸市场、零售商场之间紧密配合。不断完善冷链设施设备，以此来满足消费者的消费需求，合理构建和安排保鲜贮存中间站，配备一些冷链的相关设施，例如：低温分拣加工、预冷保鲜、冷藏运输工具以及冷藏冷冻、温控销售柜台等。在冷链物流配送进程中不断加快速冻产品、乳制品、冰激凌的配送速度。

3. 整合物流资源，创新服务模式

（1）推进冷链物流模式创新。积极运用新理念、新技术、新方法创新冷链物流发展模式，如推广"冷链物流＋交易""连锁直销＋冷链配送""网络化冷库＋生鲜加工配送"等新型冷链物流运作模式。顺应电子商务的快速发展，积极构建冷链物流电子商务交易平台、冷链物流资源交易平台，逐步建立对接产销、平衡供需的大数据分析中心，科学配置全社会的冷库和冷藏运输资源，实现精准营销、高效配送。

通过把握行业趋势、为客户提供增值服务，逐步完善业务链，培养客户的黏性，建立长期稳定的伙伴关系。

（2）建立多元冷链物流模式。站在全球发展的角度来看，第三方物流将会主导将来的市场。全力推进第三方专业冷链物流企业的建设速度，培养出大量知名的大型冷链物流公司。它们不仅具有先进的运营管理理念、现代化的运营管理模式，还具有强大市场主导地位以及强大的经济实力。应该加快促进第三方物流公司同上下游公司的友好关系，合理利用现有的信息资料，共同构建一个完善的低温冷链物流系统。

应极力促进冷链物流服务体系建设，合理利用资金，减少不必要开支，压缩物流成本，增加物流收益，通过在原产地、发售地建设低温保鲜场所，来完成产地市场和销地市场冷链物流的完美配合。推动规模庞大的新鲜农副食品制造公司在销售前就对相关产品进行低温处理，主动进行低温销售和冷链运输，让制造公司在整个冷链运输过程中占到主导地位。积极指导上规模的冷链公司加快对新鲜农副产品运输枢纽的相关建设工作，在完成公司自身配送的前提下加快建设为社会提供公共服务的第三方冷链物流中心。积极推进农产品冷链物流中心体系的构建，积极引导冷链物流需求。

4. 加快冷链技术研发，推进信息化管理

（1）加大冷链物流硬件的研发和投入。理想的冷链物流产业链应该是"产地预冷、冷链运输、市内配送中心、销售终端"四点一线，甚至可以直接从产地到终端。中间环节越少，成本越低，断链的可能越少。建议政府对产地冷库、市内配送中心等做一定规划，并做好标准，引导第三方冷链物流有序发展。

另外，在实际操作过程中，运用信息系统管理能够全方位、多层次地对库存、出货、运输、结算等各环节进行有效管理和监督，同时辅以一套完整的运输管理信息系统（TMS），对企业运输过程中涉及的订单处理、运输、配送、承运商管理、运力管理、返单管理、应收应付管理以及退货管理等业务进行管理。

以加拿大、美国等发达国家为例，冷链产业链即全程温控和实时监控，在整个冷链运输流程中，都采用世界先进的冷链物流技术。在预冷阶段，采用真空预冷或冰温预冷技术。在保存时期，要利用现代化冷藏技术，比如像电子数据交换、自动存储以及仓库管理系统等多种手段，把物品的保鲜期适当的延长，利用气调贮藏手段来压缩存储室内的氧气浓度，提高二氧化碳以及氮气的含量，达到压制呼吸的效果，减低乙烯的产生，这样一来就暂缓了产品的成熟时间。进行产品运送和配发时，一定要用冷藏箱或者冷藏车来运送，而且全程得借助相关设备，在车内或箱内可以增加温度、进行冷却、测试温度、通风透气。他们还拥有智能自动化、超大容量的冷藏运输车，它不仅能自动调节温度并进行记录，同时运送三种不同温度的产品，还拥有强制性的供电器程序，甚至可以用卫星进行监控。在进行发售和进行消费时，采用带定时喷水装置的壁式风幕柜、低温展示柜和空调系统等设备。

（2）推进智能化冷链物流信息管理系统的应用。政府应鼓励企业引入冷链物流信息系统，它的组成包含了运输管理系统、仓库管理系统、全球定位和全程温度监控、电子数据交换、质量安全可追溯系统等多种系统，努力实现整个过程的自动化、信息化、智能化。首先是要做到对产品安全问题的信息能够准确查询。其次要可以把定位定姿系统（Positioning and Orientation System，POS）、电子数据交换（Electronic Data Interchange，EDI）、全球定位系统（Global Positioning System，GPS）等先进信息技术相结合，创建出一种规格一致的交换系统和数据管理平台，实现对产品的信息掌握以及实时监测。最后要建立一个能够反映出一个管理平台，不仅能记录交货时间、货物存储地点，还能熟知冷藏货物数量、补货等信息，既增加工作效果，又压缩成本和防范风险。让储藏、包装、生产、加工、运输和销售的整个过程能够有条不紊的开展。

（3）加大创新力度。政府要加大创新力度，建立完善的现代冷链物流体系，提高冷链物流的现代化水平。利用消化、原始创新以及集成创新等多种手段，来掌握加工、运输、生产、储藏和销售的各个时间段，引进现代化的手段，研发出适合河南省经济发展水平，性能好、成本低、容易操作的冷链物流装备与技术，以实现河南省冷链物流的现代化。

与信息技术深入融合，以实现农产品信息的全程记录，依托物联网、云计算、智慧物流等新技术，通过网络平台，实现冷链物流信息实时监控和联通，全程透明监控。

对冷链物流中所应用的核心技术，如电子信息、自动控制、新材料等的研发可以设立重大专项支持。对农产品冷链物流新科技、高效节能的大容量冷却冷冻装备、超级冷藏运输车辆运动式冷藏装置等关键技术和设备的难点进行研究和开发，加快推进国际先进的物流冷链技术在冷链物流中的应用。

（二）加强对冷链产业的行业监管

1. 完善冷链产业的质量安全监管

（1）建立完备的冷链物流法律法规和标准体系。借鉴发达国家经验，建立完备的冷链物流法律法规和标准体系，主要包括制冷保鲜标准，涉及原料处理、分选加工、冷藏、包装标识、运输、配送销售诸环节；信息标准，涉及数据采集、交换和信息管理，旨在产品监控和可追溯；国际规范的安全认证和规范的市场准入制度，如危害分析临界控制点（Hazard Analysis and Critical Control Point，HACCP）、《药品生产质量管理规范》（Good Manufacture Practice，GMP）和国际标准化组织（International Organization for Standardization, ISO）等；冷链设施设备及工程设计安装标准。

实施冷链物流操作规范和技术标准，对于冷链物流的具体业务按照一定的标准进行实施。借用 HACCP 体系对冷链物流的每个环节进行监控，确保食品的安全，实施市场准入机制。为了保持产品的新鲜程度，从产品的原料选择、加工、包装、包装标识，再到产品的制冷冷藏、冷库的贮存、运输配送，甚至是产品的销售，整个过程一定都要制定严格的操作规定。在海鲜、肉制品的运送上也得制定严格的实施准则。促进体系的创建，增强温度的控制，让生产流通的每个环节的品质都能够实时监控保证产品的安全和质量。

（2）加大对冷链物流运输安全的监管。交通运输主管部门要依法加强对城市冷链运输物流市场的监督管理，完善冷链运输服务规范，对冷链运输物流企业的安全生产、经营行为、服务质量、管理水平等情况进行考核，提升冷链运输服务质量和水平。加强信用记录建设，及时、准确地记录城市冷链运输物流企业的基础信息和信用记录，并作为监督管理的重要参考依据。公安机关交通管理部门要加强对冷链运输物流车辆通行的监督管理，与城市交通运输主管部门联合开展监督检查和集中整治行动，依法严格查处非法改装、假牌假证、无证运输等严重违法行为。

（3）加大对冷链物流信息安全的监管。加强物联网、云计算、大数据、移动互联等先进信息技术在冷链运输物流领域应用的同时，也要加强对信息的监管，促使冷链企业按照规范化、标准化运作的要求，建设全程温湿度自动监测、控制和记录系统。

（4）加大对冷链物流产品质量的监管。建立冷链产品质量安全追溯体系，推进冷链物流流通追溯体系建设。实行产地准出的管理机制，根据实际情况制定冷链产品产地安全证明方法，首先在源头上提高产品的质量。在出产地开展业务培训和随机抽检，更好的让其和市场准入机制的有效对接，保证冷链产品的质量，让其顺利上市并且有序的流通；同步实行源头责任制，谁产出谁负责。在源头上确保产品质量，主动推进产出负责制的落实与执行的快速建立，研究颁布出一套规范的质量追溯管理办法，渐渐让冷链产品生产、贮藏、运输、收购全环节都能够追根溯源；严格按照包装标识规定落实，促进冷链产品依法标识标注以及分级包装。指导和督促冷链物流企业进行包装分级，推行科学的包装方法，按照安全、环保、节约的原则，充分发挥包装在冷链产品贮藏保鲜、防止污染和品牌创立等方面的示范引领作用，推广先进的标识标注技术，提高冷链产品包装标识率。

2. 改善和优化投资环境

（1）完善法律法规和标准，政府引导扶持。认真落实河南省的冷链物流相关扶持政策，优化政府宏观扶持和保障。

首先是要确保信息化的建设和基本的设备能顺利推进，然后在税收、土地、信贷和资金等多方面提供更多政策支援。其次是确保冷链运输通道畅通，实行高速绿色通道免费通行，鼓励更多的企业跨区域加入，允许相关车辆在市内通行，为车辆年检以及管理等方面开通绿色通道。最后要建立规范的检查与监督机制，严格整顿行业秩序，为冷链物流的健康发展提供坚强的后盾。

对符合土地利用总体规划的重点冷链物流项目，在提高土地集约利用的基础上，合理安排用地。支持利用工业企业旧厂房、仓库及其他存量土地建设冷链物流设施；牵扯到划拨土地使用权转让或租赁的，按规定办理土地有偿使用手续，经批准可采取协议方式出让；鼓励利用闲置废弃的工矿用地建设冷库工程。

优先发放冷链物流配送车辆市区通行证；研制"车型统一、技术统一、标准统一、管理统一"的标准化共同配送车辆，允许24小时城区通行。充分考虑冷链运输车辆因增加保温车厢和制冷机组使自重增加的特殊情况，合理确定运输车辆的载重量；对在高速公路行驶中发生违规行为的冷链物流运输车辆，依法依规从快处理，避免损失；支持冷藏运输车辆跨区域加盟，在车辆审验、车辆管理等方面提供支持。

（2）发挥行业协会作用。冷链物流体系建设环节多、产业链长，是一个跨部门、跨区域的系统工程，要充分发挥行业协会的作用。通过行业协会，建立冷链物流发展的协调会商机制，认真研究和解决冷链物流发展中的突出问题，加强对实施计划落实情况的监督检查和跟踪评估。

各类物流协会应充当政府与企业的桥梁：一方面协助政府落实各项法规政策，另一方面向企业提供服务，充分发挥行业协会的桥梁和纽带作用，做好调查研究、技术推广、标准制修订和宣传推广、信息统计、人才培养等方面的工作。

（3）完善冷链产业人才培育体系。冷链物流是一个涉及到多方面科目的一种交叉复合型学科，河南省不仅要引进相关人才，加快入库的建设步伐，还要组织相关管理经管人员、技术研究人员、业务设计人员和一线人员参加专业学习。与相关行业协会、科研院校、物流企业展开合作，构建多层次的学习培训系统。同时要在一些大学成立专门的学科。组织相关公司和一些社会组织相互进行技术交流。要加快人才队伍的培养步伐，政府部门要出台行业资格管理办法，让整个流程规范化。

3. 推进冷链物流的市场化

不仅要合理运用市场机制，多方位的开发项目筹集资金，还得激励各个企业增加投资参与。要想吸引大量具有强大实力、名气很大的冷链物流企业可以借用招投的方式，要加大在生鲜食品产量巨大的地区对冷藏保鲜、冷链运输、初加工、预冷等装备的投入，科学布局，按照区域合理建造一些大型的冷冻仓库，让新鲜的食材更好的周转。

鼓励企业之间进行兼并重组、合资合作、联合参股控股，不仅要把港口、码头、航空运输等运输要道衔接在一起，还要把已有的冷链物流生产加工企业、冷链物流产业还有批发市场有机融合，形成一个有效的整体。提高升级改良的速度以及增加配套协调的能力。指引老式的冷藏运输公司在进行整合原有资源的同时，可以进行企业间的合并，来拓展物流服务的业务范围，由此加入到现代专业低温物流企业这一行列。

要主动吸引国内外著名的大型冷链物流企业来河南省进行创业，同时在农产品主产区以及合理位置建设一批集分拣中心、产地预冷、城市冷链配送为一体的仓储，把河南省冷链物流服务水平推向更高的层次。

（三）加大对冷链产业公共产品的投入力度

1. 构筑多元化的冷链产业投入机制

（1）加强统筹协调。冷链物流体系建设涉及到的方面很多，它的相关产业也十分复杂，它横跨了许多单位、行业和地区，所以它需要许多部门之间的支持和配合。当地政府部门在资金有结余的情况下可以加大对一些属于公共利益事业性质的冷链物流场所以及设施设备的资金援助。支持公司使用公司上市、银行信贷、民间入股等多种方法来筹措项目发展资金，不断增加对冷链物流相关方面的支持力度。

（2）加大政策支持。严格执行国家出台的相关扶持策略，加快河南省冷链物流公司的建设步伐。与此同时还需照顾到合同契约冷链物流公司相关特性，让一些新兴的物流公司享受关税收的优惠政策，主动向国家有关部门推荐那些条件雄厚的冷链物流企业加入到国家制定的物流试点名录中来，让更多的物流企业可以享受到营改增的政策优惠。增加对大型物流企业在建设冷库时的用地方面的支持力度，让冷链物流公司创建的前期审批手续变得更加简捷。

（3）促进资源整合。不仅要把港口、码头、航空运输等运输要道衔接在一起，还要把已有的冷链物流生产加工企业、冷链物流产业还有批发市场有机融合，形成一个有效的整体。提高升级改良的速度以及增加配套协调的能力，利用现代化的经营理念、管理方式以及运营程序，借此来完善整个冷链物流的品质并且提高它的生产效益。

（4）增加资金投入。要让市场机制充分运用到冷链物流设施建中去，引导相关公司增加投资，从多方位来筹集项目开发资金。主动向中央争取预算内资金、产业基金等多方面资金来支持河南省冷链物流项目的开发建设；当地政府部门也要实实在在的增加相关投资，不仅要积极指导和帮扶冷藏运输车辆、大中型冷藏保鲜设备等重要项目的建设，而且得保证产品的质量，提高企业信息化的发展。大力培育直接融资主体，要积极协调当地融资平台公司尤其是农业投资平台公司对冷链相关企业进行投注和融资；同时可以要求大型冷链物流企业通过上市融资、发行企业债券等方式来筹措项目建设资金。加快构建同银政合作平台、银企之间的网络系统，让农产品冷链物流企业可以通过多渠道来获取项目研发以及建设资金，鼓励各种金融机构开发出能够适应冷链物流建设发展的金融产品，为重大项目建设提供更便利的融资服务。

2. 加快基础设施建设

基础设施建设是发展冷链物流的必要前提。

（1）冷库建设工程。为了引导农业产业化龙头企业、生产企业等相关企业的运营，也为了带动农产品批发市场、专业冷链物流企业、大型零售企业等主体的发展，应该选择合适的建库地址，有效地使用已有低温贮存设备，尽快建造出一些科技含量高、节约资源、高效实用的冷库，建设一批节能环保、经济适用的冷藏冷冻加工储存设施。

（2）低温、超低温配送处理中心建设工程。引导冷链物流公司应把一些具有低温、超低温条件下中转和分拨功能的配送中心合理建造在大中城市周边范围，把对肉质产品和水果蔬菜的分拣、水产品的分割和对产品的包装、分配运输等环节衔接到一起，按运输距离合理安排冷链运输，让他的运输和生产过程密切衔接，推动它和处在前沿的批发市场和屠宰加工企业以及销售端的商场等相关销售场所共同来推动冷链的建设步伐。

（3）冷链运输车辆及制冷设备工程。引导规模庞大的冷链物流公司增加对冷藏运输设备的投入力度，有效保障冷链运输的效率；引导一些生产、运输和商场增加对包括冷藏冷冻、预冷保鲜、冷藏运输车辆、低温分拣加工等冷链装备的投入，提高装备水平。

（4）冷链物流全程监控与追溯系统工程。按照规范化、标准化运作的要求，选择具有条件的大型农产品生产及物流企业，率先建设全程温控和可追溯系统，充分利用现有的企业管理和市场交易信息平台，建立便捷、高效、低成本的农产品冷链物流信息追溯系统。

（5）特种需求的冷链物流设施。特种物流是相对于普通货物物流之外的特殊物流形式，其服务对象对物流过程有特殊的要求，特种物流的对象包括活体、冷冻食品、冷冻海产品、冷冻畜禽肉类、医药用品等。要针对这些特种产品的特点，有效地对物流基础设施进行科学布局，不断改进特种物流综合运输通道和交通枢纽节点之间的关系，组建出一套规模适当、层级合理、需求匹配的特殊物流仓储配送系统。加快应急物流基础设施的建设步伐，主动客观地去防范突发自然灾害、公共卫生事件以及重大安全事故的产生。

八、河南省冷链产业发展概况及 SWOT 分析

（一）河南省冷链产业发展概况

1. 冷冻冷藏食品产值位居国内前列

随着国民经济的快速发展，河南省冷冻冷藏食品销售额增长迅速，已成为国内主要的冷链相关产品生产基地。"十五"以来，河南省严格落实中央的各项支农惠农政策，完全不再征收农业税，对"三农"的关心及支持力度在逐渐增强，在这些举措下农业生产的活力在不断的增强，随之也对农业综合生产能力有了一定的促进作用，不仅水果蔬菜、乳制品，还有粮食类、肉制品等产业发展的原料也得到了一定的保障。河南省作为原材料的重要提供产地，它的畜禽屠宰、鲜冻食品、肉类等与冷链相关的产品所产生的利益也在全国名列前茅，尤其是速冻食品和鲜肉向省外输出量比例达到了 50% 和 60% 以上。

2. 一批企业具备自营冷链物流能力

随着食品产业的快速发展，河南省涌现出一批成功的食品冷链物流企业，形成了有自身特色的食品冷链物流体系。双汇、众品、雨润、金锣等肉类加工公司，湾仔码头、海欣、桂冠等速冻食品加工公司，大润发、沃尔玛、华润万家等大型连锁零售企业都早已具备自营易腐食品冷链物流的能力。当中，金锣、双汇等公司的物流已经发展成为一个成熟的运营产业，他们的网络布点还有冷藏车辆方面都是比较合

理规范的，由此，他们也成为了国内冷链物流的标杆企业。

此外，登科、冰熊、新飞等冷链装备制造企业也落户在河南省。

3. 冷链物流基础设施不断完善

近年来，河南省冷链物流基础设施不断完善，冷库容量的年增长率保持在20%以上。目前，河南省拥有冷库230万立方米（折合库容量约为55万吨），其中冷藏库约74万立方米，冷冻库约156万立方米；冷藏车辆约2700辆，总承载量约2.5万吨。另外，郑州陈砦蔬菜批发市场已拥有3万吨现代化冷库、郑州刘庄蔬菜批发市场已有万吨现代化低温冷藏库、开封2万吨食品气调冷库、周口中央储备肉直属库1万吨冷库、固始何家水果批发市场万吨冷库等多个冷链物流产品万吨级冷库正在规划建设或已竣工投入使用。

4. 冷链物流技术得到逐步推广

以大型肉制品、速冻食品生产企业为代表的一批河南省食品企业在加工、仓储、运输等环节实现了全程低温控制，冷链物流技术得到逐步推广。

例如，众品集团综合应用现代管理方法、信息技术、物流技术、节能和温度监控技术，通过低温加工、低温贮藏、低温运输及配送、低温销售，使农产品从田间到餐桌始终保持在低温环境。众品集团引进、推广自动化冷库技术和库房管理系统、真空预冷技术、无损检测与商品化处理技术、运输车温度自动控制技术等，确保了冷链物流的技术支撑。众品物流装备了先进的运输管理系统（TMS），并且在物流冷藏车上配备了GPS/GIS跟踪系统，通过信息化网络平台系统让客户实现货物的全程可视化监控，保证承运车辆在途全程制冷，确保了车辆在途温度和产品质量安全。

（二）河南省冷链产业的SWOT分析

1. 发展冷链物流已具有良好的政策环境

2010年7月，国家发展改革委根据国务院印发的《物流业调整和振兴规划》要求，编制了《农产品冷链物流发展规划》。据预测，该规划的实施有望带动 2000 亿元的社会投资发展冷链物流产业，将使我国冷链物流产业迈上一个新台阶。2011 年 6 月 8 日，国务院常务会议为促进物流业健康发展，制订了八条物流业配套政策措施，在第八条促进农产品物流业发展中，明确提出"加快建立主要品种和重点地区的冷链物流体系"。

河南省 2010 年发布的第 38 号文件《河南省现代物流业发展规划 (2010—2015 年)》，将现代物流业作为战略性新兴产业着力培育，打造为河南省新的经济增长点。规划中明确未来重点发展的十大物流行业之首即是食品冷链物流，认为这是河南省能够在国内乃至国际做出影响力的行业，要将其打造成全国性物流中心。同时，河南省也在积极制定相配套的一系列政策，2010 年 12 月，河南省人民政府办公厅印发《关于促进河南省现代物流业加快发展若干政策措施的通知》，内容包括提高注册和审批效率、优化企业运营环境、保障建设用地、加强财税和金融支持等共九大部分 33 条，切实推动了河南省现代物流业的快速发展。

2. 经济实力的加强为发展食品冷链物流创造了客观条件

2014 年，河南省 GDP 达到 34939 亿元，连续多年位居全国第 5 位，较 2013 年增长 8.5%，高于全国平均水平 1.5 个百分点，人均 GDP 达到 37118 元。

一方面，冷链物流建设的成本投入大，对设备技术要求高，完整的食品冷链系统在提升食品品质的同时，也要从市场上得到相应高的利润，所以强劲的经济实力是发展食品冷链物流的后盾，河南省近几年的经济总量和发展速度为发展冷链物流产业提供了保障。

另一方面，居民收入增加带来了食品需求结构升级，冷冻、冷藏食品消费量逐年增加，并且由于食品安全事件层出不穷，居民越来越关注食品安全问题，这都提出了发展食品冷链物流体系的需要。

3. 消费理念更新与业态升级支撑冷链物流发展

居民消费理念更新与商业业态升级为河南省冷链物流发展营造了良好的环境。进入 21 世纪以来，居民消费结构发生显著的变化。以肉类为例，消费者经历了冷冻肉到热鲜肉再到冷鲜肉的过程，表明食品消费的季节性差异逐步消失，品质的要求逐步提高，尤其是城镇居民对冷链食品需求巨大。同时，随着商业模式的更新和提升，以连锁超市、大型卖场和便利店为代表的新型业态比重越来越大，将冷冻、冷藏食品作为重要的经营商品介入新型零售业态，使得农副产品物流得以在组织上以现代化的方式进行整合。

4. 基础设施建设与技术完善助推冷链物流提升

基础设施建设与技术的完善有力地助推了河南省冷链物流的提升。河南省境内铁路干线及国道省道纵横相连，公路通车总里程23.8万千米，高速公路超过4500千米，均居全国第1位，在国家"五纵二横"鲜活农产品流通工程中开通4条国道型"绿色通道"，高效便捷的交通网络可以有力地推动冷链物流的发展。同时，功能不断完善的冷藏、冷冻技术和实时追溯检测的 RFID 技术、GPS 技术、无线通信技术及温度传感技术能够对产品的生鲜度、品质进行细致管理。

5. 郑州航空港经济综合实验区的规划建设为冷链产业发展创造了契机

郑州航空港经济综合实验区是获国务院正式批复的我国首个航空港经济发展先行区，是以河南省郑州市新郑国际机场为依托的综合航空经济体和航空都市区。国务院在批复《郑州航空港经济综合实验区发展规划（2013—2025）》时明确要求积极推进实验区建设，努力把这一区域打造成为国际航空物流中心、以航空经济为引领的现代产业基地、内陆地区对外开放的重要门户、现代航空都市和中原经济区核心增长极，同时强调坚持统筹规划、生态优先、节约集约、集聚发展，有序推进重大项目建设。依据国务院批复对实验区的总体要求，郑州市人民政府组织编制了《郑州航空港经济综合实验区概念性总体规划（2013—2040）》，进一步明确了实验区空间布局、产业发展等内容。

按照郑州航空港综合经济实验区规划，航空物流、高端制造和现代服务业是实验区的三大主导产业。实验区将重点打造包括冷链产业在内的现代服务业产业集群，完善现代服务业产业链条，引导中小企业进行配套供应生产，这为冷链产业发展创造了良好的契机。

九、河南区域物流发展新动向

（一）发展国际物流

"一带一路"是我国为应对国际贸易形势的新变化，依靠我国与有关国家既有的双多边机制，着力发展的"丝绸之路经济带"与"21世纪海上丝绸之路"，是涉及我国与亚、欧、非三大陆国家之间经济合作伙伴关系的国家顶级政策。"一带一路"倡议的实施，是我国对外经济合作的新起点，是继改革开放之后，我国最大规模的国家政策，对我国社会经济、政治、文化等方面都具有十分重要的影响。物流业是多产业融合、集约化发展的复合型服务业，是我国社会经济发展的重要支柱产业，在"一带一路"倡议中占据着重要的地位。

作为我国中西部重要的省份，河南省在"一带一路"倡议中是十分重要的节点，而河南在我国特殊的地理位置，使得其物流业的发展对我国中西部经济的发展具有十分重要的影响，其国际物流的发展对"一带一路"倡议的实施而言，也具有十分重要的意义。

在"一带一路"背景下，河南物流业的发展机遇可以说是前所未有的。尤其是在目前郑州航空港经济综合实验区、郑欧国际铁路货运班列、郑州跨境电子商务服务试点、河南自由贸易区等相继设立的情况下，河南发展国际物流具备相当成熟的基础条件。但从整体而言，河南相较于我国沿海发达地区，在国际物流发展上还存在着一些不足之处。从发展的角度而言，河南国际物流的发展，需要紧抓"一带一路"战略的实施脉络，充分发挥自身的优势，将河南现有的优势资源与"一带一路"倡议机遇相结合，依托航空、铁路、公路等现代综合交通枢纽和网络，进一步加快物流园区建设，大力培育物流领军企业，发展壮大特色物流，以产业联动提升产业集聚区生产物流服务能力，全面提升物流业专业化、社会化和信息化水平，只有如此，河南国际物流的发展才能真正融入国家"一带一路"的倡议中，借助国家政策实现地区物流业的大发展。

1. "一带一路"国家战略背景下河南的定位

在国家多部委联合发布的"一带一路"建设纲领性文件中，明确提出：将依托中原城市群，推动产业集聚发展，打造郑州内陆开放型经济高地；打造"郑欧班列"品牌，建设沟通境内外、连接东中西的运输通道；支持郑州建设航空港、国际陆港，开展跨境电子商务服务试点。

河南在我国"一带一路"倡议中有着重要的支点作用。打造郑州内陆开放型经济高地、打造"郑欧班列"品牌、支持郑州建设航空港、国际陆港，开展跨境贸易电子商务服务试点等，是对河南在"一带一路"倡议中的具体定位。河南地处中原腹地，交通运输四通八达，位置得天独厚，是连接东中西的重要枢纽。郑州作为我国重要的路陆、航空、邮政交通枢纽，全国普铁、高铁唯一的双数字占有独特的地位。郑州航空港经济综合试验区获得国家批准，郑欧班列开通以后，陆港功能完善，跨境贸易、电子商务取得试点，使得郑州的区位优势更加明显。

"一带一路"倡议的实施，为河南更充分地利用国际市场和资源，构筑内陆地区全方位开放格局，拓展了新的空间；助推河南更好地发挥区位和交通优势，为全面深化与东部沿海地区及西部地区的合作，开辟了新的途径。

2. 河南国际物流发展的基础条件

河南地处中部核心区域，有九州腹地、十省通衢之誉，是东部产业转移、西部资源输出、南北经贸交流的桥梁和纽带，陆路交通发达，航空运输快速成长，物流资源丰富，劳动力和仓储成本较低，市场潜力巨大，在全国经济布局和物流业发展格局中具有十分重要的战略地位，具有发展现代物流业的突出优势。目前，河南加快构建陆空对接、多式联运、内捷外畅的现代综合交通体系，高速公路通车里程多年保持全国第一，以郑州为中心的米字形快速铁路网建设取得重大突破，河南进入高铁、地铁、普铁、城铁"四铁"联运新时代，现代综合交通枢纽地位更加凸显。河南是中国第一人口大省,经济规模居全国第五,郑州新郑国际机场一个半小时航程可覆盖我国三分之二的主要城市和五分之三的人口,无论是自身消费还是辐射周边都具巨大潜力。

河南是经济大省、重要的能源原材料基地和制造业大省,经济总量、制造业规模、商贸业规模均居全国第5位,食品、医药、纺织服装、煤炭化工、有色金属、装备制造在全国具有重要地位,发展现代物流的产业基础雄厚。综合保税区、保税物流中心、出口加工区、铁路集装箱中心站等集中布局,中原国际陆港、郑州跨境贸易电子商务试点加快建设,郑欧国际货运班列实现常态化运营,郑州已经成为国家一类口岸、多式联运服务中心、中欧班列货运中心、智慧物流信息中心。

3. 河南发展国际物流的优、劣势及机遇与挑战

(1) 河南发展国际物流的优势。郑州航空港经济综合实验区、郑欧国际铁路货运班列、郑州跨境电子商务服务试点、河南自由贸易区等的设立,是河南发展国际物流的重要基础条件,而河南构建的陆空对接、多式联运、内捷外畅的现代综合交通体系,则是河南发展国际物流的重要优势。郑州航空港经济综合实验区,是我国首个国家级航空港经济综合实验区,是集航空、高铁、城际铁路、地铁、高速公路于一体的综合枢纽。

目前,国家在口岸通关、航线航权、财税金融、土地管理、服务外包等方面给予实验区政策支持。其战略定位将是建成具有国际影响力的国际航空物流中心、以航空经济为引领的现代产业基地,形成引领中原经济区发展、服务全国、连通世界的开放高地。

郑欧国际铁路货运班列的开通,使得河南省成为我国中部、西北、华北、东北地区货物的主要集散地和中转站。郑欧班列货源辐射超过全国半数省、直辖市,集货半径超过1500千米,并辐射2000千米的地域,长三角、珠三角、环渤海经济圈和东北老工业基地是郑欧国际铁路货运班列的基础货源地,货物种类涵盖传统轻纺类,汽车配件、工程机械、医疗器械等工业产品,以及笔记本电脑、移动硬盘等电子

类产品等。

物流是电子商务的重要组成部分与关键环节，随着郑州跨境电子商务服务试点的启动，河南跨境电子商务取得了飞速的发展，加之河南自由贸易区的建立，河南物流业的发展生成了新的动力引擎，跨境电子商务广阔的发展前景为河南国际物流的发展提供了充足的源力。

（2）河南发展国际物流的劣势。虽然在"一带一路"的背景下，河南发展国际物流迎来了难得的机遇，但我国的物流企业对于"走出去"即缺乏认识也缺乏经验。相较于沿海发达地区，河南地处内陆中心，不沿边不靠海，在发展国际物流方面存在着天然的劣势，很多大型运输企业当前还是以运输为主，对物流业的应用程度不高，物流业整体发展水平还比较低，发展方式也较为粗放，成本高、效率低。物流一体化程度低，尚存在运输方式之间的壁垒，多式联运服务不够发达，在物流服务对接和跨运输方式的资源整合方面还比较欠缺。物流企业在境外物流组织方面能力还比较差，物流成本较高在一定程度上降低了对海外货源的吸引力。

虽然目前河南在物流基础设施建设方面取得了长足的进步，但总体上还处于发展中阶段，尤其是在物流软实力方面，与我国发达地区还存在着一定的差距。这一方面体现在物流管理水平上，另一方面体现在物流专业人才的缺乏上。

（3）河南发展国际物流的机遇。在"一带一路"背景下，河南迎来了发展国际物流的大机遇。"一带一路"贯穿亚欧非大陆，沿线很多国家都是发展中国家，市场潜力巨大。"一带一路"经济走廊目前已经得到了沿线众多国家与地区的支持与参与。孟中印缅经济走廊、中巴经济走廊、中欧大陆桥铁路建设已经成为"一带一路"倡议重要的组成部分。

随着我国"一带一路"倡议的深入展开，我国与沿线众多国家间的经济技术合作将日渐增多，势必会带来国际贸易量的提升，这对于我国国际物流业的发展来说是十分利好的前景，国际物流业势必会迎来蓬勃的发展。

"一带一路"倡议提出的"设施联通、贸易畅通"本身就昭示着我国国际物流业发展的机遇。我国要实现"一带一路"倡议,必然要与周边国家建立相互联通的交通运输体系,提高物流效率、降低物流成本,构建更加紧密的物流互联网。"一带一路"《愿景与行动》中两次提到河南郑州,突显了河南在"一带一路"倡议中的重要节点作用。

郑州航空港经济综合实验区、郑欧国际铁路货运班、郑州跨境电子商务服务试点、河南自由贸易区等的设立,无不在说明,河南发展国际物流具备了充分的基础条件。

(二)多式联运

2018 年 4 月 18 日,第十二届中国(河南)国际投资贸易洽谈会专题活动——"一带一路"多式联运创新发展合作交流会在郑州举行。

交流会上,来自国内外交通物流领域的专家学者、企业代表等齐聚一堂,共谋打造更加开阔的多式联运"新版图",为河南深度融入"一带一路"建设注入新动力。与会代表高度肯定铁路在"一带一路"多式联运中的作用。

据河南省交通运输厅相关负责人介绍,作为内陆省份,河南能够全面融入"一带一路"建设,打造全方位对外开放格局,得益于铁路和航空网络的有效衔接。目前,中欧班列(郑州至汉堡)开行量居全国第三,郑州机场货邮吞吐量跻身全球 50 强,河南跨境电商零售进出口数额占全国 1/3。

目前,中欧班列(郑州至汉堡)国内集货半径超过 1500 千米,覆盖长三角、珠三角、环渤海经济圈等地,合作伙伴达到 1700 多家;境外以汉堡、慕尼黑为中心,班列网络遍布 24 个国家 121 个城市,合作伙伴达到 780 多家。

第四章　区域物流竞争力研究

本章从区域物流竞争力的含义开始解析，分析了影响区域物流竞争力的几个重要因素，并进一步阐述了提升区域物流竞争力水平的几种途径。

第一节　区域物流竞争力的含义和水平

一、区域物流竞争力的含义

关于区域物流产业竞争力的概念，目前尚没有一个统一的定义。槐艳菲参考产业经济学有关竞争力的理论定义了区域物流产业竞争力，认为区域物流产业竞争力是指某一区域范围内，物流产业所具有的区别于其他区域本产业的资源禀赋竞争优势、政府政策支持、产业创新能力、物流企业能力和信息技术能力等，最终体现为通过区域内部的良性竞争，将上述各种资源、能力有效整合而形成的争夺资源、开拓市场、占据市场并获得利润的综合竞争能力体系。

李虹认为：区域物流产业竞争力是指不同区域间的物流活动经过角逐或比较而体现出来的综合能力，这种能力主要体现在软硬件环境的支撑能力、获得发展要素的能力、开拓市场的能力以及综合利用各种资源形成的总体发展实力与发展潜力。王昊指出：区域物流产业竞争力是指各区域在物流产业发展中表现出的争夺物流资源、获取物流发展要素、开拓占据市场以及获取增长动力的能力。

刘海静认为：区域物流产业竞争力是指某一特定区域内物流业独

有的区别于其他区域的物流服务能力、物流资源优势、物流政策条件和物流创新能力的综合表现。

综上所述，区域物流产业竞争力是指某国或某一地区的物流产业相对于其他国家或地区物流产业在生产效率、满足市场需求、持续获利等方面所体现的综合优势。

区域物流产业竞争力主要体现在以下四个方面。

（1）区域经济发展水平与发展规模，它是形成区域物流产业竞争力的重要社会经济基础，是区域物流业发展的支撑和保障，区域经济发展水平在一定程度上反映了区域物流产业竞争力的水平。

（2）区域物流供给水平，包括物流基础设施、交通运输、仓储、邮政业固定资产投资和从业人数，反映区域物流的供给和运作能力，是区域物流业正常运行和参与竞争的前提条件与物质基础。

（3）区域物流需求水平，反映区域内各行业对物流服务产生的需求数量和规模，是区域物流产业竞争力的重要决定因素。

（4）区域物流服务保障水平，包括区域物流产业信息化建设水平、区域政策环境等，是影响区域物流服务水平和区域物流产业竞争力的关键因素。

二、区域物流产业竞争力水平的测算——以河南省为例

（一）构建指标体系

随着我国经济结构的转型升级物流业已成为我国国民经济的重要产业，通常被称为"第三利润源泉"。各专家学者在对物流竞争力进行评价分析时，都构建了不同的评价指标。王圣云、沈玉芳在研究中认为，区域物流竞争力由区位环境因子、硬环境因子、经济条件因子和软环境因子四个指标衡量；李虹在其研究成果中认为区域物流竞争力由四个指标衡量，分别是区域环境竞争力指标、区域物流供给竞争力指标、区域物流发展竞争力指标、区域物流竞争力潜力指标；另外，

刘莉在进行研究时将物流发展成效也作为了物流竞争力的衡量指标。

在阅读了相关文献、考虑数据的可获性并遵循以上原则的情况下，这里从物流基础设施、物流供需能力、物流发展成效三个维度进行指标选取，见表4-1。

表 4-1　区域物流竞争力评价指标体系

一级指标	二级指标
物流基础设施	铁路里程（公里）
	公路里程（公里）
	内河航运里程（公里）
	民用汽车拥有量（万辆）
物流供需能力	客运量（亿人）
	旅客周转量（亿人公里）
	货运量（亿吨）
	货物周转量（亿吨公里）
物流发展成效	邮电业务量（万元）
	物流业投资总额（亿元）
	物流业从业人员（万人）

（二）指标赋值

这里所有数据均来源于《新中国 60 年统计资料汇编》以及 2007—2016 年《河南省统计年鉴》（见表4-2）。由于内河航运里程和民用汽车拥有量两个指标的数据不完全，因此舍弃这两个指标。

表 4-2　河南省区域物流竞争力评价指标原始数据

年份	2007	2008	2009	2010	2011	2012	2013	2014	2015	2016
铁路里程/千米	3989	3989	3898	4224	4203	4822	4822	5108	5205	5466
公路里程/千米	238676	240645	242314	245089	247587	249649	249831	249857	250584	267441
客运量/亿人	12.26	13.04	14.47	16.78	19.39	20.81	13.76	14.18	12.68	12.23

年份	2007	2008	2009	2010	2011	2012	2013	2014	2015	2016
旅客周转量/亿人·千米	1264.10	1517.33	1645.18	1840.64	2033.68	2144.50	1661.89	1858.89	1787.70	1857.17
货运量/亿吨	10.14	13.84	16.69	20.25	24.10	27.22	18.47	20.06	19.27	20.54
货物周转量/亿吨·公里	2729.30	5215.84	6146.09	7141.82	8471.07	9436.42	7205.05	7367.09	6916.89	7336.28
物流业投资总额·亿元	426.06	389.43	484.25	660.28	784.16	902.07	1185.37	1394.31	1906.31	1944.56
物流业从业人员·万人	198.65	204.46	207.70	213.14	217.80	222.77	242.80	234.71	242.84	245.65
邮电业务量·万元	9331635.302	11241309	12968686	5359762	5958822	6613588.033	7949251	10110624	13172753.91	20658962.42

（三） 因子分析法计算河南省区域物流竞争力

对铁路里程 X1（千米）、公路里程 X2（千米）、客运量 X3（亿人）、旅客周转量 X4（亿人·千米）、货运量 X5（亿吨）、货物周转量 X6（亿吨·千米）、物流业投资总额 X7（亿元）、物流业从业人员 X8（万人）、邮政业务量 X9（万元）9 个指标进行因子分析，见表 4-3。在进行计算之前首先对以上收集的数据进行标准化处理。

表 4-3 标准化后物流竞争力指标值

年份	X1	X2	X3	X4	X5	X6	X7	X8	X9
2007	0.0580	0.0000	0.0035	0.0000	0.0000	0.0000	0.0236	0.0000	0.2596
2008	0.0580	0.0685	0.0944	0.2876	0.2166	0.3707	0.0000	0.1236	0.3844
2009	0.0000	0.1265	0.2611	0.4328	0.3993	0.5094	0.0610	0.1926	0.4973
2010	0.2079	0.2229	0.5303	0.6549	0.5919	0.6579	0.1742	0.3083	0.0000
2011	0.1945	0.3098	0.8345	0.8741	0.8173	0.8561	0.2538	0.4074	0.0392
2012	0.5893	0.3815	1.0000	1.0000	1.0000	1.0000	0.3296	0.5132	0.0820
2013	0.5893	0.3878	0.1783	0.4518	0.4877	0.6673	0.5118	0.9394	0.1693
2014	0.7717	0.3887	0.2273	0.6756	0.5808	0.6915	0.6462	0.7672	0.3105
2015	0.8335	0.4140	0.0524	0.5947	0.5345	0.6243	0.9754	0.9402	0.5107
2016	1.0000	1.0000	0.0000	0.6736	0.6089	0.6869	1.0000	1.0000	1.0000

在进行因子分析前，首先要对标准化后的数据进行因子检验，根据检验后的值判断其是否适合采用因子分析法对其进行研究。这里采用的是 KMO 和 Bartlett 球度检验，KMO 的值为 0.541，此数据表明以上收集的数据是可以进行因子分析的；Bartlett 球度检验大约卡方值为128.32，自由度为36，检验的显著性概率为 0.000，表示本书数据适合进行因子分析。

通过因子分子法得出河南省2007—2016年的物流业竞争力水平分布见表4-4。

表4-4　河南省2007—2016年物流竞争力水平

年份	2007	2008	2009	2010	2011
竞争力	－ 1.15476	－ 0.85729	－ 0.70453	－ 0.17416	0.102524

年份	2012	2013	2014	2015	2016
竞争力	0.509327	0.379556	0.480142	0.626208	0.792984

第二节　提升区域物流竞争力水平的途径

随着信息传播速率的提升，各地区货物之间的流通呈现直线增长态势，物流产业的发展迈入了新的高度。社会主义市场经济视域下的区域物流竞争业急速加剧。如何提升区域物流的竞争力，继而打造成支柱产业，成为国家和社会关注的焦点。

物流产业是我国第三产业的重要构成部分，直接影响到了我国经济发展速度。提升区域物流竞争力，应该从以下几个方面着手。

一、打造物流区域集合点，完善物流设施

打造物流区域集合点，整合物流资源，优化布局，建设区域内物流产业园区。这样不仅便于政府职能部门的统一管理，也有助于提升区域物流竞争力。

物流产业园区的建设要兼具对市场需求、征地成本、交通设施、人员支持、环境优势等多面因素的考察，优化区域内的整体布局，从而吸引相关物流企业的入驻，打造一个集合点，继而阐述区域内的物流产业联动效应，功能化服务供体，以达到提升竞争力的要求。

物流从属于服务业，其基础设施建设要注重体现服务性。主要包含道路交通设施建设、机械化设备建设、从业人员建设及服务体系建设等，依托于物流产业园区，为服务主体提高高效、安全、人性化的服务，进而提升区域内部的物流竞争力。

与此同时，区域内物流企业要加强自身的规模建设、完善服务制度，通过兼并、合作等方式强大自身，确保可持续发展。

二、注重人才培养

任何行业的竞争都涵盖着一定意义上的人才竞争，第三产业更是如此。

自"科教兴国"战略推行和实施以来，大量人才涌现，为物流企业优质人力资源的获取提供了有利条件。

在此过程中，企业可与各高、中等院校采取合作的方式，培养符合自身发展需求的人才；紧密与物流产业协会和政府职能部门之间的链接，通力推行物流从业资格制度，做好任职人员的岗位培训工作，明确相关工作人员的岗位职责；抓好在职人员的专业教育培训，及时的更新其专业能力，并定期进行考核，保证培训的实效性。

企业培训是人才培养的重要部分，其活动的开展形式是多种多样的，如请专业人员到场进行专题讲座，组织物流从业人员到专业培训机构进行学习或与先进物流企业合作共同开展物流专业培训活动等。

三、引入技术，强化物流企业市场竞争力

在当前的技术环境中，物流企业应发挥网络信息传播速度快、容量大等优势特点，运用先进的技术强化物流企业的市场竞争力。

具体做法是：在"全局规划、循序渐进、突出重点、实用高效"

的原则指导下，建立信息化区域物流管理制度，通过对网络信息技术的应用，搭建集水、陆、空运输三者为一体的区域物流网络信息服务公共平台，为使用主体提供物流信息咨询等方面的服务，整合优化区域内及区域间的物流资源，提高全网络内的资源利用率，继而为用户提供更全面、更优质、更便捷的服务，从根本上提升区域物流的竞争力。

随着经济的发展与进步，人们的生活质量逐步提高，消费水平也快速增长，加之电子商务等新型消费方式的推动，物流产业迎来了新的发展契机。

物流企业应主动抓住这个机会，强调电子商务的发展，以现实运营需求为依据，加快快递业务网点的建设速度，扩展快递业务的服务范畴，促进物流产业及连带产业的发展，以满足居民日渐增长的消费需求。

四、政府辅以政策支持

在国家宏观调控基础上，区域政府应根据当地的经济情况，制定一系列的政策，支持和推动我国物流产业的发展。完善物流相关法律规章制度，规范物流市场的竞争行为和准入，为物流产业创造良好的发展环境；支持并加强区域间的强强联合，整合物流资源，优化配置；推行物流产业扶植政策，加大物流产业基础设施建设的投入力度，引进外资，创新物流相关技术和理念，从而提升物流企业的竞争力。

政府辅以一定的政策支持，对区域物流竞争力的提升具有重要的指导性意义。

从发展的角度来看，提升区域物流竞争力对我国经济的增长具有重要的意义。因此，应该予以高度的重视。

第五章　"一带一路"背景下区域物流产业
发展新趋势

本章分别从区域物流协同、创新、标准化、绿色化以及立体化五个方面详细论述了"一带一路"背景下区域物流产业发展新趋势。

第一节　区域物流"协同"

区域物流作为便捷化的服务模式，主要依托于线下协同的平台与宽松的制度环境和线上强大的信息网络。传统的区域物流以各个子单位为中心进行物流服务，各自为阵的运作模式造成了信息不对称，在区域间形成了多个物流信息壁垒。而区域物流的协同化强调对传统信息壁垒的突破，实现信息与资源的交流共通，最终促进区域物流的整体效能大于各个子系统的局部效能。

一、区域物流多主体系统的结构、功能及特征

（一）区域物流多主体系统的组成部分

区域物流是指一种发挥组织与管理功能的物流体系，这一活动体系能够对区域的总体发展目标发挥支撑作用，能够在区域内发挥物流功能，建立有利于区域的环境特征，满足政治、军事、经济等发展需求。区域物流系统包括供给主体和需求主体。供给主体主要包含运输、存储、装配、运送、加工、包裹及网络信息基本服务单位；需求主体既包括机关事业单位等政府部门，也包括区域内各种商贸企业、制造行业等社会与经济实体。

（二）区域物流多主体系统的功能

当区域物流中的供方和需方能够实现良好的合作和有效的协调，才能确保区域物流业务的有序开展。这个过程中，需要所有主体性的要素遵照市场经济的规律和要求，融入到合作体系中来，积极发挥各自的作用，实现积极的互动，共同促进区域物流沿着健康、高效的方向发展。对区域物流积极给予发展资金投入，专业人才招募，科学技术引进等各方面的支持，不断促使区域物流业进行创优、创新，并且提高运行成效。尽最大努力协调各方关系，不断对区域内的科研单位、管理部门、供需源头进行整合，推动区域经济沿着健康、有序的方向快速发展。

可以从以下几个方面来认识物流主体系统。

（1）区域物流供给主体发挥支撑作用。物流行业能否得到高效的运行，其中起关键性作用的是区域物流供给主体，它作为一个重要载体，在区域物流业的发展中有着十分重要的效能。这种效能是综合性的，包括商品加工、物资储备、交通运输、货物运送、信息建立等大量的环节。这些主体是否发挥应有的作用，达到良好的成效，在一定程度上决定着区域物流的工作效率与质量。而且一个区域内物流业的发展水平以及专业化程度，是由供给主体的专业化程度决定的。

（2）区域物流需求主体发挥主导作用。一个地区区域经济的发展水平决定着该区域物流的需求程度，这种需求同时也会直接影响区域物流的发展，而这种发展则包括物流企业数量的增减、结构的变化以及服务质量的高下。可以看出，区域经济的发展状况，影响着区域物流的发展水平。区域经济和区域物流间是相辅相成、相互促进、彼此依赖、共同发展的关系。区域物流的市场前景在很大程度上取决于区域经济的发展水平，需求主体也直接体现着区域经济发展的水平。对区域物流的发展起着至关重要的作用。

（3）区域物流环境对多主体系统的保障作用。外部环境也是影响区域物流发展水平的重要因素之一，这种外部环境指的是区域物流外部的整体性的环境状况。它主要包括：一是与物流业相关的政策和制度，这些政策和制度通常是由国家以及行业协会制定的；二是包括一些技术上的支持，这些支持是由科学研究机构以及商业化的主体提供的。区域物流环境对区域物流的运作也起着重要的作用，因为它不仅影响着物流供给主体，左右着物流供给主体的运营理念、专业水平，而且还会影响需求方的产业形态、汇聚状态等。

（三）区域物流系统多主体协同发展的特征

区域物流系统其中有一个特征叫作自组织化，也就是在不受外部因素干预的情况下，区域物流系统在内部自发开展信息、物质以及能量的交换，使得这些要素发生空间、时间、功能上的新变化。这种多元性的系统能够发挥主观能动性，在适应、发展以及进化方面实现自主性。

由于组织力对区域物流中的多元主体系统会产生较大的影响，因此多元主体通常包括两个方面的特征，即人工体育特征以及自然系统特征。当序参量对系统进行支配时，所属的子系统就会自发地按照对应的序列来排列自身的结构，运作自身的状态。序参量会对整个系统产生影响，并决定其发展变化。区域物流包括的子系统有外部环境、需求以及供给等，这些子系统共同组成了这个相对复杂的物流体系。所以说能够对多元主体产生影响的因素并不是单一的。

二、区域物流协同发展的条件与目标

（一）区域物流协同发展的条件

首先，内因决定外因，区域物流协同就是促进了内部系统各子系统的和谐共存、相互补位。当这种协同越深化，区域物流内部的运作就会越顺畅。这种形势下，所有的子系统都会以一个共同的目标作为自己的运作方向和行为标准，从而使系统的效应得到成功发挥，收到 1+1 大于 2 的效果。

同时区域物流并不是一个"独立王国"，它始终与外部的方方面面存在着紧密的关系和频繁的互动。实际上，外部因素的作用是积极的，因为外部因素越是渗入得多，就越能激发区域物流内部的组织性以及有序性。

（二）区域物流协同发展的目标

1. 效益性

区域物流协同发展系统中，供需主体包括社会中的多个利益群体，既包括各种类别的企业，也包括政府机关等部门。因此，区域物流系统中各个主体的协同目标在于实现经济效益的创造和社会效益的提升。通过多元主体的整体性协同，实现企业、政府、民间组织等子系统的合作，实现各个主体之间职能和结构上的协同。

2. 持续性

发展的持续性是指在受到外部环境的影响时还能够继续保持运转和生产效率的发展能力。这种与协调发展相关的持续性体现在两个方面：一方面是指能够保持区域环境及其资源的持续性；另一方面是指区域经济和区域物流运行的持续性。所以要在保持环境的前提下发展区域经济、发展区域物流，不能只追求经济的发展而忽略对环境的治理和保护，也不能盲目开发而对资源造成破坏和浪费。

3. 协调性

当一个系统在快速运行的过程中，内部各环节不可能不出现利益和理念上的矛盾冲突，当这些矛盾和冲突出现时，必须要有一套有应对性的机制有效地进行沟通和协调，最大限度地减少矛盾冲突所造成的影响，确保区域物流和谐、高效运作。

这种协调涉及区域物流运作的方方面面，比如对供需有关系的协调，对基础设施分面不均方面的协调，对物流信息相关网络协同共建方面的协调等。区域物流健康有序发展离不开内部各单元、各环节的协调有序。

（三）区域物流协同发展策略和思路

区域物流协同发展策略应当脱离理论层面，从操作性方面深化内容和流程，从而使得区域物流系统在操作起来能够更加流畅和有序。

1. 区域物流协同发展的内容和层次

区域物流中的各个主体之间存在目标、资源上的冲突，因此需要进行多方协调才能够使这些主体的物流行为相匹配。

因此，区域物流协同发展在于建立起多维度、多元化、多层次的体系架构，最终实现区域物流在结构、功能、目标、时空上的协同。

区域物流在内部和外部结构组成上有着本质的不同，其中内部需要依靠决策层来进行监督和指导，从而使得区域物流整体结构变得多元化操作以及层次化操作，除此之外，在区域物流协调发展方面还应当统筹安排好一些外部机构，即外部经济结构以及社会人口等方面。

内部决策与外部统筹是区域物流协同发展的两个重要组成部分，其中，决策层通过调研和研究来统筹安排好物流体系与政策规划以及经济人文之间的发展关系，并且在其基础上构建外部网络等设施与内部系统之间的联动以及协同发展。

2. 区域物流协同发展运行机制

（1）协同运行的开放机制。开发即内部结构与外部结构之间的信息交互以及能量的传递，建立开放的协同机制有利于区域物流系统间的各个环节保持高度的信息新鲜度，从而能够更加快速的发展和提升。

（2）协同运行的创新机制。创新是任何一个经济体态能够健康稳定成长的关键因素，同时对于区域物流而言，建立创新的发展机制有利于物流系统整体技术以及设备的升级和换代，从而为多元化物流管理奠定基础。

（3）协同运行的整合机制。整合机制在于企业在面对风险时降低自己的损失，在面对一些外部竞争时，企业与企业之间会依托网络技术来建立一个整合体系来共同面对风险和竞争，这就是现代物流体系中的资源整合战略。

3. 区域物流协同发展运行思路

（1）健全的法律法规是区域物流体系得以健康稳定发展的政治基础，有了法律的保护措施，区域物流体系在协同发展过程中面对各种利益冲突才能有法可依。

（2）区域物流协同发展既要保证内部结构中的各种资源进行互补和交流，同时外部结构中的各种经济关系以及社会关系也要积极融入到区域物流协同发展中，这样才能最大限度的保证区域物流的资源整合，从而促进区域物流的整体发展。

（3）多元化的运行结构是区域物流得以长期稳定发展的核心动力，通过整合其他行业的运行结构来丰富物流体系的协同发展可以促进产业向架构化以及集约化转型，从而使得区域物流发展更加稳定和长久。

三、区域物流协同发展的意义和思考

区域物流协同发展的前提是具备多元化的体系结构，多元化的主题系统可以加速区域物流的发展速度，同时，多元化的体系结构能够加强区域物流与其他外部环境之间的信息互联以及交互。

综上所述，区域物流得以健康稳定长期的发展得益于坚持整合机制以及多元化的协同发展，同时在协同发展的过程中需要考虑到外部环境中的各个因素与区域物流发展过程中所产生出的矛盾和问题。

第二节　区域物流"创新"

一、区域物流创新的含义

区域物流创新，是指在实体经济以信息化带动工业化的进程中，凭借先进理论、思维方法、经营管理方式和科学技术手段，对传统物流格局中的商流、物流、资金流和信息流所进行的全面改造和提升，以便全面、系统、大幅度地提高物流的效能，取得最大化的企业经济效能和社会效果。

区域物流创新是对整个物流过程进行全方位的革新，创新活动融入物流活动的各个方面、各个环节。根据区域物流创新的内容和作用，可归结为物流制度创新、物流管理创新、物流技术创新三个方面。

这三个方面的创新活动各有其特定的内容和特点，又必须紧密相连，才能实现物流活动的高效率和效益。其中物流技术创新是核心，制度创新是前提，管理创新是保障。

这三个方面的创新活动各有其特定的内容和特点，又必须紧密相连，才能实现物流活动的高效率和效益。其中物流技术创新是核心，制度创新是前提，管理创新是保障。

（一）制度创新

制度创新是指在现有的经济生活环境条件下，通过创立新的、更能有效激励人们来提高制度效率及其合理性的创新活动。制度创新的直接效果是激发人们的积极性和创造性，并以制度化的方式加以固化，使之持续发挥作用。

可见，制度创新是基础，所有创新活动都依赖于制度创新的积淀和持续激励。

（二）管理创新

管理创新是创造一种新的更有效的方法来整合企业内外资源，以实现既定管理目标的活动。企业管理创新是一项复杂的系统工程，是企业的管理者根据市场和社会变化，利用新思维、新技术、新方法、新机制，创造一种新的更有效的资源组合方式，以适应和创造市场，从而促进企业管理系统综合效益的不断提高。这一项系统工程通常包括以下几个方面的内容。

1. 经营创新

经营是企业自主地适应和利用环境，面向市场，以商品生产和商品交换为手段，旨在实现自身经济目标的经济活动。现代企业要在需求变化快、竞争激烈的市场环境中生存和发展，就必须在经营上创新，形成自身的特色和优势，才能实现预期经营目标。

2. 管理组织创新

管理是实现企业经营目标的手段和重要保证，企业组织形式不是一成不变的，必须根据企业发展与市场竞争的需要进行调整和创新。管理创新过程中必须重视增加组织的柔性，创建更高效、更灵活的组织结构方式。

3. 管理技术与方法创新

企业是一个复杂的大系统，在企业内部流动着劳务流、资金流、物流、信息流、能量流等资源，要提高竞争能力，必须使所有资源处于一种科学、合理并且先进的管理模式下运行。

这种模式实质就是以市场需求为导向，以系统观念工程为指导，以现代管理技术和方法为支撑的综合的、系统集成的、整体优化的管理系统。

4. 管理模式创新

管理模式是管理内容、管理方法、管理手段和形式的有机统一结合体。它是一种系统化的指导与控制方法，把企业中的人、财、物和信息等资源，高质量、低成本、快速及时地转换为市场所需要的产品和服务。

因此，质量、成本和时间（生产周期）就一直是一个企业的三个核心活动，企业管理模式也是围绕着这三个方面不断发展的。为了实现高质量、低成本、短周期，企业一直都在寻找最有效的管理方法，尝试新的管理模式，以实现自身的经营管理目标。

（三）技术创新

技术创新是指创新技术在企业中的应用过程，新技术在企业生产中的应用一般通过创新产品和创新的生产工艺两种方式体现出来。从操作层面而言，一般须具备以下四个阶段。

1. 创新思想的形成

就企业层面看，创新思想的形成动力主要来源于技术推动、市场拉动及制造的需要等方面，其中最大的动力是市场需求的拉动。

2. 创新技术的获取

创新技术的获取主要有三种方式：一是企业依靠自己的力量进行技术创新活动；二是企业与其他部门合作培养，主要是与科研部门、高等院校等合作；三是从外部引进。就第三种方式而言，企业引进技术软件和引进硬件的效果与条件也是不相同的。

3. 企业生产要素的投入和组织、管理

企业生产要素主要包括企业的人力、物力、资金、技术、信息等基本要素的投入与组织管理。

资金的投入与管理，一般来说要把握好几个比例关系：一是研究与发展费用占企业销售额或利润的比例；二是在研究与发展费用中，基础研究、应用研究和试验发展各部分的资金比例；三是引进技术的费用与吸收费用的比例。

4. 企业技术创新的效果展示阶段

企业技术创新的效果可以在经济指标和产品的物理化学性能上得到反映，改进产品的物理化学性能也常常是企业进行技术创新的出发点。在现实中，往往也只有在改进产品的物理化学性能方面取得成果后，才能获得相应的经济效益。

二、区域物流创新的意义

（一）提高竞争力的需要

在知识经济的背景下，企业生存与发展越来越取决于其核心竞争力的培育和发挥的程度。对于物流企业来说，高效率、高效益的、不断创新的物流服务不仅是工商企业获取利润的基本保障，而且也是物流企业有效培育核心竞争力的基本前提。

因此，物流企业应充分利用专业化优势，坚持持续创新，以创新的理念和服务满足工商企业的物流需求。

（二）经济发展国际化的需要

随着经济全球化的发展，世界范围内的社会分工不断深化，整个物流链的利益主体空间分布日益分散，工商企业的采购、生产与销售活动的范围也已延伸到世界的每个角落。

因此，在大多数工商企业不具备物流创新能力的情况下，就对物流企业的创新提出了更高的要求，这对物流企业而言既是机遇又是挑战。物流企业必须通过物流创新，提高在全球范围内整合物流资源的能力，为工商企业的全球化战略服务。

（三）物流企业拓展经营的重要途径

通常来看，物流企业拓展经营主要是通过成本、价格或服务的竞争来实现。当一项服务刚推出时，竞争的焦点是服务的特色；当竞争者蜂拥而至时，竞争就转向成本和价格上；当竞争不断加剧时，竞争的焦点又转向服务的质量上。

因此，成本、价格或服务质量都不能为物流企业带来持续的竞争优势和盈利能力，物流企业拓展经营的有效途径就是创新。

三、区域物流创新的政策保障

（一）规范市场行为，引导流通产业市场的有效竞争

良好的市场竞争格局有益于创新活动及成果的不断诞生。所谓有效竞争，简单地说就是既有利于维护竞争又有利于发挥规模经济作用的竞争格局。

其中，政府的公共政策是协调两者关系的主要方法和手段。垄断与竞争是经济学中一个永恒的话题，其中较为敏感的问题就是它们对于创新的影响。有人认为竞争的市场结构有利于创新，也有人认为垄断的市场结构有利于创新。到底是大企业还是小企业有利于创新，双方争执不下。一般认为，竞争才是创新的动力和源泉。但是，过度竞争往往也会产生更为严重的负面效应，典型的问题就是价格战，不利于产业发展。

同时，在竞争过程中总要比出个胜负，自然就会"把对手杀下马

来"从而有意无意地形成垄断，当然，这种垄断有垄断之貌而无垄断之实。

所以，为了促进流通产业的物流创新，政府应该根据市场可能出现的动向，合理采取措施，关键在于引导市场走向有效竞争的格局，既有利于物流创新，又不至于偏袒或伤害到某个企业，而关键问题就在于"度"的把握。

（二）完善人才培养体系，建立健全培训机制

物流活动不再是"驴做的工作"，而是构成竞争战略的重要组成部分。在我国，对专业物流人才的教育培训等相关制度尚存在弱化的倾向。但掌握现代物流运营管理技能的高级专门人才的培养，恰恰是实现流通方式转变的根本保障，是物流发展与创新的重要前提。流通产业物流发展与创新离不开大量的专业物流人才。

鉴于此，在物流专业人才的教育方面应加大投入，同时积极调整目前的人才培养方案与计划，使之与快速发展的物流业相适应。国家还应当加强应用型专业物流人才的培养，注重实践能力的提高，通过大力发展物流及相关专业（如流通、商贸专业）教育，逐步改变我国流通产业领域中，了解现代物流、商贸理论、熟悉现代物流商贸管理人才短缺的状况，为流通产业物流发展与创新提供专业人才支持。

此外，针对我国大量物流从业人员职业素质偏低，缺乏职业教育与资格培训的情况，政府应当拓展教育和培训渠道，鼓励和支持企业、行业协会及大专院校开展多方面、多层次的人才培养和在职培训等工作。同时可以借鉴国外发达国家的做法，建立强化流通物流从业人员的培训机制，建立各种规范和激励机制，比如将参加职业培训及获得资格证书作为职工上岗的基本条件等。

马克思曾说过，"一个国家应该而且可以向其他国家学习"，"一个社会即使探索到了本身运动的自然规律，它还是既不能跳过也不能用法令取消自然的发展阶段，但是它能缩短和减轻分娩的痛苦"。

借鉴发达国家的成熟经验对加快我国物流的发展提升流通产业竞争力无疑是大有裨益的。

（三）加大对物流创新活动的科技及资金扶持力度

有关调查显示，中国物流企业技术水平低，装备落后，物流作业水平低是普遍存在的问题，服务质量满足不了工商企业的现代物流服务需求。除此之外，物流设施和装备的标准化也是物流发展中一个关键性问题。

所以，政府应当再加强物流创新的示范和引导作用，在商业信息化、流通及物流标准化、现代物流体系的构建中的共性技术方面给予科技经费支持。同时应建立社会化的服务平台，为各类型的流通企业服务，引导并鼓励创新。

此外，应引导众多创新主体，形成社会化的创新体系。比如将政府承担的职能转向社会中介服务组织，并联合大学和各种研究、咨询机构联合进行技术研发与创新。

最后，应引导企业增加物流基础设施和配套设施的投入，加强技术引进和改造，促进信息技术与整个企业的融合。

（四）转变政府职能，消除不利于物流创新的各种体制障碍

各种体制性障碍是物流创新的"拦路虎"。物流的本意就是打破部门分割和条块分割，有利于资源配置，千万不能将物流仅仅局限于原有的部门或者系统之中。

而今，可以看到国内物流业一个危险的迹象就是各自为政，各个部门只搞自己的物流，这种做法的症结在于大家都从自己的利益出发，而违背了物流的本意，不利于整合资源、优化配置。这也在一定程度上阻碍论文流通产业的物流创新。物流创新需要健全市场的机制，要推动物流创新，政府一方面应该肩负起统筹的责任，引导物流活动的创新；另一方面必须裁去宏观调控职能，消除各种体制性障碍，净化市场环境。

（五）引导企业转变物流观念及物流运作机制

作为物流创新的微观主体，物流企业面临的首要问题就是立即转

变物流观念。政府应当引导企业从以往的"你生产，我选择"向"你需要，我生产"转变，从以往的供应式物流向订购式物流转变，进而从传统物流观念向现代物流观念转变，用现代物流理念及理论来武装自己，从而实现物流观念的创新。同时，政府应引导企业打破僵化的旧机制，规范内部的物流管理体制和组织与运作机制等。

第三节　区域物流"标准化"

随着经济全球化的发展，物流环境发生了翻天覆地的变化。我国物流还处于发展阶段，物流标准化程度低，缺乏国际市场竞争力。因此，我国物流标准化建设刻不容缓。物流标准化应该站在全国乃至国际物流角度进行制定，而不是某个区域内的标准。物流标准化的制定和推行离不开政府机构的正确引导以及物流企业的积极配合。

2016年，我国社会物流总费用11.1万亿元，占GDP的比率为14.9%，社会物流总费用占GDP比重虽连续五年下降，但仍是发达国家两倍左右，社会物流成本仍处高位，给实体经济带来较大压力。

目前，很多地方大力建设物流园区，物流企业也将智慧物流作为企业的发展方向，但由于基础薄弱、智慧物流建设需要大量资金等原因，目前物流行业的现代化、智慧化推进并不理想，其非常重要的一个原因是物流标准化程度低，限制了物流企业之间的互联互通，降低了物流运行效率，无形中增加了物流成本，这也是我国物流成本与发达国家之间差距巨大的一个重要原因。物流标准主要有以下几个方面：①不同运输方式间的标准统一，如集装箱标准的统一，可以提高货物运输效率；②物流标准器具的统一，如托盘等基础器具的统一，可以提高货物运输和分拣的效率；③物流信息的统一，如编码与标识标准的统一，可以提高企业物流作业效率。

由于我国物流标准化程度低，在进行国际物流活动时，各环节之间的衔接不畅，导致物流作业效率低下，这在一定程度上制约了我国国际贸易的发展。物流标准化的建设能够降低物流作业中重复劳动率以及出错率，提高物流作业效率。

一、我国物流标准化现状

2017年1月，我国整体物流社会总额增速首次高于我国GDP增速，许多企业开始涉足物流行业，但是这种短期内的高速扩张，再加上粗放的、不科学的管理模式使得物流成本居高不下，限制了我国物流标准化的发展。传统的粗放型物流管理模式显然不适合中国现代物流的发展，越来越多的业内人士开始呼吁建设及推广物流标准化制度。

物流标准化不仅要站在供应链全局的角度谋求标准统一，还要将标准贯彻落实到物流作业的各个环节，寻求物流系统与我国社会大系统的有效联结。

我国在2013年提出了"一带一路"的发展倡议，与沿线国家的经济贸易将更加频繁、深入，而国际贸易对国际物流的依赖程度较高，因此建立科学有效的物流标准化体系刻不容缓。

据统计，我国现已制定的物流标准有近千个，包括《中国物流标准化体系规范》《商品条码》《储运条码》《物流单元格条码》等。但现行物流标准在我国物流行业的实际应用率非常低，如《储运条码》的实际运用率不足15%。主要原因是在我国物流标准化推行之前，许多物流企业已经制定本企业的设备标准，设备更换需要大量资金导致企业不易采用新的物流设备标准。

另外，企业参与程度低，国家对物流标准化进程中出现的实际问题不了解，导致部分物流标准并不适用。在2017年，国家就删除了7项不符合实际情况的物流标准。

2017年，国务院发布了《推进物流降本增效促进实体经济发展的意见》，从七大方面提出了二十七项具体的措施以降低物流作业成本，加快物流标准化、智能化，加快物流仓储信息标准化的进程等。

我国虽然已经出台了许多针对物流标准化建设的具体措施，但是其推广应用十分缓慢，究其原因是很多的物流标准是推荐性标准，对企业并没有强制性，多数物流企业在发展初期较少考虑物流标准化问题，在发展壮大后，更改标准会耗费大量的人力和财力，这在很大程度上阻碍了物流标准的推广。

二、我国物流标准化存在的问题

（一）物流基础设备用具不统一

以托盘为例，托盘是物流作业中最基本的装载单元，在货物运输、装卸搬运等各环节中起着承上启下的关键作用。国务院办公厅转发的《物流业降本增效专项行动方案（2016—2018年）》中明确了推广$1.2m \times 1m$的标准托盘，与欧美等国家相同，但是也有的企业采用日韩的托盘标准，或者自己定义的托盘规格，存在多种不同规格的托盘。

各企业托盘规格的不统一，就难以实现托盘的循环利用，我国目前有托盘11亿多个，其中大部分都在企业内部使用，有大量闲置浪费现象。

除此之外，由于标准化的程度低，导致各种运输方式间的衔接不通畅，增加了运输成本，降低了物流作业效率。

（二）各地区分割管理，缺乏协调与配合

我国在1978年左右才引进了物流的概念，而在我国物流系统形成之前，航空、铁路等与物流调度相关的部门已经制定并实施了本部门的标准。因此，物流各环节无法相互衔接，导致衔接环节效率低下。在各个地区、城乡之间，或多或少都存在"封闭"问题，这体现在当地政府出台的一些便捷优惠政策只针对本地的企业。

各种运输方式之间的标准不统一，导致物流效率降低。而各个环节的不协调，使得信息交互和共享难以实现，无法形成一体化的供应链。

（三）物流信息标准化杂乱

物流标准化的一大特点就是信息标准化。

由于供应链不断的完善，货物从原材料供应、流通加工再到最后产成品销售所涉及的环节越来越多，信息交互也越来越频繁。近年来，随着科技不断的发展，许多企业开始建设自己的信息系统，但企业之间的数据传输格式、物流术语、计量单位、编码等的不统一使得信息交换不通畅，形成了许多"信息沙漠"。

物流信息标准化不仅是为了实现企业间的信息交互共享，更是在信息数据的基础上作出物流战略决策，完善物流系统。

（四）已有的物流标准推广应用缓慢

为了加快我国物流标准化建设，政府早已制定了一些有关物流的国家标准，如《物流术语》《商品条码》《储运单元条码》等。但这些标准在实际的物流企业中推广应用十分缓慢。

一方面在物流行业标准制定之前，许多企业已经制定了自己的标准，而更换统一标准的设备需要大量资金投入，在不影响企业正常经营、国家不强制要求下，企业便不会自觉地去执行国家标准。

另一方面，国家在制定标准时，没有与企业进行充分沟通，企业主体作用的表达空间有限，一些标准在实际情况中并不适用，导致物流标准化无法贯彻落实。

（五）物流标准化人才严重缺乏

物流标准化包括基础标准化、运输方式间的标准化、仓储标准化、信息标准化以及服务标准化等，表现出强烈的专业性。虽然随着近年来物流的发展，我国开始重视物流人才的培养，开设物流管理专业的院校有近400所，物流人才的数据和质量较之前有了较大的提高，但是物流标准化专业还未纳入高等学校招生目录，高校中未开设物流标准化专业，在物流管理专业中物流标准化模块教学也基本未涉及，不能形成物流标准化系统知识体系，使得很多物流标准化工作人员都不能真正理解物流标准化的内在逻辑。在物流标准的制定和推广过程中人才问题凸显，严重影响了我国物流标准化体系的建设和物流标准的推广。

三、我国物流标准化建设对策

（一）完善物流基础标准建设

物流标准化首先要统一物流设施设备的标准。

如托盘标准、集装箱标准、包装标准、运输车辆的车厢标准等，企业不愿意落实这些标准，因为更换设备需要充足的资金，这对已经有自己标准的企业来说会增加成本，因此很多企业在不强制要求的情况下会不愿意更换。

为了推动标准化的实施，政府和行业协会可以提供一些优惠措施，如以旧换新、折旧收购已有的设备、设立专项资助资金等。基础标准推广以后能够使物流各环节转移更容易，费用更低，与国际接轨的基础标准也为我国国际物流奠定了坚实的基础。

（二）充分发挥政府职能部门的组织和协调功能

由于我国特殊的国情，政府在物流标准化的制定中担任着指挥者的形象。为了全面深化物流体制改革，建议政府部门与物流行业协会及其有关部门共同进行标准的制定，协调各部门管理范畴，抛开部门各自的利益，以实现物流标准化为共同目标，相互协调和配合。将物流标准化过程进行分解，根据我国物流行业的实际需求，结合物流企业实际问题，制定与国际标准接轨的物流体系。政府在制定完相关标准之后还要大力推广，出台相关的优惠政策，督促企业按照标准进行作业。

（三）加强物流信息标准化建设

物流信息标准化是现代物流的一大特点，是物流标准化建设的重心。我国最早是从日本引进的物流思想，日本也是物流信息标准化程度非常高的国家。现代物流对现代信息网络的依赖程度很高，实现物流信息化需要统一的 EDI（Electronic Data Interchange，电子数据交换）。

近年来，随着科技不断地发展，许多企业开始建设自己的信息系统，但数据传输格式、计量单位、编码等的不统一使得信息交换不通畅，形成了许多"信息沙漠"。

EDI 不只是简单的数据交换，企业必须按照国际标准的信息格式发送和接收信息，EDI 的处理真正实现了全自动化，减少了人工可能出现的错误，提高了物流作业效率。

信息标准化的另一个关键点是整合资源，对各物流企业来说，一个公共的集合各种有效信息的物流信息平台能够使企业闲置资源利用起来；另一方面，基于物流信息标准化能为供应链提供具有战略性的解决方案。

（四）引导企业参与物流标准化的制定

在引导企业参与物流标准化的制定上我国可以向发达国家学习。我国部分物流企业在标准化方面意识淡薄，只着眼于企业自身的发展，这不利于我国整体物流标准化的发展。政府应该积极鼓励宣传物流标准化，引导企业共同参与制定。企业可以提出在发展过程中遇到的实际问题，以及对未来发展的需求，政府才能从实际出发，制定出适合企业、符合需求的标准体系，提高物流标准的应用率。在物流标准制定完毕之后，可以先应用于一些企业的实践中，实践出结果之后，再进行全面的推广。

另一方面，由于科技的不断发展，国际物流标准也一直在改变，政府可以联合物流行业协会和组织成立物流标准系统探查组织，及时掌握物流标准动态，紧跟国际步伐，结合我国物流行业实际情况，不断完善适合我国发展的物流标准。

（五）重视物流标准化人才的培养

首先，重视物流标准化工作在现代物流产业发展中的地位，全行业统一的信息标准、设备标准、服务标准等可以最大限度地节约社会资源，提高物流运作效率。

其次，在高校中开展物流标准化专业建设，为物流标准化人才培养奠定基础，科研院所开设物流标准化研究方向，为物流标准化培养高层次人才。

再次，发挥中国物流与采购联合会等机构的作用，定期开展物流标准化研讨会和物流标准化培训班，为物流标准化方向的发展和基层物流标准化人才的培养提供土壤。最后在企事业单位设立物流标准化部门，负责物流标准的推广，让企业中人人了解物流标准化，人人遵守物流标准化，形成物流标准化梯队人才的格局。

第四节　区域物流"绿色化"

绿色物流提出于 20 世纪 90 年代中期，是基于物流管理、环境科学、生态伦理学及生态经济学等相关理论形成的概念，以减少环境污染为前提，旨在物流与环境之间形成相辅相成、互为制约的关系，实现物流与环境的共生发展。

绿色物流突破传统物流构筑的经济发展与交通运输之间单向作用关系的约束，将环境管理导入储运、装卸、分装等物流各环节，降低环境成本，减少资源消耗，构建能够循环利用可持续发展的绿色物流体系。

立足已有的对绿色物流的界定，将现代信息技术引入绿色物流，打造效率、效益、环境协同的绿色物流格局，符合在国际物流品质较高的背景下优化物流发展的"一带一路"区域的实际要求。

据已有研究，衡量物流效率的指标主要包括三大类：经济性指标、技术性指标和社会性指标。

其中，经济性指标主要涉及成本和效益两方面；技术性指标主要体现为快速性、便利性、直达性、安全性、舒适性和灵活性等方面；社会性指标包括社会节约程度、社会综合程度、物流服务质量等。

绿色物流以物流效率和物流本义为原则，兼顾局部和全局经济利益、短期与长期环境效益，以经济学为指导，以生态学为基础，对物流的经济行为、经济规律及生态系统之间的关系进行研究，最终实现一定区域内资金、物资、信息的高效有序流动和交互。

一、在"一带一路"区域发展绿色物流的可行性

（一）高效节能已经成为国际经济发展的基本特征

发展中国家的经济体制以及经济发展环境与发达国家有着本质的不同，特别是面对环境发展以及环境治理方面，发展中国家要把控好发展源头，这就要求我们在"一带一路"所包含的区域中要严格控制好环境保护等相关问题，确保"一带一路"区域环境在发展源头得到合理的控制和保持。

"一带一路"区域因其自身经济现状而言，目前节约发展成本、提高发展能效依然是"一带一路"区域当前主要的发展手段和措施。对于能源节约以及提高能效而言，首先要对物流体系进行改革和提升，把高效节能作为物流体系改革的核心目标，同时，"一带一路"区域要想快速发展经济，只有优先将现代物流系统发展起来。

（二）"一带一路"区域已经形成集约化发展的共识

"一带一路"作为发展中国家经济发展集合体，在面对世界其他发达国家的经济压力时，这些区域的国家和地区已经形成了具有经济共识的经济体。

另外，"一带一路"区域现在正在进行交通互联以及移动互联的改进和升级，力求在一些基础领域达到高效节能的经济发展目标。纵观整个"一带一路"经济区域的发展来看，高效节能和经济共识已经是这些国家和地区的总体发展规划目标，并且在这种经济集约化的发展过程中，这些国家和地区必然能够根据自身发展优势来扩大自己的经济价值，提高自身在国际领域的经济地位。

（三）现代信息技术夯实了绿色物流发展的根基

收入水平的提升延长了消费者的经济活动半径，商品在区域间的

横向跨度快速增大，人们对物流的依赖度提升，物流在经济社会系统中的比重提高。

为顺应这些变化，"一带一路"区域的交通基础设施建设力度不断加大，商品流通的时间成本大幅降低，物流服务品质逐渐提升。

然而，同时身处国际经济环境中的"一带一路"区域的微观经济主体会将区域内物流服务品质与国际水平进行比较，二者的差距成为"一带一路"区域优化物流的内生动力。目前，国际物流发展普遍进入智能化阶段，这决定了"一带一路"区域物流的优化工程必须从信息化开启。

经过长期的研发、实践和完善，云计算、大数据等现代信息技术已经趋于成熟，将二者有机融合的物联网技术正在全面推广，无线射频识别（RFID）、红外线跟踪等技术已经处于标准化阶段，而这些技术正是"一带一路"区域构建绿色物流体系的基础。技术层面的成熟化为"一带一路"区域发挥后发优势提供了便利，使以现代技术为支撑的绿色物流体系建设切实具有可行性。

（四）交易的主导商品种类倒逼发展绿色物流

根据数据显示，目前标准化产品、高性价比商品以及农产品是"一带一路"区域目前比较畅销的三个品类，在这些品类中，销售额最高的要属于一些3C类的数码产品，其次是一些奶粉类产品，同时在农副产品中，一些特色生鲜农产品也比较热销，伴随着这些产品的热销，"一带一路"区域中的国家和地区对于现代物流体系的要求也将越来越高，也证明了只有建立绿色现代的物流体系才能满足这些国家和地区的经济发展。

在数码产品中，3C产品升级快，新技术发展迅速，这就要求这些产品需要在最短的时间内输送到客户的手中，并且加快商品的流通速度，同时一些高性价比物流的产品也需要高效能的物流体系来进行产品的流通，比如一些农副产品在流通过程中不仅要求物流的速度，同时还要求冷链物流来保证农副产品的新鲜度，这些商品的流通对于物流有了新的要求，同时也促进了所想要发展的绿色物流。

二、"一带一路"区域的绿色物流体系及建设思路

物流体系包括运输、仓储、流通加工、信息处理等构件，这也是面向"一带一路"区域绿色物流体系的基本构件。将高效、节能、环保等理念充分融入物流系统，才能更好地确保"一带一路"区域特色化的产品快捷高效地送达目的地，从而凸显"一带一路"区域经济特色。

（一）建立绿色物流源头

物流与生产的结合造就了包装这一环节，在实际操作过程中，包装对物流具有更重要的影响，但是一直以来，人们都将包装作为生产的最后一个环节来重点关注，而忽略了它同时还是物流的第一个环节，至少被重视的程度远远小于作为生产的终点所受的重视。如此一来，现行的包装设计的确是满足了生产的要求，但是却无法完全满足流通的要求。

在以实体经济为主要经济方式的时代，人们一般都在较小的范围内消费，这部分对于商品流通这一块的制约力度比较弱。

但是，随着电子商务越来越盛行，其在现在的经济模式中占主要位置，这时候商品流通就显得尤为重要，在商品流通的各个环节中，包装对于商品是否能够顺利的流转起着关键性的作用，为了与现代经济的要求相符，应该重新正视包装的重要性，积极响应"一带一路"所提倡的绿色物流，从包装开始，做好最为关键的源头建设。

与一些物流发达地区的物流源头建设程度相比，我们"一带一路"地区的物流建设的落后是非常明显的，但是这同时也使"一带一路"地区在建设绿色物流源头过程中，仅需要投入较少的成本便可实现。

1. 科学选择包装容器

包装容器因为"一带一路"的多样化运输方式于沿线国家与地区而被广泛应用。为了货物不会因人工的装卸而致损坏，现在一般以机

械化的叉车或者是吊车等来进行货物的搬运以及装卸。而为了对仓库的管理能以整体性的操作方式进行，通常堆码是用集装箱还有托盘来进行，且使物流的过程更为精简，而在仓库管理上也能更好的实现。在使用集装箱、托盘在仓库中作为存储单元储存货物时，可以增加仓储堆码高度，提高仓储密度和仓容利用率，实现高层货物仓库堆码的自动化，提高物流效率，降低物流成本。在清点、堆码及转库时，将集装箱作为储存单元可以采用机械分拣作业以提高效率。

2. 标准化包装规格

为了有效提高物流的运转效率，就要对产品的包装统一标准。

现在，物流基础模数系统的标准化是国际物流的主要指数，它的指标值主要包括仓储装置、运输装备、装卸设备、托盘、包装、单元货物等多方面构成，它要保证不同产品的运输能同时进行。物流标准于中国来说是以参考仓库、装卸搬运还有包装以及仓储等指数为主，处在"一带一路"之中的地区来说，产品的包装标准要从对运输成本的有效控制、促进物流效率的角度为着脚点，成品的包装以及它们的规格应当要充分考虑到沿线国家和地区常用的运输工具，可以保证当地已有的运输工具能够对其进行装载和运输。

所以，通过适应当地运输工具可以预先规定好包装的尺寸标准，这样一来就可以保证"一带一路"上的地区物流运输可以高效便捷，就是通过对集装箱、托盘的规格尺寸计算得出包装件的大小标准。在产品利用集装化对产品进行运输时，集装箱的大小一定要和每个程序的物流设施、设备还有机具相吻合，所以就要对产品的包装大小标准进行统一的规划。

3. 信息化商品包装

大量的使用巨量资源、云计算使得物流信息化高速发展。

现在，信息化已渗入到物流的整个环节，像物流信息处理的电子化和智能化、物流信息收集数据库化和代码化、物流信息传递的标准化和实时化等。

相比别的地区的物流进程，物流信息存储的电子订货系统、数字化以及电子数据交换等手段的使用都在迫使"一带一路"中的地区和国家来顺应现代物流的趋势。在现实运用时，首要任务是在商品的外包装上增加条形码技术、自动识别系统等多种技术来加快物流自动化的步伐，根据"一带一路"区域物流的现实情况，现在急需解决自动分拣系统、条码和语言等自动识别系统、货物自动跟踪系统、自动存取系统等给物流发展带来的制约问题，但是为了解决这些问题就要在产品包装上通过信息码进行鲜明的标注。

为了让消费者实时了解商品的相关信息，在一带一路的区域上，将二维码技术即其基本信息如生产日期、重量、检测员有效期以及制造商、价格等这些相关信息对商品包装予以应用，这样一来物流的运转速度就会明显提高。

（二）完善交通设施体系

1. 完善节点城市的交通网络

"一带一路"沿线的节点城市是"一带一路"区域构建经济网络的关键，完善节点城市的交通网络是提升物流效率的基本条件。

2014 年，安徽开通连接新亚欧大陆桥的货运专列，使安徽至中亚地区的货运时间大幅缩短，有效对接了绿色物流的发展理念。突破完善面向境内交通设施的限制，应当成为"一带一路"区域节点城市建构交通设施网络的出发点。

例如，福建应当立足地处长三角和珠三角，连接两岸三地，距东南亚、东非、大洋洲较近的区位优势，完善以铁路、高速公路、海空港为骨干和主枢纽的交通网络，立足拥有亚洲最大的铁路客运站、中国最大的陆地港口、两个功能齐全的综合保税区和两个出口加工区，以及通往中亚的国际货运班列等交通条件优势；陕西应继续推进交通物流枢纽和国际商品物流集散地中心建设，为企业对外发展打通物流通道；连云港作为"一带"和"一路"的交汇点、新亚欧大陆桥的东方桥头堡，与日本、韩国隔海相望，应基于这一区位特点，着力建设海陆空内河等多种运输方式相结合的立体综合交通网络体系，使其成为东北亚向西拓展和中亚地区东向出海的加工生产商贸物流基地。

2. 合理布局交通设施

"一带一路"区域自然条件复杂，为达到绿色物流的发展要求，各经济体应当有重点、有导向地合理布局交通设施。

在中亚、西亚地区，发展直航运输比公路、铁路等容易，建设周期和运行成本也较低。在东亚—中亚—西亚—中东、东亚—中亚—东欧两线，应优先考虑开通沿线各重要城市间的航线，建设全新的空中欧亚大陆桥。以高效连接东南亚地区和泛太平洋地区为目的，将广州建设成"一路"上的航空港。将西安、乌鲁木齐作为中国西部同中亚地区航空一体化网络建设的重要支点，拓展中国经中亚至西亚、东欧的航空市场。以重庆、昆明为基地，形成面向南亚、东南亚、泛印度洋地区的航线运力网络，发挥航空运输的先锋作用。在铁路建设方面，沿线国家和地区如土耳其、沙特阿拉伯、利比亚、伊朗、泰国、缅甸、老挝、越南和柬埔寨等均需升级铁路设施，如将老旧线路改造升级为高铁。

一般而言，发展中国家和地区、欠发达国家和地区对铁路设施的需求更为强劲，目前高铁技术已经较为成熟，在"一带一路"区域的物流运输枢纽布局中应将高铁作为运输网络的突破口。

综上所述，综合修建成本、环境影响和技术储备等因素，"一带一路"区域优化现有物流运输网络，选择合理的运输方式，不仅可以提高物流运输时效，还可以节省交通运输布局成本。

3. 发展跨境专线物流运输

跨境专线物流一般是通过航空包舱方式运输到国外，再通过本地合作公司配送至目的国。使用跨境专线物流能够集中大批量货物到某一特定国家或地区，以规模效应降低国际物流运输成本，形成价格优势。

在时效上，专业物流速度介于商业快递和邮政包裹之间。立足已有的物流专线，如郑欧班列、中俄专线、渝新欧专线、国际传统亚欧航线、顺丰深圳—台北全货机航线等，整合现有航空专线、港口专线、铁路专线、大陆桥专线、海运专线以及固定多式联运专线，制定专用物流线路，基本固定物流起点、物流终点、运输工具、运输线路、运输时间等，在"一带一路"区域快速发展跨境专线物流，以此规避清关与商检风险，提高通关服务效率。这一模式适宜专注于"一带一路"区域某一国家或地区市场的企业，或者到某一国家或地区货物量较多的情况。

（三）加大国际仓储建设力度

1. 鼓励大型企业建立海外仓

要结合实际情况来发展"一带一路"区域上的经济，对于各个国家中有实力有资本的企业来说，要鼓励且积极地推动其海外仓的建立，打破现有固定的物流方式于跨境中，摆脱以往的束缚。

企业因内生的需求而要进行市场的开拓从而建立起海外仓，将海外仓以媒介的形式存在，让企业能够第一时间了解到在国际市场的商机，同时还可使其利润增加并使其产品更具竞争力。

海外仓这一模式的优点在于：第一，物流的成本大大得到缩减，原因是其货物的运输是批量式的且有关退换货可就地处理并解决；第二，使物流的效率有了质的飞跃，原因是海外仓可储存货物，所以对于买家的订单可第一时间进行处理，包括货物的包装、分拣以及配送服务等。

举个例子，我国企业所创建的海外仓以仓储管理、头程运输和本地配送这三部曲为其主要的流程，在运输方式上，商家的商品会采用陆、海、空又或者是其他的运输方式来向海外仓予以输送，再利用系统即物流信息系统，对仓储于海外的货物进行远程的操作，而对于库存的管理是由商家以实时的方式进行，最终以订单上的信息为依据，让海外的仓储中心利用当地的快递或者是邮政的方式对客户进行商品的配送。

2. 有效对接境内仓和境外仓

不同于海外仓，境内仓和境外仓是在国家相关政策鼓励下，由大型物联网公司在"一带一路"区域的国家和地区建立或者租用仓库和分拨中心，提升国际物流效率。这就要求国家从顶层设计层面科学选址仓储建设地。

例如，在甘肃兰州建立境内仓，在吉尔吉斯斯坦建立境外仓，货物在兰州至吉尔吉斯斯坦的国际仓之间高效流转，可以直接由吉尔吉斯斯坦境外仓配送至俄罗斯、欧洲，也可以配送至西亚、波斯湾直至地中海。在北京建仓，以海上运输为主分为两条线，同时在南海建仓，一条线路货物经印度洋延伸到欧洲，另一条线路经北京到南海直至南太平洋。为达到这样的物流效果，需要"一带一路"区域国家和地区制定统一的境内仓境外仓对接规则，如仓库标准、仓储种类等，这有助于提升区域物流效率，也有利于充分利用沿线国家和地区资源，以最优要素组合原则实现环境与效率的协同。

3. 同步发展边境仓和海外仓

就好似前面所说的，海外仓的运行流程是有其自身独有的一套方式，不过像巴基斯坦、俄罗斯等"一带一路"区域的某些国家，其物流的效率会因为清关环节对其头程运输的过多流程以及严格的税收政策还有较高的费用而有所制约。

因此，可以将边境仓与海外仓有机结合，以合理规避这些问题。在实践中，在靠近周边国家的中国境内设立仓储基地，以此为中心通过邮政包裹发货到周边国家全境。

2014 年 6 月，首个对俄边境仓在哈尔滨落户并运营，极大地便利了周边消费者。

目前，第三方海外仓服务已经日趋成熟，许多中小跨境电商在没有能力建设海外仓的情况下，可以选择租赁边境仓、海外仓，以节省企业成本，提高物流效率。

4. 构建国际仓储信息系统

为了使海外仓、境内仓、境外仓、边境仓等国际仓储助力"一带一路"区域物流效率的提升，需要构建国际仓储信息系统。国际仓储信息系统旨在为一国物流提供境外远程仓储管理服务，如为企业提供仓储方案、统一接入客户订单等，信息内容覆盖头程运输、出口报关、结汇退税、海外仓储管理、尾程配送、售后服务等环节。

同时，根据"一带一路"区域各国相关法律条文，基于海关监管保税仓或普通仓提供"仓储＋配送"服务。构建国际仓储信息系统具有多元价值：

（1）全程跟踪产品流转轨迹。从境内国际仓发货至境外国际仓（包括收货、上架、下架、打包、签出等作业），派送至消费者手中，全程跟踪产品。

（2）订单管理自动化。通过分仓服务，将可发货订单自动下达至对应的仓库并发货。

（3）对接仓库服务与物流服务商。在货物出库交付至本地物流商时，智能获取物流轨迹，而无须登录电商平台或者物流官网查询。

（4）库存管理智能化。国际仓储能够帮助卖家了解每个最小存货单位情况，如产品的在途库存、在库库存、锁定库存等，同时帮助卖家调拨、转移库存。

（四）优化产品加工环节

伴随价值链和产业链的形成，物流体系中的增值环节不断增多，越来越多的产品在到达最终消费者之前经历了流通领域的加工环节。

立足"一带一路"区域商品交易状况，将绿色理念植入流通体系中的商品加工环节极为必要。将产品的部分加工环节由生产阶段转入物流阶段，不仅能够提升资源利用效率，还能提升产品价值，同时以规模优势降低流通成本。

例如，对流通中的生鲜鱼类产品进行加工，不仅可以将其内脏制成药物或饲料，鱼头和鱼尾再制成鱼粉，鱼鳞可以制成黏合剂等，还可以因集中加工而减少消费者分散加工形成的垃圾污染。从本质上看，流通加工是生产加工的完善和补充，在"一带一路"区域绿色物流体系的构建中，流通加工地点、产品加工方式的选择等尤为重要。若生产加工为大规模的批量化生产，流通过程中的产品加工是小规模的多样化生产为补充时，加工地点应选择在消费地，尽量实现物流过程的干线大规模运输与支线小规模配送。

同时，流通加工的方法与环节选择应建立在合理和必要、环保、节约的基础上，避免过于盲目或形成冗余。

（五）共建物流信息数据库

物流是产品在真实空间转移和信息在虚拟空间传递的双流通系统，且在现代经济模式下，这两者是相辅相成的关系。在"一带一路"区域，为了提升物流效率，必须大力运用云计算、大数据等现代信息技术，共建物流信息数据库，打造物联网。针对"一带一路"区域实际，物流信息数据库中至少应包含企业和政府的相关信息。

一方面，从"一带一路"区域的市场需求出发，将沿线国家和地区的消费、科技、资源、产品、组织等信息整合上传至区域物流信息数据库，以便供求双方定位目标市场和选择产品，降低流通成本，拓展区域物流空间。

另一方面，从"一带一路"区域国家利益出发，将各国涉及物流的政策法规、投资合作、生态环境、风险预警等信息上传至区域物流信息数据库，加强政策联通，以便各国的微观经济主体充分了解各国相关法律法规，防范政策风险。

三、构建"一带一路"区域绿色物流体系的效应展望

（一）绿色物流体系能够加速"一带一路"区域经济发展

物流产业刚刚出现之时，只是为了加快商品的流通。然而在消费地域范围不断扩大的今天，物流对于经济的发展越来越重要，其中包含的各种因素和需要考虑的环节也越来越多。现在的物流产业已经是一个复合型产业，其产业链包含了商业网点、仓储设施、运输工具、交通设施、信息技术、配送体系以及配套服务等方方面面的内容。

当今的物流产业有效地促进了产业结构的优化和区域产业链的完善，带来了服务品质的升级。同时，绿色物流平台还可以提供丰富的

区域经济信息，有利于各经济体之间的专业知识的互通，加快了产业融合的步伐。

商品的性价比不断提高，而物流的运作也强调高效节能。在这样的经济背景下，各经济体为了提高产品的质量，向产品的国际标准靠拢，纷纷开始使用更为先进的生产技术。标准化、国际化的产品品质提高了物流的效率，也使得区域经济体量有了大幅度的提升。

"一带一路"所涉及的区域经济价值在经济规模越来越大的今天越发突出，具有着极化效应、扩散效应、回流效应。而高新技术的发展又促使着区域经济结构的不断优化。第一、二、三产业具有各自明确的定位和发展方向，信息、金融等高端产业受到重视，与其他各产业紧密联系，相互促进。绿色物流体系作为正在进行技术革新和经济合作的各产业之间的纽带，具有重要作用。而通过对于"一带一路"区域的物流升级，能够使市场需求得到满足，区域经济获得持续稳定发展。

（二）绿色物流的集聚效应分析

1. 产品的集聚效应

"一带一路"区域经济体要求扩大经济合作的区域范围，而这一目标的达成需要依赖于物流产业的发展。绿色物流体系能够高效地、低成本地获取"一带一路"区域的各个市场信息，再将这一信息传递给生产企业，使生产企业能够及时根据市场信息调节生产，避免生产的损耗。

这样一来，"一带一路"沿线的各个生产企业的收益就得到了保障。而由于其产品满足了市场需求，消费者的期望得到了回馈，则会促进市场需求的可持续性增长。生产企业通过对于市场需求状况的分析和预期，改进产品性能以优化企业产品价值链，或者扩大生产规模以稳固产品供应链，这就使得企业能够充分利用市场的内生动力来实现发展，产品供给和市场需求之间产生了良性循环。

除此之外，在对市场需求进行分析和推测的过程中，企业会对产品的性能进行改进以促使产品价值的提升，而这就对企业之间的合作产生了过多的要求。各个产业之间和不同企业，尤其是上下游企业之间的联系越发密切，跨境合作越发普遍，会促使"一带一路"沿线形成区域产业集团，推动企业的共同发展。

2. 物流信息的集聚效应是商品流、资金流与信息流的有机融合

在"一带一路"区域绿色物流之中，信息流是中流砥柱，推动着物流在质量方面的提升。"一带一路"沿线地区和国家应该联合起来，实现信息的共享，规避一些因为信息不及时或者信息的短缺而产生不利于绿色物流体系构建的情况发生的风险。绿色物流体系把"一带一路"区域的仓库存储的构建向国际标准靠近，这样商品在配送、装载、转移等各个环节中所花费的时间都将大大缩短，另外由于国际化的标准从很多方面都对物流的品质做出了严格的要求，从而使得"一带一路"区域的物流品质得到了很大程度的提升，这样还可以吸引其他区域的产品在此区域流通，为"一带一路"区域的物流发展积累了大量的资金。

以发展的眼光来看，"一带一路"区域的绿色物流体系在资金流、商品流及信息流三者的积极作用之下，进入到可持续发展的进程之中只是时间的问题。

（三）绿色物流的规模经济效应分析

1. 绿色物流降低"一带一路"区域的物流成本

正常来说，监督、使用和信息的采集等方面的成本构成了物流成本。在绿色物流体系中，物流成本的这些部分都会降低。

第一、绿色物流体系中所建立的信息共享平台，各企事业单位、个体经营户等经济主体直接可以在平台上发布或提取有关信息，仅信息采集这一点就可以节约大量的成本。因为这个信息平台就是一个信息库，信息量非常庞大，任何企事业都可以从中提取对自己生产经营有利的信息，经过对信息平台的数据进行分析，还可以得出如市场需求情况、消费者的喜好等结论，从而帮助企业更好地获取市场份额的

信息，也更有针对性的把握和开拓市场，并且这些信息的准确性远远大于企业自己负担费用而搜集到的信息。

第二，将物流作业的流程标准化可以使商品在流通中所产生的使用成本降低。高效、节能是绿色物流的宗旨，在这项宗旨的指导下，"一带一路"区域的物流能够快速地向国家化和标准化转变，在这个转变的过程中，仓储、包装还有设施的标准化起到了至关重要的作用。打个比方，包装的标准化对于商品的外形尺寸和重量都做了非常严格的规定，这样有利于商品的存放和运输，同时也使包装材料的处理方面所耗费的成本（人、物、财）降低，不仅保护了环境，还使物流的成本减少，效率升高。不止这些，由于"一带一路"区域中有很多的企事业单位等都在绿色物流平台汇集，这就使得很多的基础设施的使用频率加大，由此而产生的成本均摊到每一项物流活动中，反而降低了。

第三，随着物流产业向标准化和国际化发展，物流的监督成本大大降低。绿色物流体系在众多的环节中降低了成本，节约了时间，提升了效率，国家与国家之间的经济协作越来越密切，很多看似没有关联的行业都是相互关联、相互贯通的，这些行业达成了统一的认识，使得"一带一路"物流产业的区域一体化进程加快。在区域一体化加快的同时，物流作业的标准化程度也大大加强，如此一来，物流的监督成本就自然而然地下降了。

2. 绿色物流有助于构建销售共享网络

"一带一路"区域绿色物流体系使得很多原本交集甚少的经济体之间的联系突然紧密起来，大量的数据共享使得各种产品的生产地和消费地被世界各地的生产者与消费者所知晓，这就可以为产品的提供者与产品的需求者提供众多选择，他们则可以选择能够使自己利益最大化的经济方式，市场机制正式启动并且开始发挥作用。区域与区域之间的各种流通活动（资金流、物流、信息流、商业流）的规模逐渐扩大，经济网络也慢慢地建立了起来，而这些正好也是"一带一路"最基本的目标。

"一带一路"区域的经济建设在绿色物流体系的驱动下，速度加快，每个国家的需求信息都可以在信息平台上知晓，这样商品就可以在最短的时间内找到与其相对应的市场，销售的共享网络也随之建立了起来，这为"一带一路"区域提供了极大的便利，这些地区高效率地实现产品价值的时候，并不需要较高的交易成本，同时也为"一带一路"区域经济发展水平的提高打下了扎实的基础。

四、绿色物流的生态经济效应

实行绿色物流体系，对于"一带一路"区域来说具有非常重要的意义，这将全面改善这些区域的生态环境，提升生态价值。

（一）环境损耗小

绿色物流的宗旨就是节能、高效，所以绿色物流体系在运行的过程中，此宗旨贯穿始终，借助现代化的工艺技术，使用环保型的机器设备，对物流中的所有环节，如包装、加工、运输、装卸等环节中所产生的噪音和废气、废水以及固体废弃物进行有效控制，使其远远低于传统的物流方式。

（二）节约经济资源

绿色物流是指商品的每一个环节（加工、包装、存储、运输、配送）的原料、能源的消耗量对比传统的物流都大幅度地降低了，同时物流运行过程中的原料、能源消耗降低的幅度也较大，如此一来，企业的生产成本、运行成本也就大大降低了。这对于"一带一路"地区的一些企事业单位及个体经营户来说，无疑是提升了他们的产品在市场中的竞争力。

（三）创造一系列的增值流

这些增值流具有连续、直接、及时、不回流的特点。连续也就是无间断，指在"一带一路"区域中的物流活动中，绿色物流是贯穿整

个物流过程的；直接也就是无绕道，指根据"一带一路"沿线的一些
情况，如基础的设施、自然条件，进行综合分析，规划一条最优的物
流线路；及时也就是无等待，指对"一带一路"区域内的仓储的质量
和地点、仓储建设的目标做了充分的了解之后，来对仓储作出合理的
规划；回流一般出现在商品的加工以及流通的部分，不回流就是指利
用发达的技术使资源的利用率提高，尽可能避免资源的浪费。通过对
"一带一路"区域使用这些增值流手段，使得这些地区的绿色物流的
效率越来越高，区域范围内的资源也逐渐地实现最优化。

五、"一带一路"区域绿色物流体系建设的保障措施

（一）形成发展绿色物流的共识

以物流公司为核心的绿色物流在建立过程中，需要在各个环节贯
彻并坚持绿色的观念。综合以往其他国家的发展经历，结合"一带一
路"的经济状况，如同在可以利用消费的角度推动生产一样，可以利
用环保的观念促进相应流程的完成，这种途径可以在减少成本的基础
上，有效提高市场化程度。

在"一带一路"区域，可以有效地指引并促使绿色的消费观念的
形成，因为人们的观念还未完全形成。区域内的消费模式会伴随着人
们"环保、节约、合理"的消费观念的形成而发生改变，为了保证足
够的市场份额，经济主体需要遵循市场经济的规律，确保产品的整个
生产链条实现环保、经济、高效的发展，实现真正意义的绿色环保。

形成发展绿色物流的共识是很有必要的，举个例子来说，消费者
在接受并选择市场上提供的环保包装的产品、绿色的商品、物流方法
后，会促使产品的生产商、供应商等在生产的各个环节将环保的观念
加入其中。这样的话，产品的购买者转被动为主动，整个社会的经济
品质会有逐步的提升。

（二） 制定统一的物流服务标准

目前来看，想要建立"一带一路"区域完善的物流体系，制定统一的物流服务标准迫在眉睫。

以商品的通关来讲，目前，存在同一商品在不同国家执行不同的商品检验标准的现象，导致了商品不能快速顺利地通过检查。在"一带一路"涉及的区域，在不断提高产品质量的同时，还有必要制定相对一致的物流服务准则。这需要区域内的国家充分交流，力求在各个方面贯彻绿色物流理念，包括排放要求、物流车辆、装载工具、产品包装等，建立统一的服务标准。只有这样才能提升工作效率，避免因不同国家的工作流程，执行标准不同而耽误时间，也不会出现有的国家在商品跨境的过程中为了满足别的国家的不同要求而临时改变物流的环节的现象，大大节约了物流的成本。在"一带一路"的国家和地区制定标准一致的物流服务体系，涉及的产品特点鲜明，可以有效促进地区经济的发展，提高人们的生活水平。

（三） 强化"一带一路"区域物流信息系统

"一带一路"区域的物流体系需要强化的物流信息系统，这构成了体系建设的重要支柱。主要包含以下两个方面：

（1）建立完善的数据库，将大量的信息物流信息整合在一起。为了巩固"一带一路"涉及国家和区域相关物流服务体系的基础，在各个方面加快标准化建设的过程，例如，在单证方面，应该按照统一的国际标准制作，并加快速度；在涉及物流运输方面，采用国际统一的标准化流程，包括产品的包装、货物的装载移动装置、物流运输的车辆、仓库的存储设备和条件，这些也有利于其他国家简化物流服务的工作；在标准化作业方面，整个操作过程在数据库内信息的指导下进行，有效提升物流服务的工作效率和质量。

（2）加强信息化建设，在"一带一路"沿线建立物流信息服务平台，带动偏远地区和经济欠发达地区的发展。通过用户信息的安全和透明，使效率大大提高，并且让用户体验了一条龙的物流服务。

（四）深化物流专业的人才培养

绿色物流是一种新生事物，需要的是高素质人才，为了顺应"一带一路"区域的发展要求，物流业也必须遵循高效节能的宗旨。其所培养的物流人才，不仅要掌握"一带一路"市场的实际供求情况，熟悉环保理念和绿色理论，还要深入了解沿线国家和地区的物流流程与环境状况。通过分析沿线国家的物流企业市场分布情况，相关的科研院应该协助物流企业培养更多的绿色物流人才，提高其综合能力和应用性。同样，物流企业也应该以不同的方式与学校合作，通过实践来培养定向人才，甚至可以直接与研究机构合作，提供更新型的物流服务。为了绿色物流能够在"一带一路"区域进行可持续发展，就要有机结合产学研的资源。

第五节　区域物流"立体化"

随着社会经济的发展，区域物流"立体化"发展已经越来越不可或缺，这种由经济发展而产生的行业也在推动着社会经济的递增发展。在新的经济形势下，大物流要想适合经济发展的需要，就要综合运用不同的运输模式，在降低运输成本的同时提升运输速度，也保证服务质量。本节就是探讨关于海、陆、空三种运输模式在大物流体系中的合理性。

现代社会经济的发展离不开社会大物流的催化作用，如果没有物流产业，不仅商品的交易会直线下降，甚至可以明显地减缓整个社会经济的发展速度。

然而，经济效益才是追求快捷物流的根本目的，为了使社会大物流体系确立稳定的实际意义，务必要结合效率与成本两方面的因素，来探讨大物流体系的合理性。

一、社会大物流及物流合理化概述

（一）社会大物流

大物流指的是企业将自身配有的物流和企业之外的、专业的物流企业进行信息的交流及资源的共享，以达到最大限度地利用社会资源，减少物流成本的效果。因为大物流牵连着整个社会经济，其所涉及的各个层面的因素也复杂多样，导致这样一个特殊行业很容易因社会上发生的细微变化而受到严重影响。

（二）物流合理化

物流合理化，指的是在进行物流设备的配置及安排物流的活动时，要进行科学整理，使得整个物流过程既是成本最低的，也是效率最高的。理想的产业界不断追求的终极目标，就是让物流管理工作更加合理化。

二、如何促进社会大物流的合理化

（一）需要企业的全体员工都认识到物流合理化的重要性

首先，了解了物流合理化的重要性，就可以有效地统一各位员工的行为。

其次，物流不是简单的运输产品，企业的生产和销售等各个方面都离不开合理化的物流，为了避免企业的物流出现问题，必须协调好物流过程中的各个环节。

另外，企业的物流部门对物流的合理化负主要责任，但是企业的生产和销售以及设计等企业的其他各个部门的所有员工，也要充分配合物流管理部门，并认识到物流合理化的重要性。

（二）企业的决策者要高度重视物流合理化

企业的决策者不能因为每天要面对繁杂多样的企业事务，或者是因为对物流的了解不多，而忽略了物流的重要性。为了让企业的利益效果达到最大化，企业的决策者不仅要关注企业的生产、销售、市场情况等信息，更应该重视物流环节的合理化。

（三）制定企业物流体系合理化的目标

有的企业为了满足本身的需求，而专门成立了物流部，用来负责本企业的全部物流业务，也有的企业为了节省成本，只是与第三方物流公司合作，共同完成企业的物流业务，还有的企业因为物流业务量较少，就完全依靠第三方物流来承担商品或产品的配送工作。所以，不同的行业或者不同规模的企业，应该根据对物流的不同要求，制定符合企业自身情况的物流体系。

三、构建海陆空多式联运体系

随着社会的发展，现在物流产业中的运输方式也发生了很大的改变，现阶段我国物流运输包括陆运、海运和空运三种方式，这三种方式各有特点，存在许多差异，因此对合理化物流也会产生不同的影响。

（一）物流合理化方面所存在的问题

1. 海运方面

（1）目前我国的海运上存在一些缺陷，对进出口贸易的物流会产生较大的影响。这是因为我国的港口数量不多，航线也较少不够完善，总体来说海运的资源并不丰富，如此一来特别影响进出口贸易的及时交易性。

（2）我国在海运运输方式中，在港口数量和航线的规划布局上也存在一些问题，再加上我国各个层次的货船搭配和货船本身的设计的不恰当，导致香港成为我国与非洲、美洲和大洋洲的中转站，大量出口货物在这里堆积，出口成本增加，对我国出口贸易产生不良影响，不利于我国出口产品在国际市场的竞争。

2. 铁路运输方面

铁路运输在我国起步较早，在物流系统中承担了较大的运输物流的比重，但是这种运输方式容易受到客流量的影响，一旦遇到人流量特别大的春运时期，铁路运输本身在客流量上就承担了较大的压力，再加上物流压力，铁路运输不堪负重，而且在春运期间铁路的运转效率与平时相比也慢了许多。

3．航空运输方面

航空运输在我国起步比较晚，目前国内很少有飞机和航线专门用来运输货物，较多的航空运输都是搭乘客用飞机顺便运输，其中最大的不足就在于运费相对其他方式比较高，随着物流产业的规模化发展，这样的高成本的运输方式很难适应物流合理化发展。

（二）影响到物流合理化的因素

物流的合理化发展与降低物流成本息息相关，同时物流成本要想降低首先要设法降低其中的运输成本，但是运输成本的高低又与距离、工具、时间和整个运输环节有密切的关系。

（1）在货物的运输过程中，运输距离的远近直接决定了运输物品需要花费的时间、过程中产生的损耗程度和丢失概率，以及运费的高低。总体来说，对于物流公司而言，要合理规划运输的路线才能尽可能降低运输时间和运输费用，提高运输的效率。

（2）在运输过程中，对不同远近的距离要合理规划运输工具的使用，以充分发挥它们各自的优点，达到事半功倍的效果。

（3）在物流运输过程中，运输时间决定了运输效率和运输成本的高低，如果物流企业想降低物流成本必须尽可能的节省运输时间。

（4）货物的损坏率与运输环节直接挂钩，这是因为运输环节设计得是否合理决定了运输过程中对货物的搬运、卸装次数，一旦这个次数增加，则容易产生较高的损耗度和破坏率，因此物流企业要合理设计运输环节，才能降低运输的次数，减少损耗度。

（三）运输中存在的不合理现象

（1）对流运输是指在运输过程中，同一线路或相平行、平等的线路同时运输了同样的产品，或者在使用上不会造成其他影响并且能够相互替代使用的产品，这样导致运输资源的间接浪费。这种现象是运输过程中的非合理现象，而且常常出现。

（2）单程空载是指这样一种现象：运输工具，比如船、汽车、货车和飞机等在去或者回来的路线中发生运输工具空置、闲置的现象，这是对运输工具的浪费，这也是一种非合理化的运输现象。

（3）对运输工具的选择不恰当也是在物流运输过程中经常发生的情况，这样不仅无法充分发挥出运输工具的优势，而且还增加了物流成本，导致整个物流费用增加。

（4）过远运输是指物流企业舍近求远，选择距离较远的地方的运输资源忽视距离较近的运输资源用来进行物流运输，这是对运输环节设计不合理产生的现象。这种情况不仅增加了运输时间和产品的耗损度和破坏率，还增加了物流成本，降低了运行效率。

（5）重复运输是指在运输过程中物流企业的设计不合理导致运输环节和中转环节的增加，使得本来可以花费更少时间和成本就能到达目的地的产品还要经受更多的波折，多几次搬运和装载，这样不仅增加了产品的损耗度和破坏率，还增加了搬运成本，使得整体的运输成本增加。

四、如何构建海陆空多式联运体系

（一）选择合理的运输方式

不同的运输方式根据其优势和劣势的不同，适用于不同的使用情况，所以物流企业要根据运输产品的特点、运输距离的远近等各个因素来选择合理的运输工具。

（二）针对不同运输方式存在的问题有针对性地加以改进

1. 铁路方面

（1）铁路运输主要是依托目前的铁路网路线开展运输工作，因此要改进铁路运输可以从铁路网的完善上着手，同时为了更好地规划物流路线，还能结合先进的科学技术更好的运输路线进行分配。

（2）铁路运输方式可以通过提高铁路的运转效率和运行速度从而提高物流运转的速度。

2．公路方面

公路运输的物流部分可以对市场进行细分，利用自身可以送货上门的优势开展配送、货代等业务。

3．海路方面

（1）根据需求完善海港和海上路线的建设，从而提高海港的运转效率降低成本。

（2）调整货船的设计结构和各个层次货船的搭配，增加一些专门进行运输作业的船只，对那些安全系数不高、使用时间较长的船只进行整改或淘汰。

4．航空运输方面

（1）增加专门从事运输作业的飞机，从而提高航空运输的运行效率，降低运输成本。

（2）不断完善和提高机场的运转效率，用更先进的技术和设备完善飞行设备，以降低气候对飞行的影响。

（三）　选择正确的运输路线

一般而言，在物流运输路线的规划上可以尽量将出发地和目的地之间的路线呈现直线，这样距离最短，从而实现高效率和低成本的运转。

（四）　增强运输能力

还可以对现有的运输工具稍加改造，增加一些能源动力在运输过程中的比重，减少人工在其中的使用，不仅可以减少人力成本，提高了运输工具的运转效率和速度，而且运输工具达到相同运转速度的原料消耗更低。比如汽车运输中可以增加挂车，火车运输中可以增加车厢，这样便增加了运输工具的运行动力。

在现代社会中，构建海陆空多式联运体系关系到社会经济的发展，物流企业在综合使用海运、空运和陆运等运输方式的时候，必须注意整个过程中的合理性，因为物流行业是一个复杂的行业，比较特殊，各个环节和因素之间都是紧密相连的，增强运输能力能提高运转效率和速度，降低运输成本，从而产生更多的利润，物流企业才得以在物流市场中处于不败之地。

第六章 "一带一路"背景下区域物流产业发展路径

本章阐述了区域物流的科学发展规划，并重点探讨了区域物流产业集群理论基础以及培养区域物流产业集群的政策、建议，同时进一步对中国物流产业的发展现状进行了总结，对未来发展提出了展望。

第一节 科学的区域物流发展规划

一、物流规划基本要件

与产业概念所表达的产业发展内容不同，按照物流产业发展规划的理论与方法，规划层面对物流产业的发展问题有其特定的表述方式，需要遵循规划的相关原则和思路，应当形成符合规划要求的物流产业发展层次与相应系统。

虽然不同层次和范围的规划在具体内容上有所不同，但较为核心的部分应具有相近性，这些核心问题是各种规划过程中必须涉及的，由此形成了物流产业规划的基本要件。

（一）基本宗旨

1. 关系基础和基本关系

（1）促进经济发展方式和运行模式的转变。推进物流业发展的核心目的在于通过物流管理技术在工业、流通、交通运输服务等产业领域的应用，使这些行业的企业管理流程得到再造和提升，实现物流成本的有效控制和不断降低物流成本，并使企业运行效率得到实质性的提升，实现经济发展方式转变与增长质量的提升，通过物流技术的应用，贯彻和落实科学发展观。

（2）从技术和服务层面推进发展。在相关行业和企业应用物流技术的过程中，将因专业化管理能力的要求和社会化服务、核心竞争力的培养需要，促进企业物流的外包，从而培育物流服务需求，扩大物流需求规模，对物流专业化服务的发展形成有效支持，对将物流业培育成新的服务产业，不仅对提高服务业的发展水平、质量和效率具有重要作用和意义，而且还可以扩大就业。

因此，物流业与国民经济和社会发展关系密切，需要从物流与经济社会发展关系层面，即从物流技术应用和服务发展两个方面，积极引导和推进物流的发展。

（3）从产业系统建设层面推进发展。鉴于物流与经济社会发展的关系，考虑到物流业的基本特征，为引导物流基础设施的空间布局与服务组织，推进物流管理技术在相关行业的应用，提升物流服务的质量和水平，需要在深入分析经济社会发展状况、趋势和产生的物流需求的基础上，按照物流业的发展特点和与经济社会的发展关系，对物流产业发展问题进行系统研究。

随着经济体制改革的深入开展，现在我国的经济发展的关键环节是如何调整经济结构，充分向市场经济的模式转型，促进产业化水平的快速提高；加快发展商贸流通等服务产业，积极营造大流通的良好环境，寻求加快发展第三产业和调整经济结构的突破口，已经是我国经济持续发展的重要推力。因此，应通过制定科学的现代物流产业发展规划，加快推进我国现代物流的发展，充分发挥现代物流在推动我国经济发展中的重要作用。

对于西方国家来说，他们经济发展速度较快，经济比较发达，物流产业在他们的经济结构中不仅是扮演运输的角色，更多的是一个管理者，为工业和农业产业链的各个环节服务，产业的生产和最终面向消费者这个完整的过程中都有它的身影，主要体现在生产、存储、运输、流通、提供信息等各方面都少不了物流的作用。这样物流环节与企业的存储、整理、加工、运输、配送和装卸等环节紧密结合，共同形成一个完整的系统，共同为消费者服务。综观现代物流的发展历程可以看出，现代物流对提升企业经营管理素质和水平，对帮助企业按照市场需求组织生产，加快商品流通速度和有效控制并减少库存，进而对企业在市场中形成强大的竞争优势、推动国民经济和社会经济的又好又快的发展过程中扮演不可或缺的角色。现代物流的特征和发展趋势，对处于经济转型，需要提高各层次产业的产业化水平，积极培育新的经济增长点，以适应和应对加入WTO后的国际经济竞争等，均会起到非常重要的作用。

因此，加快我国的现代物流产业发展，将具有积极的战略意义。

（1）推动产业升级。由于物流对现代工农业生产及商贸流通发展所具有的基础性的推动作用，发展现代物流就成为推动我国产业升级和提升竞争力的重要途径。特别是目前我国制造业、农产品加工和零售业均处于加强整合和尽快做强、做大的关键时期，加快现代物流的发展，提高物流服务的畅通性、准确性和稳定性，提高物流服务效率，将为我国制造业、农产品加工和零售业发展新兴业态提供更大的市场空间，提高产品对市场的快速反应能力，从而为企业抢占目标市场并拓展市场空间，并为提高企业竞争力与市场占有率提供强有力的基础和支撑。此外，加快现阶段物流行业的发展速度和质量也为更多服务产业和经济增长点萌芽、发展、壮大营造了良好的氛围，对加快我国服务业的发展具有十分重要的意义。

（2）加快推进体制改革。我国经济体制改革正处于攻坚阶段，必须要加快发展现代物流。通过现代物流在政府管理方式、行业管理体制与协调机制、地区经济合作与产业布局、企业管理方式、企业信用及相互间的经济关系等方面的积极改革，消除影响现代物流产业发展的管理体制、制度等因素，从而更加有力地推进我国经济发展的市场化进程。

（3）应对经济全球化挑战。随着经济全球化的趋势不断加剧，跨国企业在国家市场中的地位越来越重要，这极大地改变了全球资源配置的结构和竞争格局，推动着市场竞争发生的范围和规模以及经济发展的态势不断延伸扩展。因此这对我国的物流产业和物流企业也是一个巨大的挑战，我国的物流产业和企业要想在市场竞争和国际竞争中取得较大的优势，首先从硬件上看，必须建设和完善物流运输的基础设施，构建完整的运输网络；从软件上看，政府可以出台相关的支持政策，营造良好的国内投资氛围，双管齐下，这样我国的物流产业才能打造出一个服务质量高、成本低、运转效率高的网络系统，从而我国的物流产业和物流企业才能在国际市场中占有一定的优势，并且在其中扮演越来越重要的角色。

2. 基本原则

在制定物流产业的详细发展细则时，要综合考量物流产业的复合性特征和指导物流产业宏观发展的规划，首先必须明确其基本原则。

为发挥物流产业发展规划的编制者、执行者（不同层级的政府部门及企业）在推进物流产业发展中的宏观引导、行业管理、物流运作等方面的作用，物流产业发展规划应遵循"整合资源、发挥优势，广泛参与、全面推进，培养能力、提高动力，改善质量、提升地位"的基本原则。

上述原则是对目前既有物流产业发展规划的总结，并非具有普遍的适用性，特别是不同类型物流产业发展规划的侧重角度存在差异，以及规划主体或执行者的层次不同，物流产业发展规划应遵循的基本原则应也有所不同。

（1）整合资源、发挥优势。充分整合规划区域、生产、流通和运输、仓储等企业角度的物流资源，合理整合与科学配置现有的资源，提高物流资源单体及整体的利用效率；努力发挥规划区域、企业的产业、交通和地理区位等方面的优势，积极挖掘区域及企业发展物流的潜在能力。通常可以将区域或企业的物流基础设施系统建设作为整合资源、发挥优势的切入点，通过对现有设施和未来规划设施进行空间布局、功能等方面的优化，建设具有综合功能的物流园区、物流中心、配送中心，以及具有物流服务功能的综合运输枢纽、场站系统，协调、控制、组织和引导物流服务的供给与需求市场的快速形成，提高物流产业发展与服务水平。

（2）广泛参与、全面推进。物流技术的应用和服务的开展是建立在区域或企业物流系统之上的，由于物流管理和运作的基础是企业，包括工业制造、流通和运输、仓储等服务企业，需要企业之间及内部对既有物流相关管理与运作模式进行创新。

因此，无论是区域还是企业，为体现物流的发展实质和特性，在推进物流的发展中，均需要充分调动区域内物流产业相关各方面的积极性，使政府部门、工业企业、流通企业、物流服务企业综合利用物流产业中的各方面因素，全面建设和完善物流系统，促进物流行业的高效、全面发展，包括市场培养、建设基础设施、综合运用管理和运营服务等方面，从而形成良好的市场环境、管理机制、运行制度和政策因素都会成为物流产业全面、统一、和谐发展的重要推力。

（3）培养能力、提高动力。为发挥规划对物流产业发展的指导作用，也使规划在内容和具体运作上落到实处，要通过扶持和引导规划区域内的重点物流服务企业、物流技术应用企业，培养区域物流产业发展能力，并通过上述企业的带动作用，提高规划区域或企业在积聚物流服务市场和服务运作方面的发展动力，使物流成为支持优势产业和企业在壮大经济实力、巩固经济地位、提高效率、降低成本等方面的核心竞争能力，全面支持区域、企业的结构调整、产业升级与产业辐射力的扩展，提高经济发展的总体质量和水平。

（4）改善质量、提升地位。物流作为改善区域产业布局的环境条件和企业运作管理的技术手段，决定了物流业发展中必须首先解决规划范围内的物流产业发展问题，构建区域或企业物流产业发展所需要的物流系统，满足物流为规划范围内自身的经济社会发展服务的需要。

同时，物流作为产业存在的价值是能够不断扩大和提高其在区域经济发展中的地位，而这个过程是不可能在自身的区域范围内实现的，主要原因是服务对象产业的成本消耗是物流增加值的主要来源，区域物流增加值不断增加和物流产业发展地位不断提升，意味着区域物流成本的上升和竞争力的下降，与物流产业发展目标相违背。

因此，提升物流产业地位的途径必然是区域物流产业的发展竞争性，为此，需要全面增强规划区域的物流产业发展能量，培育区域物流集中发展的凝聚力与扩散力，提升区域物流产业发展地位，做大做强物流产业，实现物流业发展战略目标。

3．指导思想

在物流产业发展规划的基本原则下，为推进物流的发展，还必须创新物流产业的管理工作和服务工作，物流产业是一个特殊的行业，与传统产业有很大的不同，因此为了满足自身的发展需求和服务对象的需求，还必须对物流产业的运作方式和管理方式进行创新，从而综合各项因素促进产业又好又快的发展。

因此，需要确立在规划过程中能很好地指导物流产业发展的基本思想，根据目前国内外物流产业发展规划的现状，指导思想大致可以归纳为："主体引导、市场导向、营造环境、培育产业、流程再造。"

（1）主体引导。编制物流产业发展规划的目的主体是政府和企业，在制定物流产业发展规划后，引导主要体现在三个方面：

1）对物流基础设施规划、布局和建设的引导，促进物流服务功能的配套和完善，防止重复建设和盲目竞争；

2）对规划区域需要的第三方物流企业的引进，高起点推进物流业的发展；

3）对物流信息平台建设、人才引进等关键的物流产业发展领域的工作的引导。

（2）市场导向。积极发挥市场机制配置资源的作用，使市场手段成为规划区域物流基础设施建设、企业物流技术应用和专业化物流服务企业发展的重要力量。

（3）营造环境。政府通过制定适合物流业发展的土地、税收、市政设施配套、交通运输网络衔接等的政策，营造物流基础设施建设和第三方物流企业引进与培育的良好政策环境与条件，加快物流业的快速发展。

（4）培育产业。要把工业企业物流技术的应用和专业化物流服务的发展放到同等重要的地位，通过需求与供给的共同发育与匹配，以及物流基础设施系统、专业化物流企业的发展，培育规划区域现代物流产业，使物流业成为规划区域新的经济增长点。

（5）流程再造。物流业的发展最终反映到工业企业的物流管理和专业化物流企业的服务上，物流基础设施的建设和运营也需要得到企业的参与。

因此，规划区域在物流产业发展的指导思想上，应充分调动企业的积极性，推进各类企业物流管理、物流服务与运作等流程的再造，使规划区域物流业的发展得到企业运营机制转变的有力支撑。

4. 发展理念

（1）供应链理念。按照对区域现代物流业发展战略的定位，发展现代物流业不是就物流论物流的问题，而是需要相关产业的发展模式改造跟进与物流创新两个方面同时推动，即实现物流与制造业、流通业、运输仓储等服务业的联动发展。从现代经济发展环境下的企业发展关系出发，发展物流产业需要建立在供应链的理念基础上，以便在微观上形成企业供应链管理系统，在宏观上形成供应链为主导的产业组织。

1）供应链物流管理。要提升供应链管理与服务能力，采用信息化管理技术与手段，形成区域或企业物流基础设施系统、物流企业系统、工业企业物流系统、流通企业物流系统之间的紧密衔接和物流运作上的一体化。

2）供应链物流服务。要积极培育具备与区域物流系统、工业与流通企业系统发展特点和运作模式所产生的物流需求相适应的供应链物流服务系统，特别是具备原材料的统一采购、产品的生产和销售组织，以及相关的物流配送服务能力相匹配的供应链物流服务企业的培育和发展。

（2）系统化理念。在信息技术和供应链管理的支撑下，现代物流业的重要特征是运作的网络化、服务的精细化和管理的扁平化，加之物流实质是成本控制、效率提升和服务创新，这些重要的特征决定了规划的制定中需要综合考虑各个方面的因素，并通过规划实现物流系统的总体最优和系统化发展。

1）物流产业发展的系统化。要从系统工程的角度，综合考虑物流产业发展和物流管理与运作中的诸多因素，既要突出重点，又要形成整体，通过较为完整的物流产业体系的规划，实现物流业发展的系统化。

2）物流基础设施的系统化。在物流产业发展的系统化前提下，为发挥区域或企业在物流产业发展中的运作、管理、服务功能，要制定系统性的物流基础设施建设与发展方案，以利于区域或企业物流资源的充分合理利用，形成空间布局合理和功能齐全、相互配套、运作顺畅的物流基础设施系统。

3）物流服务企业的系统化。从提供完整、高效、低成本的物流服务的角度，推进物流服务企业的系统化发展。既要培育和发展供应链管理与经营的"高端"物流企业，更要努力促进既有传统的运输、仓储企业、运输代理企业的经营管理升级，提高服务效能与降低运作成本，形成各类物流服务企业的配套发展。

（3）多式联运理念。物流的基本活动之一是运输管理和运作服务，而网络化的物流运作与管理特征决定了在实现物流管理和运作的过程中，需要多种运输方式的参与和多个运输环节的衔接，而多式联运技术是解决上述问题的重要技术和服务基础，为实现物流业的高效率、低成本发展，必须树立多式联运的发展理念。

1）基础设施布局建设。

在对物流园区、物流中心、配送中心、运输枢纽等物流基础设施的布局和建设规划中，要树立多式联运的理念，应选择便于多种运输方式衔接的区域，或在设施内实现多种运输方式的有机衔接，既为物流的组织和服务提供运输环境的支持，也使物流的运作具有不同运输成本、能力和效率的运输服务的选择。

2）物流运作服务。要从不同运输方式的技术经济特征出发，进行物流运作服务上的多式联运组织，使物流的运输服务环节更具有效率和成本优势。特别是要依托港口、铁路、公路、航空运输网络和枢纽，以及物流园区、物流中心、配送中心等物流基础设施，实现多种运输方式的有机和无缝衔接，并利用多式联运技术和装备，建立利于物流一体化服务和全程高效率运作的多式联运系统，满足物流运作特别是供应链管理与服务对运输服务的需求。

（4）区域合作理念。物流产业发展中的供应链、系统化和多式联运理念决定了物流系统的开放性，以及实施物流产业发展的跨地区特征，为此，必须建立区域性的合作关系，以便形成全面、系统推进物流产业发展的基本环境。

1）区域分工。

不同区域和同一区域的不同城市、物流枢纽，其物流组织与服务的区位优势和功能往往存在差异，这种差异决定了在进行一定范围的物流产业发展规划时，要从发挥区域优势和实现资源的合理配置的角度，加强区域之间的分工，积极协调区域与区域之间的发展关系。

2）区域合作。从物流的网络化和系统化发展特征出发，为实现区域之间的分工，需要突破行政区划界线，进行物流产业发展上的充分合作，以便建设满足区域之间物流服务需要的物流系统，形成区域物流协同发展的局面，加快区域物流市场的培育。

5．发展方针

按照物流业发展规划的基本原则、指导思想和发展理念，在制定物流产业发展规划中，必须在涉及物流业发展的相关领域遵循与物流的发展特征和实质相匹配的发展方针。

（1）引导物流基础设施建设。

1）运输设施建设。运输设施主要是指为单一或组合各种运输方式提供货物运输服务的场所和配套的相关设施，一般包括运输枢纽、运输场站等。

a．运输枢纽。利用好既有交通运输设施和资源，加强包括铁路、公路、水运、航空、管道等在内的运输方式之间的有机衔接和合理布局，规划建设综合性运输枢纽，形成大能力、多方式、高效率的运输组织系统，提高运输的组织化和集约化水平，形成支持规划区域物流运作与发展的运输枢纽设施环境。

b．运输场站。为发挥运输枢纽的组织与服务功能，围绕运输枢纽，应协调各种运输方式的设施规划与布局关系，积极整合运输场站设施资源，合理布局具有单一或多种运输功能的多层次运输场站，使规划区域的物流运作得到运输组织与服务的有效支持，提高规划范围内的运输服务水平和能力。

2）专业物流设施建设。专业物流设施是指为物流组织服务提供相应的作业、配套服务等的基础设施，包括物流园区、物流中心、配送中心等。

a. 物流园区。从区域物流组织与服务的规模化和集约化的角度，引导物流园区的规划和建设，使物流园区在空间布局上适应并引导物流及相关产业的合理、高效率布局。为避免运输枢纽设施和物流园区的重复建设，在物流园区的发展上，应采取功能整合与布局整合相结合的方式，使运输枢纽与物流园区的建设与运营之间建立有机衔接，保证物流相关重要基础设施的公共服务功能和与整体效能的发挥。要加强不同区域之间的物流园区的联系与衔接，便于跨区域物流网络的建设与发展，为物流的网络化建设与运作提供支撑。

b. 物流中心。在物流基础设施系统中，从支持和服务于城市和产业布局发展的角度，要围绕产业基地和重要制造和流通企业，并在功能上与物流园区进行配套，建设布局合理和能力匹配的物流中心，满足和适应工业、商业等产业的发展需要。物流产业发展规划中应制定物流中心的空间布局和功能规划，并与运输场站、仓储中心等进行规划协调和资源整合，以便指导物流中心的科学发展。

c. 配送中心。从满足城市生活和企业经营运作需要，以及在空间布局上形成对物流园区、物流中心的功能配套和运作支持的角度，在城市范围内对配送中心的布局进行规划，引导配送中心的发展，包括配送中心的总体规模、空间布局和与相关领域发展配送的关系等，以便形成高效率的城市配送设施体系。

（2）积极培育物流市场。

1）培育组织化物流服务。在目前我国物流业组织化程度不高、物流需求分散的情况下，要积极依托规划建设的物流基础设施，使物流活动向基础设施聚集，提高在物流设施组织下完成的物流服务量的比重，形成规模化的物流运作环境，发挥基础设施在物流管理与运作上的规模化、运输服务的通道化优势，有效降低物流成本，并通过物流设施系统整体效能的发挥，提高物流效率，培育物流服务市场，使专业化物流企业得到快速成长，为物流体系的建设提供运作服务主体快速成长的保障条件。

2）建设区域物流服务能力。引进和培育具有区域或企业供应链物流服务能力的第三方物流服务企业，并通过专业化的第三方物流企业的运作，提高区域及企业物流系统的物流效率和降低成本，加快区域和企业物流服务能力的培养，为扩大物流业的影响范围，提升物流业的发展规模与水平，创造基本的物流服务能力条件。

3）营造市场政策环境。要为培育和引进具备开展区域及供应链管理与服务的第三方物流企业，营造良好的综合政策氛围，要通过政策体系环境的建设和不断完善各项政策，要通过符合物流业发展特点的政府管理体制与机制的建设，维护物流服务市场的稳定发展和有序竞争，为区域物流市场的形成和社会化服务体系的建立创造积极的政策环境。

（3）促进物流业技术进步。

1）产、学、研一体化加强物流企业、研究机构、大专院校等之间的合作，推进物流业发展中的产学研一体化，提高企业物流管理水平和专业化物流企业的服务能力，提高物流科研的能力与水平，高起点发展现代物流。

2）信息化与装备、服务的提升。加大对物流信息化、物流装备的技术升级和服务运行的技术进步的支持，积极引进、开发和推广各类高效、环保、节能的运输、搬运装卸、仓储、包装、流通加工、信息管理等的技术装备，并使其具有产业化发展能力，提高物流效率。要积极鼓励企业应用对物流业的发展具有关键作用的技术，如信息管理技术、信息平台技术、物流基础设施的经营与组织管理技术等。

3）培育与引进人才。积极开展物流专业人才的培养和培训，建立物流经营、管理人员和从业人员的上岗培训与职业资格认证机制，使人才成为促进区域现代物流业发展的重要推动力量。特别是鉴于区域性物流人才市场的培育环境和容量较为有限，要通过政府引导和扶持，积极引进对物流技术应用和基础设施建设与运营具有关键性作用的人才，解决区域性人才缺乏的问题。

6. 发展意义

（1）物流系统内部的整合与协调。物流业是一个复合产业，物流产业发展涉及的部门多、领域多、行业多，因此，物流体系的建设和运营是一个庞大而复杂的系统工程，必须有一个着眼于全局利益的、高层次的、综合性的物流产业发展规划来整合系统内部资源，沟通和协调各方面的关系，保障系统内的物流业健康、有序、快速发展。

（2）物流对经济社会发展的支持。物流业是国民经济的产业部门，通过经营服务创造价值，为经济增长和社会发展做出贡献，但是，物流业的收益同时又构成其他国民经济部门和人们社会生活的成本，即物流领域与其他领域存在"效益背反"现象。物流产业发展规划一方面要促进物流产业自身的发展，另一方面通过降低成本、提高效率、改善服务为社会生产生活提供更好的支持与保障，通过科学规划在二者之间找到一个结合点与平衡点，使物流融入并支持整个经济社会的发展与进步。

（3）产业布局与结构的优化。世界经济正向着全球一体化的方向不断迈进，单个企业间的竞争已经演变为供应链之间的竞争。物流作为联系和服务于供应链上下游产业的纽带，在相当程度上影响着其他产业的发展模式与发展路径。物流产业发展规划从提供服务支持、促进产业总体布局与结构优化的角度规划物流业规模、布局与结构，引导其他产业走上集约化、有序化的发展道路。

（4）物流基础设施高效率的建设与运营。物流基础设施的建设与运营分属多个部门管理，多部门的参与和协调使得物流基础设施的发展存在不少问题，如在建设中对土地资源的需求协调不够会造成低水平的重复建设，在运营中相互争夺市场资源，造成恶性竞争等。

另外，在地方利益、部门利益的驱使下，不同地区、各种设施之间缺乏协调、衔接不畅等问题也较为突出。物流产业发展规划经法定程序批准后即具备了法律效力，具有极高的权威性，对于物流基础设施的建设方案和运营模式具备约束力，能够得到切实的贯彻执行，使设施的建设和运营更加科学、合理、规范，从而大大提高了系统总体效率。

（5）物流技术与信息技术的推广。现代物流的快速兴起与发展得益于科学技术的进步，特别是物流技术与信息技术的迅猛发展，因此，技术的升级、应用与推广是物流领域的重大问题，也是物流业持续与快速发展的不竭动力。物流产业发展规划从战略高度确定了技术与装备在物流产业发展中的地位，并通过制定相应的政策为其创造了更加优越的发展环境，将有力推动物流技术与信息技术的不断发展进步。

（二）环境分析

1. 政策环境分析

（1）国家政策环境。在国家确立物流产业地位的总体政策环境下，分析国家政策对物流产业发展的影响，特别是国家为物流健康发展所营造的良好政策环境对物流产业发展的影响，是政策分析的重要内容。进行国家物流产业发展政策环境分析的目的是使编制的物流产业发展规划符合国家政策方向，或者使规划的对象、主体在发展中能得到国家政策的大力支持。

近年来，由于国家重视物流的发展，我国的物流政策环境有了较大的改善。

从物流产业发展规划的角度进行政策分析，其内容主要涉及两大方面：第一，物流产业发展的综合性政策环境分析，分析的目的在于形成对物流产业发展宏观环境的判断，以便确立规划区域或对象的物流产业发展方向；第二，行业性物流产业发展政策，主要是对涉及的各种运输服务方式的行业政策，以及仓储、流通、制造业等政策进行分析。

（2）地方政策环境。在国家对发展物流产业的政策环境下，地方政府对物流产业发展给予了很大支持，出台了许多相关政策，主要分为三类：一是税费政策，给予物流企业和物流基础设施建设、经营等方面的优惠和减免；二是土地政策，主要是对物流基础设施建设方面的土地出让优惠；三是对物流园区、物流配送中心的用电、用水等价格优惠政策。

由于地方政府将物流产业作为第三产业的一个重要组成部分，制定和发布政策规定予以大力发展，对培育物流产业的发展具有积极作用和意义。

从物流产业发展规划的角度对地方政府制定的政策进行分析，其内容主要涉及两大方面：一是对物流企业和物流基础设施给予扶持和优惠，分析的目的在于判断规划项目的基本发展环境，以便充分利用发展政策推进发展；二是对可能通过政策渠道获得的政策支持进行分析，以便使资源的整合效应得到充分发挥。

（3）国际物流政策环境。随着经济全球化和我国国际贸易提升发展对物流服务的需要，在构建国际物流服务网络过程中，需要对物流系统建设和物流企业服务网络建设所涉及的相关国家的物流产业发展政策进行分析，以便寻求发展国际物流的途径，提高国际物流的竞争力。

2. 产业政策环境

（1）国家产业政策环境分析。物流产业的服务对象是制造业、商贸流通业，从加快物流产业发展和提升物流产业发展水平，以及充分利用物流在企业流程再造和资源整合上的特性提升服务对象产业发展质量的角度，物流产业发展规划应对国家的产业政策导向进行系统和深入的分析，特别是根据国家实施"节能降耗"战略对相关产业在新建、改扩建等过程中所涉及的工艺装备、能耗、环保等准入条件要求，以及不断推动产业升级和多元化发展对产业布局、产业规模的影响进行分析，以便对物流基础设施规模、物流服务类型等进行针对性的规划。特别是要通过规划，使物流产业服务于国家发展循环经济和提高产业发展规模与产业链联系的政策导向，发挥物流在产业链构建中的降低成本、提高效率的作用，并在相关产业发展过程中营造物流业的发展环境。

（2）地方产业发展环境分析。在国家整体产业政策导向下，要对地方资源禀赋和产业布局特征进行具体分析，特别是要充分分析地方发挥资源和区位优势，以信息化带动工业化，发展大产业，培育大集团，建设大基地，形成大集群等对产业布局和产业规模、产业联系的影响，从提高资源综合利用效率，发展循环经济，延伸产业链条，促进产业升级的高度，分析物流服务的发展空间和方向，从而对物流供应链管理技术的应用和专业化物流服务的发展进行规划。

3. 经济发展环境

（1）经济总体发展水平。物流产业的发展规模和水平与规划区域范围内的经济总体发展水平具有较强的相关性，而且，一定区域范围的物流产业发展水平通常用社会物流费用与 GDP 的比率来衡量。

因此，在编制物流产业发展规划时需要对区域的经济总体发展水平进行分析。分析经济发展水平包括 GDP 的发展水平，以及构成 GDP 的产业结构，主要是第一、第二、第三产业的比例及关系，以及区域范围内的支柱产业发展水平等。

（2）农业发展水平。农业发展水平分析的主要内容包括：主要农产品的产量、分布及流量、流向，农产品加工与流通企业的布局及规模，具有区域比较优势的农产品的发展现状等，以便为服务于农业的物流产业发展提供服务对象、运作模式和企业发展等方面的规划支持。

（3）工业发展水平。

1）工业体系分析。对规划区域的工业产业类型、结构和布局等进行分析，以便分析工业物流的规模、组织和布局特征，为物流基础设施的规模与布局奠定基础，也为工业物流的空间组织和服务模式确定创造条件。

2）工业企业分析。对区域范围的主要工业企业进行分析，包括现有各类生产型企业数量与分布，企业之间的产业联系，以及企业的生产和经营规模；对原料来源和产成品销售渠道与方向进行分析，为工业企业的物流组织以及为工业企业提供物流服务的类型和组织形式提供规划支持。

（4）流通业发展状况。对规划区域范围内的批发、零售、餐饮、住宿、休闲娱乐等流通产业进行规模、布局等的分析，并对这些企业在开展电子商务、连锁经营、工业超市等现代流通方式的状况进行分析，为物流产业服务于流通业提供服务模式、规模等的规划依据。

4. 经济发展趋势

（1）总体发展思路。根据区域资源优势、产业优势和经济发展规划，对未来区域经济总体发展思路进行分析，包括主导产业、特色产业、支柱产业的规模与布局，以及相关的产业结构等。此外，对区域的产业集聚、产业的转型与升级以及城市功能等进行分析，明确物流产业发展的区域宏观经济环境的演变和发展趋势。

（2）产业空间布局与组织。对未来区域性的产业空间布局与组织形式进行系统分析，并分析可能的产业规模变化与组织关系的演进，以便为物流空间布局和物流服务企业的高效率服务组织创造空间布局依据。

（3）主要产业发展规划。对物流产业发展规划涉及区域的主要产业发展规划进行分析，分析主要产业的发展规模、产业组织形式和主要原材料的来源和产成品的流量和流向，为物流产业发展规划提供具有针对性的产业分析基础，以便提高物流产业发展规划的水平，并通过物流产业的发展，提升主要产业的发展质量与水平。

（三）物流产业发展条件分析

1. 经济区位条件

（1）区域经济条件。对物流产业发展规划所涉及的区域内具有比较优势或支柱性产业进行分析，分析其规模扩张和产业提升的基本条件，按照物流对产业发展和提升的作用，寻求物流产业发展的空间和方向。

对物流产业发展规划区域内、外部经济联系进行系统分析，判断其联系所需要的基本条件，按照经济联系所产生的物流流量和流向，分析物流网络和服务的发展基础。

（2）区域竞争条件。对于拥有相同或相近产业类型和产业发展条件的区域，客观上存在产业发展竞争，分析这种区域之间的产业发展竞争条件，对于编制具有针对区域产业发展能力提升的物流产业发展规划，发挥物流通过降低成本、提高效率和改善服务作用的发挥而提升产业竞争力具有重要意义。

区域产业发展的竞争必然导致经济竞争，区域经济竞争的主要体现形式是产业组织与产业服务的竞争，物流是产业组织与服务的重要支撑条件，以区域物流服务为背景，物流自身也是区域产业发展和经济竞争的重要内容。因此，分析区域经济竞争环境和条件，对通过物流产业发展规划明确物流产业发展目标、重点及方向具有重要价值。

2. 资源禀赋条件

（1）矿产及原材料资源。矿产资源的开发对物流服务具有较大的依赖性，分析规划区域的矿产资源分布和产业组织，对构建区域物流基础设施网络和物流服务组织具有重要作用。同时，由于矿产资源往往具有对外输出性质，分析其对外输出的流量及流向，对运输通道的布局和运输枢纽、物流服务设施的规模也将产生重要的影响。对于加工工业较为发达的地区，还涉及外部资源的利用问题，需要分析外部资源获得的途径及方式，以便为物流设施的布局和物流服务的组织规划提供依据。

（2）土地资源。规划和布局物流基础设施，需要占用大量的土地资源，需要分析规划区域的土地资源分布及可利用量等基本条件，以便为物流基础设施的建设规划，以及既有物流基础设施的资源整合提供基本依据和进行科学布局。

（3）资源优势条件。不同区域的资源禀赋存在客观上的差异，这种差异虽并非直接导致区域之间的经济发展水平差距，但发挥规划区域的资源优势，对提升区域的经济发展竞争力往往具有极其重要的作用，物流服务在其中扮演的角色就是提升区域发挥优势资源的能力，因此，分析区域的资源优势条件，对提高物流产业发展规划的针对性具有重要作用。

3. 交通运输条件

（1）基础设施条件分析。交通运输基础设施包括线路和场站设施，是物流活动的重要载体和实现手段，在空间布局和功能合理匹配的情况下，也将具有良好的物流组织能力，因此，对交通运输基础设施的规模、布局和能力等因素进行分析，有利于合理和科学地进行物流基础设施的空间布局，以及优化和整合既有交通运输及规划的基础设施资源。

（2）运输发展条件分析。运输服务是物流活动与服务的重要组成部分，对物流网络的建设和物流服务的高效率开展具有重要的基础支撑作用。分析运输服务的总量与结构（包括不同运输方式和不同运输货物类别），以及运输的流量和流向，是进行物流活动与服务规划的重要基础，也是进行物流需求预测的基本数据，还是区域物流网络的规划和布局的重要依据。

（3）交通运输区位条件分析。区域性物流组织服务的重要特征之一是可以通过服务竞争而为其他区域提供物流服务，从而可以在既有经济和产业规模的情况下，提高物流服务产业发展规模和水平，使物流产业成为新的经济增长点。而交通运输在物流这种特性的发挥中所起的作用就是利用区位优势，为物流的集聚与扩散创造空间组织与服务条件。

因此，需要对区域交通运输的区位条件，包括交通区位优势和运输网络的结构、区域运输服务组织地位等进行系统分析。

4. 物流运作条件

（1）基础运作条件。铁路运输条件对物流运作和服务所需要的铁路运输组织、服务环境与条件进行分析，特别是对进行跨区域的物流组织所需要的大容量、低成本的铁路运输的能力与条件进行分析，为物流产业发展规划布局中规划建设物流园区、运输枢纽等过程中充分利用铁路运输创造条件。

对公路运输的组织方式、企业发展水平和能力等进行分析，为物流产业发展规划中构建物流服务网络，以及开展物流配送服务过程中利用公路运输创造条件。

对规划区域的既有仓储设施的布局、规模和运作方式等进行系统分析，以便在进行物流产业发展规划过程中，在物流园区、物流中心和配送中心，以及企业物流组织服务中充分合理利用既有仓储资源和合理布局新的仓储设施提供依据。

对区域物流及相关企业、制造业企业、流通企业的物流管理和运作的信息化程度、水平和内容等进行分析，为物流产业发展规划过程中进行信息化方面的规划目标与任务的确定提供基本支撑。

为服务于物流组织和运作，除交通运输的基础设施外，近些年各地建设了大批物流园区、物流中心和配送中心，而物流基础设施的建设是物流产业发展规划的重要内容，因此，在进行物流产业发展规划过程中，需要对既有物流基础设施的布局、规模和功能，以及建设和运营模式等进行分析。

（2）企业物流社会化水平条件。物流作为管理技术在企业的应用，直接的效应是使企业内部物流管理方式和流程发生改变，这种改变的效应是企业的物流水平得到提升，从而对专业化的物流服务水平提出要求。同时，专业化的物流服务的发展，特别是具备物流解决方案的服务能力的企业的发展，也将有利于帮助企业提高内部物流管理水平。

因此，在进行物流产业发展规划过程中，需要对企业内部的物流管理运作模式、流程和水平等进行分析。

物流业的市场需求来源于制造业和流通业企业对专业化服务的需要，这种需求多是在企业内部物流管理水平提升基础上，出于对核心竞争力的追求，将自己不擅长的物流运作业务以外包的方式交给第三方物流企业承担。因此，作为物流产业发展和运作的基本条件，需要对企业物流外包的水平、内容和方式等进行分析。

物流企业的发展是物流业发展的基本支撑，第三方物流企业的发展更是这种基本支撑的核心所在，往往在一定区域范围内的第三方物流企业所完成的物流服务量在物流总服务量中的比重，成为衡量物流产业发展水平和社会化程度的重要指标。

因此，在物流产业发展规划过程中对物流运作条件的分析中，需要对第三方物流企业的类型、服务能力、服务水平等进行系统分析，为物流产业发展规划中对第三方物流企业的规划提供依据。

5. 市场环境条件

（1）市场竞争。物流业的发展是物流企业在市场竞争中实现的，是通过服务创新、管理创新等竞争手段实现的，而这种竞争需要良好的物流市场环境。因此，为使物流产业发展规划符合市场规律，以及通过规划能规范物流市场秩序，需要对物流市场的企业关系、经营秩序和相关政策等市场环境进行系统分析。

（2）市场管理。良好的市场秩序是通过适应市场规律与需求的政府管理与行业自律实现的，为此，在规划的编制过程中，需要分析政府管理的方式和相关的制度安排，以及相关行业协会的发展等。特别是物流业作为复合产业，需要政府在基础设施布局、资源整合和土地利用等方面的管理协调，需要各种运输方式及制造业、流通业等行业管理部门之间的协调，因此，也需要分析不同政府部门在物流管理上的政策方式、手段及效果。

（四）物流规划的任务与内容

在对物流产业发展的基本宗旨、物流产业发展环境、物流产业发展条件等规划的基本问题分析的基础上，需要根据物流产业发展规划的目标区域发展物流的基本背景和环境条件，确定物流产业发展的主要任务，对这些任务的描述，也是物流产业发展规划的主要内容。

物流业的发展特征决定了不同的物流产业发展规划所要达到的物流产业发展目的是不同的。而且，由于不同区域的物流产业发展环境条件存在差异，特别是在一定区域范围内，物流业的发展首先是满足自身制造业、流通业和相关服务产业降低成本、提高效率和改善服务的发展需要，其次才是在此基础上利用良好的物流服务环境为区域内及区域外提供物流组织服务。通过竞争实现物流产业规模的不断扩大和成为支柱性产业。

因此，不同区域的物流产业发展规划的任务和主要内容，应当存在一定甚至是较大的差别，不应雷同。

1. 战略目标

（1）发展战略。在物流产业发展规划中，发展战略主要是解决希望通过物流产业发展规划达到的目的，以及物流产业发展中涉及的重大问题的发展方向。特别是要在规划区域的物流业服务内容和发展定位上进行明确的战略方向界定，以便为规划区域的物流产业发展任务和内容的确定创造条件，正确把握物流业的发展方向。

（2）发展目标。针对物流业的产业特征和物流产业发展的实质，物流产业发展规划中的物流产业发展目标主要是对发展战略中涉及的物流产业发展的重大问题，以及规划区域的物流业发展水平进行指标体系设计和指标值的确定。鉴于物流理论和规划方法研究的现状，目前关于发展目标的指标体系和指标值的确定尚无明确的标准，而且，从物流的发展特征角度，由于各个区域发展物流的基本条件和发展战略不同，也很难有统一的标准。

通过归纳和总结既有物流产业发展规划，物流业的发展目标主要体现在物流业规模、发展水平和发展环境三个方面。

物流业规模包括物流总额、物流业增加值、物流总费用（其中包括运输、保管、管理费用）、物流业相关投资。

物流业发展水平包括物流总费用与 GDP 比率、物流增加值占服务业总增加值的比例、第三方物流服务占总物流服务的比重。

物流产业发展环境包括政策环境、市场环境、基础设施环境、物流企业发展状况、制造业与流通业物流技术应用等。

2. 物流系统架构及建设

根据物流产业发展战略及对规划区域物流业发展定位，按照实现物流业发展目标的总体要求，对规划范围内支撑物流业发展的物流系统进行规划。目前，关于物流系统的研究成果较多，这些成果对物流系统的结构、功能和建设途径等进行了研究。但从物流产业发展规划的角度，如何构建便于实际操作性的系统规划，目前的研究尚不成熟，仍需要不断探索。

根据目前物流产业发展规划研究现状，无论是从规划区域自身物流产业发展需要，还是从为辐射区域物流服务的、具有竞争性物流产业发展需要的角度，从制定具有可操作性发展规划的目的出发，物流系统应包括以下部分。

（1）物流基础设施系统。涉及物流基础设施系统空间布局、组织结构、基本功能、发展关系等，主要涉及物流园区、物流中心、配送中心等的规划，以及为物流产业发展提供基础支撑的各种运输方式的布局、仓储设施、城市市政设施等的布局等。

（2）物流服务系统。一是各类物流服务企业的发展问题，如企业结构、服务类型、服务创新等，以及规划区域的重要企业的发展等；二是信息平台的建设问题，主要涉及信息平台的结构、功能、建设内容与运作模式等。

（3）物流保障系统。主要包括物流产业发展的管理体制与政策，物流产业发展所需要的技术与装备系统的建设，物流相关的标准、人才的引进及培训、技术推广等。

3. 物流组织与服务网络

物流系统规划仅仅解决了规划区域物流产业发展的基本框架和发展的主要内容，从物流业的服务特性角度考虑，为使规划具有指导性和可操作性，需要根据区域自身及为辐射区域服务的要求，针对物流的流量、流向、流时、流速及这些因素的组织与服务要求，以物流基础设施网络为依托，以物流服务系统和保障系统为发展环境，对规划区域的物流组织模式和服务网络进行规划。

（1）物流组织模式。明确物流组织系统建设的内容和创新的方向，特别是物流与制造业、流通业之间的组织关系，发挥物流业在低成本、高效率和创新服务模式下营造良好的产业布局与组织的条件，提升规划区域的经济发展水平与产业发展竞争力。同时，对物流业本身的发展，也应从提升组织化水平的角度，对物流基础设施的建设、物流企业的发展，以及对它们之间的发展关系进行规划。

（2）物流服务网络。构建对物流业发展具有引导和支持作用的物流服务网络系统，推进物流业的网络化、集约化、信息化和规模化发展，提高物流业的发展质量和水平。服务网络建设的重点是网络化企业的发展、网络服务模式和依托物流基础设施的网络系统的建设等。

4. 物流市场的培育

对于处于初级发展阶段的我国物流业，规划中需要解决的重要问题或规划内容之一是物流市场的培育问题。

（1）需求市场。物流需求市场的培育包括制造业、流通业企业的物流管理与运作流程的再造，以及在此基础上的基于社会分工与专业化运作的物流服务外包，培育物流需求市场，为物流企业的培育创造需求环境。

（2）供给市场。物流供给市场培育包括提升物流企业的服务能力、水平与质量，培育物流服务的供给，为物流需求的培育提供外包服务的运作支持。

（3）市场秩序。物流市场培育的基本条件是环境的营造和良好的市场秩序的建立，特别是物流管理与服务市场的诚信体系建设，使物流的发展纳入良好的市场氛围，促进物流市场的健康、理性发展，培养相互依存、分工协作、实现双赢的市场价值观，提高规划区域总体市场运行质量。

5. 物流规划实施与协调

传统规划权威性差的主要原因之一是缺乏实施手段。物流作为复合型产业，实施的难度更大。需要专门设计规划的实施系统，除制定相应的政策外，还要针对物流产业发展规划实施中可能出现的问题，进行一定的体制、机制安排。

物流产业发展规划的制定和实施涉及的领域多，而各个领域一般都有专项规划，物流产业发展规划在内容上与这些专项规划必然有交叉；同时，物流系统是经济社会系统的子系统，物流产业发展规划是经济社会各种综合性规划的有机组成部分，它们之间也存在密切的关系。无论从管理角度还是运行角度，物流产业发展规划都应位于相关产业的专项规划之上，对这些专项规划的编制与实施起指导、协调和约束作用。但由于现代物流业处于起步发展阶段，相关行业对物流的发展缺乏认识，缺乏提升物流产业发展的手段，加之我国现行物流管理体制与运行机制的制约，物流产业发展规划的编制往往处于适应相关产业领域发展和专项规划的状态。

因此，物流产业发展规划一方面要符合物流本身的发展特性和需要，以保证规划的科学性；另一方面也要避免与其他专项规划产生矛盾冲突，并尽量与之衔接，以保证规划的权威性和可实施性。但随着物流理念的普及和物流业发展的进步，应建立物流产业发展规划为主导的相关产业规划机制，以便在物流组织、服务合理化的基础上，促进产业的合理布局、组织与发展。

（五）物流规划应解决的问题

1. 物流的概念和价值问题

（1）对概念内涵与外延的片面扩展。从对目前的各类物流产业发展规划进行分析发现，对物流的概念和价值的认识，仍然是个必须解决的问题。由于对现代物流概念与传统的仓储、运输、流通等的区别和界限，并未达成高度共识，导致地方政府和企业对所谓"第三利润"的期望值过高，体现在物流产业发展规划中就是对改善自身物流环境与水平关注不够，而对争夺区域物流利益和随意进行超出自身能力的发展目标和定位却较为普遍和热衷，地方政府或企业往往根据自己利益的需要，在并无理念、服务创新的情况下，随意扩大物流概念的内涵和外延，片面理解或解释物流业的发展范围和内容。

（2）对概念和价值的过高追求。国际普遍认可美国供应链管理专业协会（原美国物流管理协会）对物流的定义：物流是以满足客户需求为目的，对产品、信息和相关服务从起始点到消费点的正向和逆向的流动和储存进行有效率和有效果的计划、执行和控制的供应链过程。

由此可见，物流不仅仅是运输和仓储，它还属于管理范畴。

物流到供应链的发展过程，也是物流融入综合经济体系、成为社会经济不可分割的一部分的过程。物流概念的变化和价值获取方式的改变，是经济社会发展的提升过程，对于仍处于初级阶段的我国物流，需要根据物流产业发展的现实水平进行规划和定位，而目前既有规划存在明显的过于追求先进理念和物流价值的所谓高水平发展的现象，超越了既有的物流产业发展水平、环境和条件，使物流产业发展规划存在实施障碍。

（3）对概念和价值的融合较差。从目前国内一些地方已经出台的物流产业发展规划分析，虽然在概念和价值的理解比以前有了明显的进步，但仍然没有摆脱传统的规划思想和规划体系。对物流产业的复合性认识不够，或者缺乏从产业融合角度的规划，使物流业被部门或地区行政区划分割；对综合物流产业发展规划的思想认识不够，使物流产业发展规划落后于经济社会发展的现实需求；物流概念和价值之间因缺乏融合和衔接，使通过规划的实施实现物流概念内涵所表述的产业发展内容与希望获得的物流价值之间存在困难。

2. 物流规划的同质化问题

（1）规划目标定位的同质化。物流作为一项管理技术的应用和针对物流技术应用环境的专业化物流服务，在不同的区域和企业是存在明显的差异的，而且，物流的产业特征也决定了一定区域范围的物流产业并非规模越大越好，相反，还要不断降低社会物流成本与 GDP 的比率。而目前许多地区出台的物流产业发展规划，在对物流产业发展目标的确定上，同质现象比较严重，尤其是地理位置临近的城市或区域，均将区域物流中心作为自己的发展定位，并把物流产业作为支柱产业进行定位。这种目标定位不仅不利于不同区域的物流产业分工体系的形成，并可能导致基础设施建设的重复和资源浪费，而且还缺乏对自身物流产业发展环境与条件的针对性，从而既造成跨区域的物流行业规划协调的困难，也很难通过规划真正引导区域内的物流产业发展。

因此，在编制物流产业发展规划时，不能盲目地追求高定位，必须分析物流产业发展规划区域的战略发展环境，分析本地区的优势和劣势，与相邻地区错位发展、互补发展，形成区域物流的协调发展。

（2）规划任务的同质化。物流产业发展规划中明确物流产业发展任务，是物流产业发展规划研究的重要内容，也是推进物流产业发展的重点所在。由于对物流业发展内涵和外延的认识不足，目前，各类物流产业发展规划存在的具有共性的问题是在物流业发展目标下，对规划设定的物流产业发展任务的雷同，缺乏针对规划区域的物流基础设施建设、管理技术应用、服务企业发展、技术装备更新、信息化的完整和准确的任务设定，也使物流体系建设与发展任务不能得到系统体现；同时，脱离区域物流产业发展特征和针对性的物流任务设定，也使得规划的物流业发展任务不能很好地贯彻到底，无法引导物流业健康、稳定和持续发展。

3. 社会物流成本分析问题

（1）统计制度不健全。我国虽然已经于 2005 年建立了国家物流统计体系，而且也开始连续发布统计信息，初步形成了包括社会物流总值、增加值及相应的物流成本总数与分类数据，这些数据对制定物流产业发展规划过程中对物流成本、需求规模进行判断具有重要的价值。但是，由于规划区域的产业结构、物流组织地位和方式等的不同，并不能直接应用这些数据，必须拥有规划。以区域范围内的相应数据作为支撑，而目前基层的物流统计指标体系和工作系统并未完全建立，既有统计中也缺乏对物流的统计数据生成支撑，造成物流成本与需求分析的大量重复性劳动和物流数据缺乏系统性和全面性，不仅不能支持物流产业发展规划的科学进行，而且由于研究上的延续性不够，只能根据抽样调查数据来估算物流成本和物流市场的规模，在行业与行业之间存在差别、不同地区之间的产业水平和产业结构也不尽相同的情况下，从宏观上难以对物流需求的规模做出准确的判断，难以对规划涉及地区的物流行业进行定位。

（2）企业物流管理落后。物流成本与需求分析的最基本数据来源于制造业、流通业和物流服务相关企业，但目前企业物流管理水平整体不高，管理方式较为落后，相当数量的企业不能准确计算出自己的物流成本，或者企业大多只考虑运输和仓储的成本及需求，没有关于存货成本的认识和计算，而美国存货持有的成本则占总成本的1/3左右，这样一个主要的成本被忽略或不能准确计算，不能完整反映企业物流成本的真实水平，物流需求也无法进行准确的判断。

因此，需要建立科学的企业物流成本统计指标体系和提高企业的物流成本意识。

4. 政策针对性和推动问题

（1）政策的针对性缺乏。从目前的物流业发展政策实践分析，由于物流产业的复合性，单纯靠制定所谓综合性物流政策的方式，由于缺乏物流业涉及的相关部门的贯彻和落实支持，或者相关部门也制定物流产业发展政策，由于部门之间缺乏协调，政策在适应物流产业发展特点上的针对性不够，很难发挥应有的效应。

此外，物流政策的针对性的缺乏，也使得各地出台的物流产业发展规划和政策过分看重物流园区、物流中心、配送中心等公共信息平台等基础设施的建设，导致了"物流热"导向的"物流园区热""物流园区热"又转变成了"商业地产热"，再加上中国企业物流运作与服务模式并未根本改变，物流功能"外包"的比例并不高，政府制定的缺乏针对性政策引导的物流产业发展存在较为严重的重复建设和低水平的发展问题。

（2）政策的推动力不足。正是由于政策的针对性的缺乏，在我国物流整体发展水平不高，需要通过政府制定的科学规划和政策引导加快发展和实现高质量发展的背景下，政策的推动力显得明显不足。如针对制造业、流通业企业物流管理水平较低和物流外包需求较小的情况，如何通过政策的调整，推动企业的物流管理水平和模式的创新，既有政策的推动基本停留在宣传与鼓动状态；对物流服务企业发展不适应物流产业发展需要的情况下，如何协调好各种运输方式服务企业的发展，以及仓储、信息、咨询等服务的发展，现有政策显得缺乏体系性和活力，导致政策对物流产业发展的推动力的缺乏。

5. 物流园区规划建设问题

（1）物流业的发展特征决定了需要规划建设物流园区。从欧美国家物流园区的发展历程分析，物流园区是在物流业发展到一定规模和水平后，出于适应物流的规模化运作和网络化服务的更高层次的需求而产生的，即通过物流园区实现物流企业的集中和物流运作与服务资源的集中，从而产生物流产业的聚集效应，物流园区往往成为物流及相关产业的聚集区。由于现代物流的网络化和规模化特征越来越明显，物流园区也为这种网络化和规模化提供了空间布局和设施功能上的支持，从而使拥有物流园区的城市或地区成为区域性物流组织与服务的集中地，使物流业逐渐发展成为城市和区域的具有成长性的产业。

因此，无论是从物流业自身的发展，还是区域物流组织与服务的需要出发，均使物流园区的规划和建设成为物流产业发展中的重要问题。也正因为如此，目前国内各地在制定物流业的发展规划中，甚至在没有规划的情况下，物流园区的规划和建设已经成为热点和重点项目。

（2）区域物流的发展需要物流园区相关的组织与服务功能的支撑。与欧美国家不同的是，我国规划物流园区是在物流业发展处于相对较低水平，并未产生在城市或区域范围内对物流园区的网络化、规模化服务功能产生需求的背景下进行规划和建设的。建设的主要理由是希望通过物流园区培育物流需求和提升物流业的规模化发展水平，这种还未经过实践检验的物流业发展理论和方法能否获得成功，尚需要实践的检验。

但从目前我国经济规模不断扩大和区域经济量级的提升，区域之间的物流组织服务量不断增长，加上港口、车站、机场等货运枢纽在承载这种不断增长的物流组织与服务量中的布局规模与服务规模的扩张，从提升、增加和延伸交通运输设施物流服务功能的角度，或者通过整合交通运输设施资源，规划和建设物流园区，以便在更高的水平上满足区域之间的物流组织与服务需求，均需要得到物流园区在集约化、规模化和网络化方面的支撑。

（3）依托物流园区将有利于发展"枢纽经济"。正是由于我国物流业的发展水平较低，以及需要加快现代服务业的发展，如果从发挥物流园区在物流业空间布局和组织上的功能，通过物流产业发展规划对承担区域内部以及区域之间的物流组织与服务功能的物流园区进行合理定位和规模确定，将使物流园区成为其所在城市和地区的物流业发展的重要引导力量和载体，城市和地区将可能在区域物流规模扩张和增量不断集中的过程中，发育新的经济增长点，使所在城市和地区成为区域性的物流枢纽；并在这种物流枢纽和物流业积聚增长的基础上，依靠物流再不断降低成本、提高效率和创新服务的支持下所形成的区域物流服务业发展竞争力，以及所营造的引导制造业、流通业布局的环境与条件，使枢纽的经济效应得到放大，从而有利于相关城市和地区发展"枢纽经济"。

物流园区的建设理由较为充分，并非就解决了其规划和建设问题。特别是由于区域内和区域之间相关城市和地区在依托物流园区发展"枢纽经济"上的竞争的存在，为避免重复建设和在区域物流组织最合理的空间位置上规划和建设物流园区，首先必须确定物流园区的合理规模，包括物流园区的数量和单个物流园区的面积。

由于我国物流园区的规划建设总体上是在市场需求并不强烈和发展理论的研究并不深入的背景下进行的，使得目前相当数量的物流园区要么单个面积过大，要么数量过多，而物流园区是需要消耗大量土地的基础设施项目，不能科学、合理地确定其规模，既会造成演变成单纯的商业地产项目，也会因为规模不合理而不能适应物流规模扩大后的组织与服务需求；因此，需要以区域物流需求为基础，通过科学分析预测区域内部及区域之间的物流服务需求，按照未来一定时间内的物流需求量确定物流园区的数量和占地规模。为便于政府的调控和管理，使物流园区的规模与物流需求规模相适应，防止盲目求大，需要制定相应的国家标准，对物流园区进行分级，以便引导物流园区的健康发展。

物流园区是服务于区域物流和物流运作的规模化、网络化、集约化的基础设施，涉及的服务内容较多和影响范围较大，需要在确定规模的基础上，进行物流园区的明确的定位，按照区域物流的组织与服务特征，按照在区域中处于发展物流的重要空间位置和交通区位条件，对物流园区划分层次和重点。此外，也需要制定物流园区的功能分类和发展水平相关的标准，以便为物流园区自身，以及不同类型和区域物流园区之间在组织网络化和规模化物流服务，实现物流企业依托物流园区发展，形成区域性的物流网络系统创造空间布局与功能分工条件。

6. 第三方物流的发展问题

（1）专业化物流服务企业的发展。物流业的发展主体是专业化的第三方物流企业，目前，在相关物流产业发展规划中均较为重视第三方物流企业的发展，特别是在中国加入WTO的开放时间表中，物流业属于基本没有保护期的行业，我国专业化物流服务企业无论是规模和网络覆盖范围、服务能力和水平，以及管理技术和信息化含量，与跨国物流企业的差距都十分明显，因此，专业化物流服务企业较早感受到来自跨国企业的竞争压力，培育第三方物流企业的发展，成为政府和企业都很关注的问题。

但是，由于受到物流产业发展水平和阶段的限制，专业化物流服务企业的发展环境与经验、知识积累、信息能力、人才培养和引进等，均存在较大的不足，需要加快发展，而如何通过规划来引导专业化物流企业的发展，成为目前我国物流产业发展规划需要很好解决的问题。

（2）传统物流服务企业的提升和服务转型。第三方物流企业主要是通过为制造业、流通业企业提供物流解决方案，再整合社会运输、仓储等服务资源而开展服务和运作的，因此，第三方物流企业的发展，需要得到符合专业化物流服务与运作质量、模式要求的运输、仓储等物流活动环节的企业的支撑。

目前，我国从事物流经营活动的各类服务企业，在发展水平和管理、运作能力上，均不能适应或满足这种需求，作为物流服务企业的有机组成部分，需要通过物流产业发展规划，为传统的运输、仓储等企业的服务提升提供发展环境。同时，更需要具备较好发展条件的传统服务企业在功能、管理、服务和能力上实现向专业化物流企业的转型，以便尽快壮大我国及区域物流服务企业队伍，形成适应物流业发展的分工合作的企业体系。

二、区域物流发展规划

（一）区域经济条件

1. 区域因素分析

（1）区域范围。区域物流发展规划中所指的区域，一般是在自然区域的基础上，按照一定层次的经济区域的范围进行界定。在我国目前经济发展的背景下，区域物流产业发展规划一般是对一个省、自治区、直辖市或地理位置相邻、经济相关性较强的几个省、自治区、直辖市等进行的物流产业发展统一部署和安排。对于全国物流，总体上属于区域物流产业发展规划的特例，是涵盖所有区域的物流产业发展规划。

（2）区域形态。经济区域是按人类经济活动的空间分布规律划分的具有均质性和集聚性、经济结构基本完整、在国民经济体系中发挥特定作用的地域单元。由于发展的历史背景不同，形成了不同的区域形态，主要包括三大类：一是经济背景下产生的区域形态，主要是由于地域分工不断深化，地区间经济联系与合作不断加强形成的区域；二是政治背景下产生的区域形态，主要是由于政府通过资源配置形成的区域；三是文化背景下产生的区域形态，是由特定宗教、文化等传承与融合形成的区域。

近年来，我国区域形态不断创新发展，在原有东部沿海、中部内陆、西部边远三大经济带和东北、西北、华北、华东、华中、华南、西南七大经济区的基础上，又衍生出许多新的区域形态。区域物流产业发展规划落实在不同形态的区域空间范围之上，规划的目标、重点均有所不同。

1）主体功能区。按开发方式，分为优化开发区域、重点开发区域、限制开发区域和禁止开发区域；按开发内容，分为城市化地区、农产品主产区和重点生态功能区；按层级，分为国家和省级两个层面。

优化开发区域、重点开发区域、限制开发区域和禁止开发区域，是基于不同区域的资源环境承载能力、现有开发强度和未来发展潜力，以是否适宜或如何进行大规模高强度工业化城镇化开发为基准划分的。城市化地区、农产品主产区和重点生态功能区，是以提供主体产品的类型为基准划分的。

各类主体功能区，在全国经济社会发展中具有同等重要地位，只是主体功能不同，开发方式不同，保护内容不同，发展首要任务不同，国家支持重点不同。

2）城市群。《中华人民共和国国民经济和社会发展第十二个五年规划纲要》中提出在东部地区逐步打造更具国际竞争力的城市群，在中西部有条件的地区培育壮大若干城市群，未来将形成20个主要的城市群。

目前，京津冀、长三角、珠三角三大城市群已基本形成，长江中游、成渝、海峡西岸、山东半岛、哈长、辽中南、中原、江淮、关中—天水、广西北部湾等城市群也在形成之中，太原、滇中、黔中、呼包鄂榆、乌昌石、宁夏沿黄、兰州—西宁等城市群尚处于形成初期，还需进一步培育和发展。

3）国家级新区。国家级新区是指新区的成立乃至开发建设上升为国家战略，总体发展目标、发展定位等由国务院统一进行规划和审批，相关特殊优惠政策和权限由国务院直接批复，在辖区内实行更加开放和优惠的特殊政策，鼓励新区进行各项制度改革与创新的探索工作。

截至2018年6月，我国国家级新区总数共有19个。此外，还有武汉长江新区、合肥滨湖新区、郑州郑东新区、南宁五象新区等地区在申报中。

（3）区域物流产业发展的影响因素。区域内不同地区的比较优势决定了各地区在区域经济发展中的地位与发展空间，基于比较优势的地区间分工和经济往来构成了区域经济体系。区域经济体系的发展状况是区域物流产业发展的外部宏观环境，对区域物流供给与需求有直接影响和带动作用。影响区域物流产业发展的经济因素主要包括：区域区位条件、区域经济发展规模及结构、产业结构及变动方向、区域经济一体化水平等。上述因素是区域物流产业发展规划中区域经济发展条件分析的主要内容。

2. 区位条件分析

区位具有双重含义，它可以解释为空间中的位置，在这一重含义中，它与地理位置是相关联的，表明了地球表层中某一事物与其他事物的空间关系。

区位的概念还有布置和为特定目的而联系的地区这一含义，在这一重含义中，它与区域是密切相关的。

区域的区位条件分析是对规划区域的位置及相关自然与经济、社会现象进行全面分析，除了说明该区域在地球上的空间几何位置，即该区域所在的国家或地区、与周边其他区域的相对位置关系等外，还应分析规划区域特有的各种地理要素和人类经济社会活动之间的相互联系外，以及相互作用在空间位置上的反映。

通过区位条件分析，明确区域物流活动的空间分布，以便在规划中进行空间区位选择、空间布局安排和空间结构优化等。

（1）自然区位条件分析。

1）地理位置。

地理位置包括数理地理位置和自然地理位置。数理地理位置，又称天文位置和绝对位置，在平面上以地球表面的经纬网来确定，在高度坐标上则以海平面为基点。它既表示一个地点的绝对位置，也可以表示一地与其他地点之间的方向和空间距离。自然地理位置是指一地同周围自然地理事物的空间关系。这些自然地理事物可以是陆地、海洋、山脉、河流等自然实体，也可以是气候带、气候区、土壤和植被带、区等自然类型。

2）自然条件与资源。

不同的地理位置一般对应于不同的气候气象条件、地质水文特征、作物生长条件、矿产资源储藏等，对产业布局、生产组织等具有重要影响，从而也影响到物流的流量和流向，需要对资源状况进行分析阐述。自然区位条件是通过自然界的力量形成的，很难通过人为因素加以改变，同时，自然区位条件对于地区经济发展水平、产业布局、产品结构、市场规模、交通状况等有直接或间接的影响，从而影响地区物流的发展。因此，在开展物流产业发展规划工作时，自然区位条件分析是进行地区经济发展条件分析的基础。

相对于城市物流产业发展规划，区域物流产业发展规划的规划范围在地域上更加广阔，不同区域自然区位的差异性也因此相对较大。在城市物流产业发展规划中，邻近城市间的自然区位优劣势趋同，而在区域物流产业发展规划中，邻近区域间的自然区位优劣势对比则比较鲜明。因此，在区域物流产业发展规划中，对自然区位的分析十分重要。

（2）经济区位条件分析。区域的经济区位是该区域与具有经济意义的相关要素的空间关系。这些空间关系一般是以自然区位为基础的，但与人类的经济活动和社会活动结合更加紧密。

比如珠江三角洲地区，位于我国大陆南端，南海北岸，毗邻东盟10国，这是它的自然区位，而正是由于它处于这样一个自然地理位置，使它成为我国的沿海开放门户、经济发展前沿地带，这是它的经济区位，与我国的经济发展总体战略、世界经济格局是密切相关的。

经济区位条件分析是物流产业发展规划中区位条件分析的重点内容。经济区位由诸多与经济相关的因素构成，包括能源、原料、产业、市场、贸易等。这些因素共同作用，决定了一个区域经济发展的总体环境，进而影响到区域物流供给与需求。

对于一个区域的经济区位条件分析不同于经济现状描述，前者更侧重于该区域和其他区域，特别是邻近区域经济发展状况与条件的对比分析，在优劣势比较的基础上，对其相互之间的分工协作关系进行阐述，除此之外，还要分析规划区域在一个更大范围区域内的经济地位，如在产业链中的位置、市场地位、贸易地位等。

物流产业发展规划中对规划区域的经济区位条件应从发展现代物流业的条件角度加以分析，着重强调其经济区位在经济发展中的纽带、通道、窗口等作用。

比如分析辽宁省的经济区位应指出它在东北亚地区的位置，在联系东北经济区和环渤海经济区中的作用，在东北和内蒙古东部地区与日韩等国开展对外贸易中的作用等。

（3）交通区位条件分析。在很多产业发展规划中都将交通区位条件分析作为经济区位条件分析中的一项内容。由于现代物流与交通运输的密切关系，以及交通运输作为物流活动的核心环节和基本保障条件，再加上自身发展、运作的规律性，在物流产业发展规划中，通常把交通区位条件分析单独列出，作为一项重要内容进行专门分析。

区域交通区位条件与其自然区位密切相关，比如沿海地区通常位于海运通道上，而内陆地区一般与陆路运输通道相关联；再比如具备良好通航条件的江河成为水路运输动脉，其流域范围内的区域因此占据了水运通道的交通区位。

从物流产业发展规划角度而言，交通区位受经济区位的影响更加深刻，比如珠江三角洲位于我国东部沿海开放地带，是我国经济最发达地区之一，是全球加工制造业中心，以全球金融中心、贸易中心——香港为前哨，以资源丰富、市场广阔的中西部地区为腹地，得益于这样的经济区位，珠江三角洲成为我国乃至全球的航运中心，具有发展物流业得天独厚的交通区位。区域交通区位还与人类的生产建设活动有直接关系。运河的开凿、铁路的修建、公路的通达、机场的建设、港口的开辟都会改变一个区域的交通区位条件。

（4）其他区位条件分析。区域物流产业发展规划除了分析上述三个区位条件外，对其他一些对物流产业发展产生影响的区位因素也要加以分析，这些因素包括政治、文化、科技等。

政治区位主要是指一个区域与周边地区的政治关系，包括地缘政治、全球战略、安全局势等。在我国边疆地区、海峡西岸等区域，政治区位分析具有较为重要的意义。

文化区位既有历史因素，也有现实因素，它影响到区域范围内的要素价格、劳动力供给、劳动者素质、市场需求等诸多方面，在物流产业发展规划中都应给予适当的考虑和分析。

科技区位条件与经济、文化都有千丝万缕的关联，一个区域的科技发展环境、技术进步速度都可以归结为科技区位条件。科技对现代物流的影响已毋庸置疑，目前，世界上许多"临海产业区""临空产业区"的崛起往往都借助于优越的科技区位条件，对区域物流产业发展的推动作用是显而易见的。

3. 区域国民经济现状与发展趋势分析

对于区域国民经济发展状况的分析主要涉及两个方面：一是要评价区域经济发展总体水平；二是要研究区域内由于地区间的差异而形成的特定经济结构。对于经济发展趋势的判断一般借助于科学的方法进行预测分析，包括定量预测和定性预测。对社会发展状况的分析也包括在这一部分内容当中。

（1）区域经济发展总体水平分析。区域经济发展总体水平决定了区域物流的物流需求规模、层次和供给能力、服务水平，从需求与供给两方面影响着物流业的发展。区域经济发展总体水平主要是通过一些国民经济和社会发展总量与速度指标体现，这些指标涉及产值、投资、财政、贸易、收入、就业等诸多方面。

（2）区域经济结构分析。在一个规划区域内，不同地区的经济发展水平、产业结构等往往具有差异，而同时地缘因素造成各地区间的经济相关性又很强，分工协作关系密切，从而形成了区域特有的经济结构。区域经济系统中，以国民经济发展综合实力和科技发展水平作为评价指标，经济发展梯度最高的地区一般是区域经济发展的中心城市，这样的城市也称为经济增长极。

我国区域经济结构还表现为大城市和小城镇之间的差异、城乡间的差异等，形成产业基础和消费市场分布不均衡的特征，加之自然资源禀赋的差异，使地区分工贯穿能源、原材料供给、生产、消费等整个产业链。

区域内不同地区间的差异与分工形成原材料与产品产地、市场特定的分布格局，从而影响物流的总量与方向。

因此，区域经济结构分析，是区域物流产业发展规划的重要依据之一。

（3）区域国民经济发展趋势分析。对于区域国民经济发展趋势的分析，要以经济预测为基础。经济预测是依据经济学原理，应用数理统计学以及数量经济与技术经济的方法对客观经济过程及其要素的变动趋势作出描述，从而达到预测未来的目的。

目前，应用比较广泛的经济预测方法主要有：专家评估法、回归分析预测法、时间序列平滑预测法、模型法、马尔柯夫预测法等。这些方法中既有定量预测方法，也有定性预测方法，各种方法都有各自的优势和不足，在实际应用中一般采取多种方法，对结果进行比对、取舍和综合上述预测方法得出的结果并不能直接用于国民经济发展趋势的判断，在具体规划中，应结合宏观经济整体形势、区域发展战略、国家政策导向等对预测结果进行修正，使国民经济发展趋势分析更加具有前瞻性和指导性，以便为区域物流产业发展提供更加科学的需求与供给分析依据，使物流产业发展规划更具有服务于经济的特征。

（4）物流在推进区域经济发展中的地位与作用。现代物流是在近些年经济发展全球化和信息化、经济竞争集团化和区域化基础上发展起来的，特别是在区域经济发展和合作中，因产生巨大的物流服务需求，使物流与区域经济关系日益紧密。也正是由于物流管理与区域经济的紧密结合和充分合理地使用现代信息技术，才使其融入到区域经济活动中而具有了适应区域经济发展，并与区域经济紧密结合的趋势与特征。

1）促进流通业的发展。现代生产及流通新兴业态与现代物流形成了互动发展、相互促进和互为依托的良性机制。由于现代物流对全球及区域贸易、商业、制造业以及运输业具有基于内在利益驱动的基础性的整合强化作用，现代物流已在相当大的程度上成为推进区域工业和农业生产以及商业流通产业升级发展的重要因素，相关产业新兴业态在现代物流的推动下得以产生；与此同时，无论是传统业态还是新兴业态，因不断发展的需要又形成了对现代物流的强大需求。这一良性互动、互促、互依机制，是现代物流最重要的功能所在，也成为重要的发展趋势与特征。

2）促进产业组织的集约化。全球及区域、产业与企业供应链生产营销体系的兴起，正在主导现代物流的发展方向。近年来，在贸易自由化和经济全球化的迅速推动下，全球及区域市场逐步形成并完善；同时，产品的相对过剩迫使企业纷纷寻求规模化、网络化和国际化生产与销售途径。在此背景下，为了追求竞争优势，企业以实现全球化、区域化和产业化发展为战略，以降低成本和提高效益为目标，使全球及区域、产业及企业等多种形式的供应链生产营销体系逐步兴起并得到普及，逐渐成为主流的生产营销新兴业态，并以对高效率、低成本和优质的物流服务的需求，主导着现代物流的发展方向。

3）适应市场竞争的变化。产品的市场反应速度加快和竞争力度加强，迫使企业竞争方式发生转变，并对现代物流服务提出了更高要求。现代经济的显著特征是产品生命周期越来越短，企业竞争方式已不再是仅仅按照既定计划进行产品生产和销售的简单竞争，而是在提高市场所需求产品的生产响应速度，降低产品库存，压缩生产与流通成本，降低或消除企业系统性市场风险，获取市场竞争优势的全方位竞争。这种基于市场向深度拓展发育，要求信用体系不断完善，并能有效降低全社会交易成本的产品市场特征，对现代物流的专业化服务水平提出了很高的要求，使得"第三方物流"服务不断发展和壮大。

4）物流业自身的发展。物流服务在空间上的畅通性、时间上的准确性和质量上的稳定性，成为现代物流的主要特征。在保证区域经济发展及企业竞争方式转变需要，以及适应现代条件下的产品市场快速反应和竞争需要的同时，物流服务也逐步形成了在空间上的畅通性、时间上的准确性和质量上的稳定性特征，促进了物流自身的发展水平的不断提高，物流的现代特征得以充分体现。作为区域经济发展和企业竞争的手段和服务支持环境，现代物流又因使企业得以通过在更大范围内获取规模经济与竞争优势，而受到广泛重视并积极推进其发展。

4. 区域产业规模、结构与布局分析

区域产业发展状况决定了物流需求的规模、层次与分布，因此，物流产业发展规划必须从适应产业发展要求的角度进行相应的能力建设；另一方面，物流的发展状况也会反馈区域产业结构与布局中存在的问题，科学的物流产业发展规划可以起到引导产业布局合理化的作用。对于区域产业状况的分析，在国民经济发展状况分析中会有所涉及，主要是产业总体情况的阐述，包括产值规模、三次产业的结构比例等。

5. 区域合作形式

区域合作的目标是实现区域经济一体化，区域经济的一体化也要求加强区域之间的经济合作和分工。一个区域具有多个经济主体，它们之间的合作是为了实现区域内经济要素的自由流动、产业的相互支持与互补、信息与市场的共享，从而创造更多的共同发展机会，实现区域经济的共同增长。

区域内是否具有合作传统、合作的深度与广度对区域物流产业发展具有重要影响：一是区域合作将促进区域内各种要素的跨地区流动，从而诱发区域物流需求；二是地区间的分工协作将优化区域产业结构，引导产业集中布局，从而形成集中的物流活动，使物流资源得到更加均衡和充分的利用，降低物流成本，提高物流效率；三是区域统一布局规划，加强衔接和沟通，使物流活动更为顺畅，物流信息更为及时和透明，物流服务水平将因此大幅提高。

区域合作形式多种多样，并随着宏观环境的变化和技术理念的更新不断产生出新的形式。

目前，较为常见的区域合作形式主要有以下几种。

（1）中心扩散式的合作。以一个经济中心城市为经济增长极，中心城市为周边地区提供就业机会、劳动收入、财政转移支付、初级产品消费市场等，并进而通过投资和产业转移拉动周边地区经济增长，形成辐射整个区域的扩散效应。这种合作形式将使区域物流具有较为明显的中心集散性，向心方向与离心方向的物流在总量、品种上都有较大差异。

（2）点轴辐射式的合作。几个经济发达的大城市是区域经济增长的主要动力，多个具有一定经济规模的中等城市相连，与大城市共同构成城市群和区域经济发展带，共同带动整个区域的经济发展。这种合作形式将由于产业布局的集中形成较为集中的物流，由于产业结构的层次分明形成多层次的物流需求，对物流网络化运作要求较高。

（3）梯度推移式的合作。具有较好资源条件和地理区位的地区先行发展起来之后，通过投资和产业转移带动其他地区的经济发展，实现区域经济共同增长。这种合作形式下的区域物流需求一般在地域分布、方向、结构上均呈现不均衡的特征，而且这种合作形式需要完善物流环境来引导产业的优化布局。除了上述几种合作形式外，当前区域合作也有一些新的动向，从双边合作到多边合作，从递推式的合作到跨越式的合作，从局部地区的、单一领域的合作到整个区域的、全方位的合作，从经贸交流的合作到突破体制、制度的合作等。从总体趋势而言，区域合作正在朝着程度更深、范围更广的方向发展，必将对区域物流的发展产生更加深远的影响。

6. 区域物流产业发展规划的意义

（1）整合区域物流产业，推动区域物流的发展。现代物流业是覆盖运输、仓储、装卸、加工、信息等多个产业的复合产业，而区域是由行政隶属关系不同的多个经济主体组成，因此，区域物流的发展极易形成各自为政的状态。区域物流产业发展规划是在考虑整个区域的资源分布、产业基础、经济结构、市场需求等多种因素的基础上，在战略层面对区域物流业的发展进行统一部署和安排。

此外，通过打破"条块分割"，保障区域物流活动的畅通，通过统一建设规划和产业布局，避免物流资源浪费，通过加强分工协作提高物流效率和物流服务水平，从而实现区域物流产业的升级和发展。

（2）促进区域内要素与产品的流动，实现资源整合。区域内不同地区的资源禀赋迥异，产业结构各异，市场需求与容量也相差甚远，因此，无论从经济建设还是社会发展的角度，都需要地区间互通有无，加强往来。对区域物流产业发展进行统一规划，为区域内要素和产品的自由流动打造了平台，为实现区域资源整合创造了条件，对区域经济合作和经济的一体化具有积极的作用和意义。

（3）优化区域产业结构和布局，推动区域经济健康快速增长。地区间产业结构雷同、布局分散是当前许多区域发展中的现实问题，造成经济发展中的资源浪费和效率低下。区域物流产业发展的科学合理规划，对引导区域内产业的统一布局和结构调整起到重要作用，特别是通过统一的物流产业发展规划，为产业的优化布局创造物流组织、运作和服务条件，在发挥各地区的优势，实现产业集中布局，保持经济快速增长的同时，对提高经济增长的效率和质量具有重要意义和作用。

（4）改善区域整体投资环境，增强招商引资的吸引力。目前，国内外的战略投资者在选择投资区域时都把物流环境作为一个重要的考察指标。区域物流产业发展规划致力于区域整体物流环境的改善，规划的实施将降低区域物流总成本，提高区域物流整体效率，改善区域物流综合服务水平，从而提高投资者的预期收益，增强区域招商引资的吸引力。

（5）指导跨区域物流基础设施的建设和衔接。跨区域的物流基础设施建设常常因为涉及多方利益而遭遇困境。区域物流产业发展规划是在权衡各方利弊、发挥各自优势基础上的统一部署，是考虑全局利益的系统性的规划，具有较高的科学性，同时又由于它是超越地区的更高层次的规划而具有权威性和指导性，对于促进跨区域物流基础设施建设和衔接起到重要作用。

（6）促进物流企业发展，提高企业竞争力。区域物流产业发展规划为物流企业的发展提供了更广阔的平台，通过改善设施、市场、政策环境，为企业发展创造了更加公平有序的竞争环境。在统一的区域物流大市场上，物流业将通过内部整合、引进竞争、服务创新，实现优胜劣汰，对提高物流企业的整体竞争实力和建立完善的企业服务系统，将具有积极的作用。

（二）区域物流需求分析

1. 需求类型

区域物流需求是指区域边界范围内所有的物流需求，它包括起点与终点均在规划区域范围内的内部物流需求，也包括一端在规划区域内、另一段在规划区域外的对外物流，还包括起讫点均在规划区域外、但中间经过规划区域的过境物流。

区域物流需求分析必须涵盖上述三种类型的物流需求，以便真实反映规划区域承载的全部物流量，使物流需求分析和预测对规划更具有指导意义，使规划更加科学和适用，特别是为区域网络的构建提供不同需求类型的规模，以及流量、流向、流速等数据支持。

2. 区域物流需求的发展趋势

（1）集聚化趋势。物流需求是一种派生需求，随着经济规模的扩大，物流需求总量也会不断提高，这是物流需求发展的基本趋势。区域物流需求除了具有上述规模化趋势之外，还具有集聚化发展趋势。区域内资源的整合利用、产业的集中布局，以及城市化进程的推进，使物流需求逐渐向点、线、带上集聚，形成区域性物流中心城市、物流大通道和物流枢纽等。

（2）层次化趋势。区域物流具有多元化的需求特征，随着区域内和区域间产业分工的细化，区域物流需求也在垂直体系中形成多个层级，并由此产生了对物流基础设施和物流运营组织层次更加明确、细化的要求，包括各级物流园区、物流中心、配送中心分层次布局与功能的规划，不同规模和市场定位的物流企业体系建设的规划等，都应适应区域物流层次化发展趋势的要求。

（3）一体化趋势。区域合作的深化、区域经济一体化水平的提高，使区域物流市场更加活跃，物流活动更加频繁，同时，也使区域物流需求不断向一体化方向发展，它表现在跨越地区的一体化、跨越行业的一体化、集合多种物流服务功能的一体化等多个方面。

除了上述发展趋势外，不同的区域由于自然、经济、社会状况的差异，物流需求的发展趋势也不尽相同，制定区域物流产业发展规划时，应结合规划区域的具体情况进行分析，不仅要对未来的区域物流需求规模作出较为准确的预测，还要对需求结构、需求分布和需求层次进行分析和判断。

3. 区域物流供给与需求关系

物流作为一种产业，与其他产业在运行机制与结构上具有相似性，由供给和需求两个方面构成,而且,社会的供给与需求关系将会促进物流相应市场的形成。

从产业特性角度出发,区域物流体系涉及物流产业发展的方方面面,由物流服务需求方、物流服务供给方和由此确定的物流市场关系构成。生产制造企业、商贸流通企业、社会团体、军队、政府和居民等构成物流服务的需求方;专业化的物流企业、运输企业、仓储企业、包装加工企业等构成物流服务的供给方。对于区域物流体系而言,物流服务的供需双方并非界定在区域范围内,区域以外的物流供给方与需求方也会对本区域提供物流服务供给和产生物流服务需求。物流服务的需求方和物流服务的供给方通过物流市场达成符合自己的成本、效率和服务要求的交易,即需求方要求物流速度快、服务好、收费低,供给方利用自身和社会资源满足需求方要求,并获得收益。物流市场是供需双方联系的纽带。

当前,我国区域物流供需不平衡的问题较为突出,不仅表现在供给与需求规模上的不对等,即物流供给量与需求量存在差异,而且,由于区域覆盖地域范围较为辽阔,地区间经济发展水平差距较大,这种不平衡更多地表现在供需双方在结构、分布、层次等方面的不匹配。这其中既有需求方"大而全""小而全"思维和运作模式,不愿意分离和外包物流服务的问题,也有供给方不能够满足需求方要求的问题,还有物流市场机制不完善、信息沟通不顺畅的问题,从而导致物流体系运作效率和效益不高。因此,必须通过区域物流产业发展规划来推动区域物流体系的建立和完善,促进区域物流产业发展环境的改善,进而逐步调整和理顺物流供求关系。

4. 区域物流需求规模、结构、分布与层次

对区域物流需求规模、结构、分布与层次的分析是在区域经济发展条件分析的基础上进行的,不同的区位条件、经济发展水平、产业发展状况、区域经济一体化水平,会使区域物流需求具有不同的规模、结构、分布与层次。

(1) 区域物流需求的规模与区域区位条件密切相关。如果一个区

域具有优越的自然区位，拥有丰富的资源，则一般会产生较大规模的能源、原材料输出物流需求或内部物流需求；如果一个区域资源匮乏，但占据了重要的经济区位，产业发达，市场活跃，贸易活动频繁，也会产生大量的物流需求；如果区域处在重要的交通区位上，同样会形成非常旺盛的物流需求。若几个方面的因素进行叠加，将具有更大规模的物流需求。

（2）区域物流需求的规模与区域经济发展水平也存在紧密关系。就总体情况而言，经济发达的区域能够聚集大量的人流、物流、资金流，它一方面需要大量的资源支撑经济的快速发展，另一方面也需要广阔的市场消化各种产品，由此引发频繁的物流活动，派生出大规模的物流需求。

（3）区域物流需求的规模与区域产业发展密切相关。物流业是一个基础性服务产业部门，它为国民经济所有产业部门提供基本生产条件，因此，区域物流的需求主要是由区域产业发展派生出来的。产业基础好、规模大，一般物流需求旺盛，地区间产业结构差异较大，产业分布不均衡也需要通过流通环节进行调剂，从而产生大量物流需求。

（4）区域物流需求的规模与区域内部的合作水平直接关系。一方面，区域经济一体化程度高，地区间物资往来频繁必然诱发大量物流需求；另一方面，区域合作关系密切，相互沟通衔接顺畅，也会使物流活动更加顺畅，刺激物流需求增长。

需求结构分类区域物流需求的结构是指物流需求的类型和各种类型的比例关系等，主要需要分析三个方面：一是物流对象的类型，即货物品类；二是物流活动的空间范围，可以分为内部物流、对外物流和过境物流等，也可分为国际物流、区际物流、市际物流等；三是物流业务的类别，如运输量、仓储量、配送量等。上述三者应相互结合进行分析，如不同空间范围内的物流一般对应于不同的货物品类。

一般而言，物流的货类结构与区域的资源分布、产业结构等关系十分密切，物流活动空间范围的结构与产业布局、区域内部联系、区域间合作情况等关系更加密切，而物流业务量的结构差异相对较小，主要受区域产业类型、经济运行效率和物流管理水平等的影响。

对于区域物流需求结构的分析，应该具有供应链视角，规划区域在相关产业供应链中的位置、区域内各地区在供应链中的分工对于物流需求结构会产生非常重要的影响。

区域物流需求的分布应从两方面加以分析，即物流需求的时间分布和空间分布。在市场经济条件下，物流需求的时空分布一般是不均衡的，时间上的不均衡表现为需求的旺季与淡季，空间上的不均衡表现为方向上的不平衡和不同地域物流市场活跃程度的差异性。

物流需求的时间分布受很多因素影响，如作物生长周期、工厂生产周期、产品销售周期等，这其中有些是可以进行较为准确的预测的，使物流需求虽然在时间分布上不均衡，但是是可控的，有些则难以准确预测，会使物流需求短期内产生难以预期的大幅波动。

因此，区域物流产业发展规划除了有预见性外，还要有适应性，通过系统自我调节来适应物流需求时间分布不均衡的特征。

物流需求空间分布不均衡与物流需求结构有直接关系，比如物流需求结构中资源性产品比重大，物流需求方向上的不平衡一般较为显著，内部物流、对外物流和过境物流不同的比例结构也会使物流需求在方向与地域上的分布呈现不同特征。

物流需求层次主要指对物流服务类型和水平的要求，包括物流的安全、可靠、便捷、低成本、高效率等。区域物流需求的层次受多种因素影响，其中较为重要的因素是区域经济发展水平和产业结构，以及由此形成的特定的物流需求结构。

比如，以重化工业为主的区域，物流需求结构以大宗物资为主，物流需求层次则主要是低成本、大批量的物流；以畜牧业为主的区域，物流需求结构以生鲜食品为主，物流需求相对集中于对安全、环保有较高要求的绿色物流层次；以高新技术产业为主的区域，物流需求结构以单位价值高、时效性强的科技产品为主，物流需求层次相对较高，对高质高价的物流服务消费能力较强。

一个区域产业结构的复杂性决定其物流需求往往具有多个层次，不同层次上的物流需求规模也不尽相同。不同层次的物流需求对物流设施设备的要求具有很大差异，特别是物流园区、物流中心、配送中心等专门化的物流设施并非适应区域内所有地区的物流需求层次，在具体规划时，应根据实际物流需求层次做出科学合理的安排。区域物流需求的层次在一定程度上反映出该区域物流业发展水平和物流市场的成熟度。

一般而言，区域物流业发展到一定水平，物流市场逐步走向成熟以后，物流需求的层次也会变得更加多样化，高层次的物流需求所占比重会有所上升。

（三）区域物流条件分析

1. 区域综合运输体系建设与发展现状

（1）交通运输管理体制。我国地方交通运输行业管理部门是中央相关管理部门的基层组织，各种运输方式分属不同部门管理，权力分割，不易协调，而区域交通运输不仅涉及多个部门，还涉及多个地区，各地区、各部门的交通运输系统往往自成体系，使跨地区运营管理更加复杂和难以协调。为了改善这一状况，一些区域已经进行了一些探索，包括制定区域性的交通发展合作规划作为指导，统一规划、合作建设干线运输网络，建立区域交通运输服务合作机制，推动区域一体化交通运输市场的形成，统一关税及人流出入境管理制度等，完善了区域交通运输管理体制，为区域综合运输体系的建设和发展提供了保障。

（2）交通基础设施。区域交通运输具有明显的网络化运营特征，必须以覆盖区域范围的网络化的交通基础设施为载体，因此，交通基础设施是区域综合运输体系的重要组成部分，也是区域物流组织运作的重要基础。区域物流产业发展规划应该对交通基础设施的投资、建设、运营情况进行全面、准确的分析，对交通基础设施能力能否适应区域物流、产业布局和经济发展的要求进行分析和判断，以便通过物流产业发展规划对相关功能设施进行系统、有效的整合，提高交通基础设施的空间布局合理性与利用水平。

（3）运输服务企业。传统运输服务企业一般以单一运输为主业，运输方式内部和之间的联运较少，增值服务也较为薄弱。为适应现代物流的发展，许多运输企业扩展了经营范围，从运输主业向外拓展包括多式联运、快递、城市及区域配送等具有高附加值的业务，提升了服务档次，也提高了企业收益。单一方式运输企业、多式联运企业、快递企业、配送企业等共同构成区域运输服务的供给主体，其中，区域内能够提供运输增值服务的企业数量、规模、市场份额等是综合运输体系发展水平的重要指标之一。

（4）交通运输政策与法规。区域交通运输政策与法规体系中既有不同运输方式的专门政策和法规，也有不同地区地方性的政策法规，相互之间难免有矛盾和冲突，为构建区域综合运输体系增加了难度。对交通运输政策与法规的分析应该寻找这些矛盾和冲突点，结合具体执行情况，客观评价区域交通运输政策法规环境和综合运输体系的发展水平。

2. 区域之间的合作发展

不同经济区域之间在物流领域的合作，为各区域之间物流的协调、分工与衔接提出了需求，也搭建了平台，有利于区域物流运作与服务条件的改善。经济区域间的物流合作现状主要包括物流产业发展规划的衔接、资源的整合和市场培育等方面。

（1）物流产业发展规划衔接。不同经济区域之间物流产业发展规划的衔接包括铁路、公路等在内的物流干线网络的衔接，不同区域各级物流节点布局与分工的协调，以及物流信息平台的对接。除此之外，还包括物流产业发展政策的统一和规划实施步骤的协调。

（2）物流资源整合。从各区域的资源禀赋和比较优势出发，整合其物流基础设施资源、客户资源、人才资源、信息资源等，发挥规模化、集约化和专业化作用。

（3）物流标准统一。所有区域物流参与方以及各物流环节从适应物流产业发展需要出发，统一设备规格、技术标准、信息标准、操作流程、服务指标等，并强化应用的协调和组织工作。

（4）物流企业培育。对传统物流企业进行改组改造，以建立现代企业制度为契机，引导企业通过兼并、重组、联营、撤销等多种形式，鼓励实行区域间的"强强联合"，打造区域物流体系的强势微观主体。

（5）物流人才与技术交流。跨区域建立多层次、多样化的物流人才教育与培训体系，合作培养现代物流技术与管理人才，为人才交流提供平台，共同开展物流技术的研究与开发，鼓励成果的推广应用。

3. 区域物流技术、管理与服务发展水平

现代物流是先进管理理念与技术手段高度结合的产物，其目标是以最快捷的方式、最恰当的成本、最高效的物流运作形式，为需求者提供最优质的服务。因此，物流产业发展水平的高低集中体现在物流产业技术、管理与服务发展水平上，为制定区域物流产业发展规划，需要对这些问题进行系统分析。

（1）物流过程的可控性。区域物流空间跨度大，中间环节较多，物流过程的可控性显得尤为重要。物流过程的可控性是以周密的计划安排为基础，以先进的技术手段为支持，保证从起点至终点的各个物流环节均处于可以监管、控制和调节的范围内。如通过物流实施跟踪技术，实现车辆及货物的追踪管理，提高物流运营的透明度，及时发现问题，并根据所发现的问题及时采取措施；通过仓储管理与库存控制技术，提供当前库存的实时信息，使管理者能够通过获取的信息来控制和管理库存等。

（2）物流运作的连贯性。区域物流包括宏观的管理，也包括具体的操作，包含城市物流、农村物流等多个层次，涉及多种运输方式的衔接，多种物流功能的配套，必须保证不同地区、不同层次物流运作的衔接和物流服务的贯通。

（3）物流供给的弹性。区域物流面对一个相对广阔的市场，需求结构复杂，市场波动起伏较大，因此，物流供给必须根据市场的变化及时做出调整，表现出一定的供给弹性。

区域物流的供给弹性应体现在四个方面：一是根据物流的流向变化进行物流服务空间分布的调整；二是根据物流需求的淡、旺季进行物流供给的峰谷调节；三是根据物流的流量变化及时调整既定计划与安排；四是根据货物种类的变化灵活地改变服务方式。

（4）物流运营的高效率。对于物流服务需求者而言，物流的高效率主要体现在低廉的物流成本、快速的资金周转和及时准确的物流功能实现；对于物流服务提供者而言，物流的高效率主要体现在企业的经济效益；而对于区域物流这个大系统而言，物流的高效率集中体现在整体资源的优化配置和物流对社会经济发展的综合贡献。

（5）物流服务的个性化。区域物流需求的多样性要求物流服务的个性化。为了顺应市场经济发展趋势，物流企业必须打破自身固定的运行模式，专门为不同的客户设计并提供一整套运行流程和操作方案，以完全适应客户的实际需求，真正实现量体裁衣、度身定制。

4. 区域人才技术条件及资源

物流人才是稀缺资源，更是战略资源，对未来高素质物流人才的要求主要表现为具备专业知识和技能，具有系统性组织及管理能力和从战略高度考虑问题的素养。不同区域物流人才资源储备的较大差异，成为影响区域物流产业发展水平的重要因素。

一个区域对于物流的认识，对物流产业的重视程度除了与国家宏观战略有关外，还与该区域物流学术发展水平有关，与领域内的专家、学者对区域物流产业发展的研究、关注和宣传力度有关；区域物流产业的竞争力与主管部门的规划水平、指导与管理水平直接相关，与物流企业管理层的管理能力、员工的执行能力与操作水平都有十分密切的关系。

物流技术是通过运输、仓储、信息、流通、加工等各类专业技术的优化组合，充分体现物流管理的技术创新，实现诸如零库存、及时供货、协同配送、流程再造等物流技术目标。物流人才队伍建设和物流技术推进涉及诸多方面，对区域物流人才技术条件的分析也应该涵盖各个领域，从多个角度加以分析，以便为人才的充分利用和人力资源的优势互补提供规划依据。

（1）物流教育培训体系。物流学科跨越了多个研究领域，不仅涉及学术理论研究，还涉及规划管理方法和实际操作指导，是一门技术与经济相结合的新兴综合学科和边缘学科。区域物流教育水平由多方因素决定，主要包括物流学科体系设置、各层次物流教育所采用的教材、物流师资队伍建设、物流教育培训方法与内容等，这些因素共同形成了一个区域自我培育和造就物流人才的机制，成为区域物流人才技术条件的要件之一。

（2）物流人才储备状况。物流人才有多种类型，包括物流管理人才、物流执行型和操作型人才，还包括物流学术专家、物流研究人员、物流专业教师、物流岗位培训人员等，正是各个领域物流人才的共同努力推动着物流理论与实践的创新与发展。区域地域范围相对较广，区域内不同地区间社会经济结构与发展水平存在差异，同时相互间联系又很紧密，因此，区域范围内的人才储备状况一般较为复杂多样，人才流动性也很强，对区域物流人才储备状况的分析是对上述各种类型物流人才的数量、结构和能力水平等从总体上进行分析，同时，还要分析人才的实际使用状况，是否各得其所，是否人尽其才等。

（3）物流人才引进机制。对于一个区域来说，无论是否已经建立起完善的物流教育培训体系，是否已经培育出大量的物流人才，都需要构建并不断创新物流人才引进机制。

引进物流人才的目的：一是为了提高本区域物流从业者的整体素质；二是树立区域重科技、重人才的形象，提高区域知名度；三是为了加强交流，为区域物流产业的发展输入新鲜血液；四是为了鼓励竞争，形成优胜劣汰的竞争机制。成功地引进物流人才需要政府和民间的合作与互动，对区域物流人才引进机制的分析也因此包含两个方面：一是政府层面的工作，主要包括搭建人才交流平台、配套人才引进相关政策、建立健全人才分类管理制度以及创建"鼓励创新、宽容失败"的人才发展环境等；二是企业层面的工作，包括人才吸纳和使用的思路及具体办法，对于人才的绩效考核和奖惩办法等。

（4）物流从业资格认证体系。物流从业资格认证是物流人才战略的重要组成部分，它为物流人才的培养、选拔和任用提供了依据，有利于物流人才培训和上岗就业的规范化。目前，我国已经制定并批准公布实施了"物流师国家职业标准"，并根据该标准推出了"物流师国家资格认证",共设助理物流师、物流师与高级物流师三个层次。除了国家标准与认证体系外,许多区域也已经建立起各自的物流专业人员培训和认证体系,以培养和建设高素质物流专业人才队伍,推动本区域物流产业的快速发展。区域物流从业资格认证体系包括国家认证体系在本区域的架构和区域自身的认证体系两个层面,应该从职业等级、培训教材、师资力量、考试认证、证书发放管理等各个方面进行全面的分析和评价。

（5）物流技术研发与应用水平。物流技术包括设施设备的设计制造、物流操作方法、物流管理方法等。区域物流技术研发和应用水平与本区域对该行业的投入和重视程度密切相关。近年来,我国的一些区域加大了对物流技术的研发投入,建设了各种物流技术试验基地,构建了物流产学研联盟,鼓励物流技术创新和成果应用,大大推动了本区域物流技术发展水平,为区域物流产业发展提供了强有力的支持。

（四） 区域物流规划内容

1. 基本战略

区域物流产业发展的基本战略是有关规划区域范围内物流产业的定位、长期和总体发展方向,以及实施思路的重大方针与谋略,它是区域物流产业发展的指导思想和行动纲领,对于整个区域物流产业发展规划的制定和实施具有指导性意义。区域物流产业发展战略包括战略思想、战略目标、战略重点、战略步骤与战略实施的保障措施等。

（1）战略思想。区域物流产业发展战略思想体现了区域发展物流业的总体思路与基本原则,它应与区域经济与社会发展战略思想保持一致,必须具有全局性和前瞻性,能够正确指导物流产业发展过程中内部与外部、整体与局部、远期与近期、规模与结构、速度与效益、政府与市场等各方面重大关系问题的处理。

（2）战略目标。区域物流产业发展战略目标是一个宏观层面的奋斗方向,而非微观层面的具体指标,它应服从区域经济社会发展总体战略并支持总体战略目标的实现。制定区域物流产业发展战略目标,应客观分析区域发展物流业的竞争优势与劣势、面临的机遇与挑战，以确保战略目标的科学性和可行性。

（3）战略重点。区域物流产业发展战略重点通常集中在以下几方面：一是与周边区域物流业竞争的优势领域；二是对本区域物流产业发展具有基础性或者先导性作用的行业或部门；三是可能对区域物流产业发展形成制约的薄弱环节或基础较差的领域；四是对区域物流产业发展路径或速度能够起到决定性作用的关键领域。

需要特别强调的是，区域物流产业发展战略应该体现对区域经济发展战略重点的支持。制定区域经济发展战略时，应根据本区域的自然资源、地理区位、人文特点、历史基础等确定各自的战略重点，包括重点产业、重点部门、重点地区、重点领域等。这些战略重点或者对区域经济贡献较大，或者对区域乃至更大范围内的经济发展方向、路径、速度等能够产生重大影响，对于总体战略目标的实现通常会起到决定性作用，必须得到各个方面，包括物流方面的大力支持和重点保障。

此外，区域经济发展一般会吸引大量资本，有较高的投入和产出，具有规模性特点，会诱发较大物流需求。因此，在制定区域物流产业发展战略时，应该有针对性地支持区域经济发展战略重点。

（4）战略步骤。区域物流产业发展战略的贯彻实施是一个长期的过程，需要分阶段、分步骤有序推进。在具体实施过程中，应将总体战略目标分解，对每一阶段的目标制定相应的实施方案，特别要明确每一阶段的战略重点并给予有效支持。

必须明确的是，区域物流产业发展战略应该与经济发展战略的推进步伐相适应。物流对经济的支持保障作用要求其发展应适度超前，确保经济发展所产生的物流需求得到较好的满足，但物流供给能力形成后不能储存，不能转换，物流过度超前的发展会形成资源的浪费和物流运营的低效率，因此，对物流产业发展战略实施步骤的安排应充分考虑经济发展战略的推进速度。

（5）战略实施保障措施。区域物流产业发展战略保障措施是为了贯彻战略思想、实现战略目标、支持战略重点、实践战略步骤而采取的具体方法与手段。制定保障措施通常应考虑以下几方面：一是营造良好的物流产业发展外部环境；二是构建规则与秩序；三是做好各方面配套措施；四是制定应对突发事件的应急补救措施；五是建立一套完整机制，以便实时反馈战略实施情况、考核各阶段战略目标、及时调整战略重点与战略步骤等。

2. 目标体系

区域物流产业发展的目标体系是由战略目标和具体指标共同构成的一组目标，它既要从宏观角度描绘一个区域物流业的奋斗方向，又要从微观角度落实具体的工作要求，既勾画了区域物流产业发展的远景蓝图，又确定了近期各项任务完成情况的考核标准，因此，它是一个复杂的体系，在空间上是分层次的，在时间上是分阶段的。区域物流产业发展的目标体系以总体战略目标为统领。

（1）目标体系的层次。从大的框架结构而言，区域物流产业发展的目标体系主要分三个层次，分别为战略目标层、规划目标层和具体指标层。

区域物流产业发展总体战略目标是区域物流产业发展目标体系的最高层次，是方向性、指导性的目标，一般通过定性描述的方式展现区域物流产业发展的蓝图。战略目标所传达的信息是概念性的，所包含的内容没有规定范式，不同区域可根据自身情况制定，但在目标体系这一层次必须明确未来物流产业发展对本区域经济社会发展所要达到的适应程度和支持程度，如在区域经济增长、产业结构改善、社会服务功能完善、社会全面进步、引导投资、促进就业、区域合作等方面要实现的战略目标。

区域物流产业发展规划目标是区域物流产业发展目标体系中介于战略目标与具体指标之间的层面，比战略目标更加具体，具有一定的可操作性，但相比于具体指标又是抽象的、概括的，是用于指导具体指标的。规划目标一般需要确定区域物流体系的功能和性质、物流系统建设所要达到的水平、物流市场所要达到的规模等，如物流基础设施系统、物流网络、信息系统、物流企业、物流服务对本区域物流需求的满足程度等。

区域物流产业发展具体指标是实施层面的目标，必须具有完全的可操作性，主要为定量指标，也可以有一部分定性指标，但所有指标都应能够进行后期考核和评价。具体指标一般需要落实到具体领域，如物流业增加值、物流业务量、物流业投资规模、物流基础设施规模、物流装备水平、物流企业数量与结构、物流从业人员数量与素质等。

（2）目标体系的时序。区域物流产业发展的目标体系是按照规划阶段分别制定、分步实施的。区域物流产业发展总体战略目标是对整个规划期工作方向的指引，对于超出规划期的远景目标展望也有一定的指导意义。各个阶段的规划目标与具体指标是逐步推进的，前后应具有良好的承接性，并与各区域实际情况紧密结合，不能过度超前，也不宜过于保守。

一般而言，近期目标制定后需要很快付诸实施，因此要求较为详细和精确；远期目标由于实施时间较长，期间不确定因素较多，可以相对粗略，并且具有一定的弹性，既能够应对规划期内情况发生变化的要求，又能够保证规划的权威性。

3. 区域物流需求的规模、结构、布局与层次

在前面对区域物流需求进行较为全面分析的基础上，应通过科学的预测方法，定量确定规划期内区域物流需求的规模、结构、布局与层次。通常以规划基年数据和资料为基础，预测各规划目标年份的物流需求。这是物流产业发展规划中的一项重要工作内容，是区域物流体系功能设计、产业布局、设施规划等其他规划工作的基础。

（1）物流需求的规模。物流需求规模是分析需求结构、布局与层次的基础。为确定物流需求总体规模即物流需求总量，首先要划定区域物流市场的范围，判断哪些物流需求会对本区域物流业发展产生影响，是区域物流产业发展规划应该考虑的。

从科学规划的角度而言，区域物流需求总量中应该包括区域内部物流，本区域与其他区域之间的物流和发生在其他区域之间但途经本区域并占用本区域物流资源的需求。

但是，在实际工作中，由于数据统计口径、可获得性、方法等原因，很难直接得到上述全部数据，需要对统计数据进行推算和调整，然后再应用各种预测方法进行需求预测。这里需要强调的是，由于国家区域发展战略的调整和区域合作的加强，区域物流需求总量的增长变化情况可能与以往所呈现出的规律有所不同，在进行区域物流需求预测时，除了应选择科学的预测方法外，还应对预测结果进行分析并做出适当调整，使预测结果能够正确反映这种趋势上的变化。

（2）物流需求的结构。区域物流需求结构是将物流需求总量按照不同物流类型进行划分的结果。如前所述，划分的方法主要有三种：按照货种划分、按照活动空间范围划分和按照业务类型划分。

确定物流需求货类结构，可以从区域的资源与产业结构入手，分析本区域能源、原材料、产品等的产量、消费量与产销平衡关系等，以及产业的物流组织流程和规律。特别是要与区域的产业规划紧密结合，关注规划期内产业结构调整方向与调整目标，以便通过合理规划使各种物流需求得到更好的满足。

物流活动空间范围结构可以通过分析区域的内外贸易量、各种运输方式的运量等基础数据获得并进行预测，它是确定区域物流体系功能与定位的重要因素之一，对物流基础设施规划也会产生重要影响。

部分物流业务有直接的统计数据，如各种运输方式的运输量、港口吞吐量等，也有一些数据需要通过抽样调查、推算等方式获得，如配送量、流通加工量等。物流业务类型结构是区域物流设施规划的主要依据之一。

（3）物流需求的布局。分析区域物流需求布局是为了说明物流需求在区域内不同地区间总量与结构的差异，以便在制定物流产业发展规划方案时能够因地制宜，使物流服务供给与各个地区的物流需求相匹配。区域物流需求布局一般以分地区的物流量统计数据为基础，结合区域产业布局和地区间经济社会发展水平的差异进行分析和预测。

（4）物流需求的层次。确定区域物流需求层次是对区域内物流企业与物流市场制定相关规划的基础。总的来说，物流需求的层次越多、越复杂，物流企业的类型就要越齐全，物流企业之间的分工与合作的要求越高，物流市场的划分就要越细化。在进行物流产业发展规划时，将区域内所有层次的物流需求都细分、量化显然是不现实的，也没有必要。

根据以往物流业的经验，一般层次的物流需求比较容易得到满足，因此，要重点分析特殊层次的物流需求，比如大宗物流、应急物流、精益物流等，特别是当这些物流服务需求关系到区域国民经济的基础性或先导性产业，或者事关人民的基本生存条件与生活保障时，必须在充分研究论证的基础上，在规划中予以重点保障。

4. 功能与框架

（1）物流体系的定位与功能设计。为合理设计区域物流体系的功能，首先应该明确区域物流业的定位，包括两个方面：一个是纵向的定位，即区域物流体系在国家宏观物流体系中的定位；另一个是横向的定位，即区域物流体系在区域国民经济与社会发展中的定位。

只有进行合理的定位，才能对区域物流体系进行科学的功能设计。区域物流体系在国家宏观物流体系中的定位，包括该区域在国家级物流基础设施规划中的地位、功能，区域物流业在全国物流业总体规划中的定位，区域物流市场在国家重要产业供应链中的位置、作用等。区域物流体系在区域国民经济与社会发展中的定位，是指物流业在支持区域经济社会发展中的作用，即把物流业作为国民经济中的一个产业部门，设定它对区域经济增长的贡献率，确定对拉动投资、促进就业、培育新的经济增长点的作用，明确它和其他产业之间的关系，以及它在维持社会生产生活正常运转中发挥的作用等。

区域物流体系的功能设计是一项系统工程，一般将系统分解，对各个子系统分别进行功能设计，然后再用系统综合法进行子系统的功能整合与衔接集成。

1）物流层次划分。区域物流体系按照物流层次划分为国家物流功能子系统、区域物流功能子系统、城市物流功能子系统、企业物流功能子系统等。国家物流功能子系统指区域物流体系对国家宏观物流系统发挥支持作用的功能子系统，在设施功能上主要体现在通道、枢纽、节点功能等，在经营运作功能上主要体现在中转、集散等；区域物流功能子系统是支持区域内和本区域与相邻区域间的物流活动，其功能实现除了依托公路、铁路、机场、港口等运输设施外，还要依托物流园区、物流中心等专门物流基础设施；城市物流功能子系统是区域物流功能向下延伸的子系统，主要实现区域物流与区域内城市物流的衔接功能等；企业物流功能子系统是延伸到最微观层面的功能子系统，在区域物流产业发展规划中主要是通过政策引导和市场规范来建立和完善其功能。

2）基本功能划分。区域物流体系按照物流基本功能划分为运输功能子系统、仓储功能子系统、配送功能子系统、装卸功能子系统、包装功能子系统、流通加工功能子系统、信息功能子系统等，这些功能的实现要依托物流基础设施、设备，借助于管理技术与信息技术的协调配合。

3）服务产业划分。区域物流体系按照服务产业划分为农业物流功能子系统、工业物流功能子系统、商贸物流功能子系统等。

上述各个子系统的功能设计应结合各产业规划，充分考虑不同产业产品、原料、生产工艺或经营方式等。

在对各个子系统进行功能设计时应结合区域物流体系的定位，并且做好不同子系统之间的接口，使其能够顺畅衔接，形成一个完整、贯通的大系统。

（2）物流体系的框架。区域物流体系的框架大体上可以分为两部分：一是区域物流管理政策平台；二是区域物流组织运作平台。

从建设实施的角度而言，二者是需要同步推进的并列关系；但从物流产业组织的角度而言，物流组织运作平台是在政策框架下的物流产业发展实施系统的总和，既包括物流活动的运作，又包括政策及管理部门的运作。

5. 规模与布局

（1）物流产业发展规模。对区域物流产业发展规模的规划内容主要包括物流业产值规模、投资规模、基础设施规模、市场规模、企业规模、从业规模等。

物流业产值规模是区域物流业的生产总值，也称为物流业增加值。通常情况下，它占区域生产总值的比重不宜过大，也不宜过小。比重过大说明物流成本过高，社会经济运行成本过大；比重过小说明物流业成长不足，很难满足区域社会经济发展的需求。但是，对于具有两头在外的物流需求，其物流业生产总值的规模又成为区域经济发展中的目标追求，希望获取更大的增加值。因此，区域物流业生产总值的目标，具有物流产业发展与结构的双重性，需要区别对待。

物流业投资规模是对产业的总体投资，包括对设施的投资、企业的投资等，各方面应保持适当比例。此外，还应确定物流业总体投资回报率以及企业的经营收入、利润等相关指标。

物流基础设施规模是区域物流服务的硬件供给能力，即区域范围内所有物流设施所能承载和运作的物流量。设施规模一方面与建设规模有关，另一方面还与设施运营效率密切相关，因此设施规模应结合本区域物流管理水平、技术水平等来确定。

物流市场规模是指区域内物流服务的市场供给量与需求量。虽然第一方和第二方物流服务一般不发生在物流市场范围内，但仍是社会物流总量的有机组成部分。此外，需要重点研究和确定第三方物流市场规模。

物流企业规模包括传统的运输、仓储等企业，也包括综合物流企业。除了要确定物流企业的总体规模外，还要确定不同类型企业各自的规模，结合本区域实际情况，使区域内的物流企业保持合理的数量、结构。

物流从业人员规模的确定应与物流人才培养工作相结合，从物流高级管理人才到基层操作人员，形成一个规模适当、结构合理、素质较高的人才队伍。

（2）物流产业布局。区域物流产业布局的内容主要包括两方面：一是在区域物流总体框架下，按照不同层次对物流基础设施、物流市场、物流企业的空间分布进行安排；二是对区域物流产业进行结构分解后，再在空间上进行布置。

区位理论、产业布局理论等为物流产业布局提供了多种思路,在区域物流产业发展规划中较为常用的主要有两种:一种是围绕物流中心城市(物流枢纽)进行布局;另一种是沿物流通道进行布局。

1)枢纽经济。围绕物流中心城市(物流枢纽)进行布局是区域内一个或几个城市(物流枢纽),由于经济地理区位、产业基础等原因,物流量较大,需求较为旺盛,并且已经聚集起一批有竞争力、创新能力的物流企业,形成了一定规模的物流市场,从而形成物流资本和技术的高度集中、增长迅速,并且产生了显著的经济效益,成为区域物流业乃至经济的增长极,它对邻近区域物流与经济发展发挥着强大的辐射作用。这种布局形式也可通过政府规划和重点吸引投资的形式,有选择地在一个或几个城市形成区域物流中心(物流枢纽),然后借助市场机制的引导,使物流中心城市的辐射作用得以充分发挥,使物流业成为中心城市经济发展新的增长点,并逐步开始带动物流中心城市以外地区物流业的共同发展,从而通过为区域内、外的物流服务而形成更大规模的物流积聚,使物流业在中心城市不断发展和壮大,可能通过物流业的发展而在中心城市形成"枢纽经济"发展格局。

2)通道经济。通道经济与物流通道布局与区域物流活动的空间过程有关。区域内少数几个点之间经济联系密切,导致物资资源的流通频繁,在政府与市场机制的共同作用下形成物流通道。通道形成后对人口和产业就具有极大的吸引力,两侧迅速聚集形成产业带和城市群,并产生新的物流增长点,从而由点到轴,以轴带面,最终完成整个区域物流产业的布局,形成物流的"通道经济"发展局面。

3)网络经济。区域物流枢纽与物流通道的布局,将导致区域性物流网络系统的形成和发育,不仅支撑物流的网络化发展和服务运作,而且,也是物流网络化发展的结果,在此基础上形成物流"网络经济"发展现象,不断提升物流的集约化、网络化和规模化水平,提高区域物流整体的发展质量与能力,形成区域经济合作发展的重要条件,也为区域经济布局的改善创造了服务环境。

(3)布局的影响因素。区域物流产业布局受多种因素影响,主要包括区域内不同地区的自然条件、各地区的经济地理区位条件、区域内物流需求分布、各地区物流产业基础等。此外，政府主动营造物流业发展氛围的布局意志，也会对区域物流产业布局产生较为重要的影响，这与产业布局的机制（计划机制，市场机制，政府引导、市场主导机制等）关系密切。

6. 重要基础设施建设规划

基础设施规划在前面物流产业布局的内容中已经涉及，但只是概括性地描述物流设施在空间上如何分布，在不同地区形成何种规模与结构等问题。由于一些重要的基础设施是整个物流产业发展规划实施的基础，因此，通常需要指定具体发展规划。从满足物流组织需求的角度，物流基础设施可以分为两类：一类称作专业化设施，如运输枢纽、场站、仓储设施等；另一类称作专门化设施，包括物流园区、物流中心、配送中心等。

（1）专业化物流设施建设规划。专业化物流设施不仅是物流业运作经营需要依托的硬件，而且为社会生产生活提供基本支持。这些设施的建设、运营一般都有专业规划，制定物流产业发展规划时，应将其作为重要的参考和依据，并且根据物流产业发展的需要，对规划修编提出建议。

1）公路。公路建设以国家和区域内各省市的公路网建设规划为基础，为满足区域物流业发展需要，应保证路网结构的完善，公路的技术水平和通达深度都要满足相应的要求。

一般来说，以高速公路为主体的区域干线公路网为建设的重点，支线路网和农村公路网要对干线路网形成支持，保证干线之间的连通和整个路网的通达。

2）铁路。目前，我国铁路网以国家铁路为主，区域物流产业发展规划按照国家铁路网规划安排重点建设项目，主要为跨区域和区域内长距离物流运营提供支持。

3）航空。近年来，我国航空物流业发展较快，但目前国内很多机场的客运功能较为完善，货运功能则显得不足，物流产业发展规划应加强区域内主要机场的货运功能。可以考虑充分利用现有基础设施，合理规划建设航空物流园区及其他配套货运设施,借此扩展区域物流业发展空间,提升物流服务功能和层次。

4)港口。在沿海区域和具备内河航运条件的内陆区域,区域物流产业发展规划中需要涉及港口的建设规划,而且在这些区域,物流的发展往往是以港口或港口群为中心的。港口规划要处理好国家规划与地方规划之间的关系,合理利用岸线及后方陆域资源,避免重复建设和低水平开发,通过科学规划与管理,使港口之间形成合作与互补的关系。

5)管道。管道建设一般与石油、天然气等开发、合作项目相结合,管道网要与区域内石油化工产业和加油站的布局相一致,与国家战略储油库的规划相协调。另外,需加强管道运行系统的自动控制、自动检测,以及对运行状态及时进行监控、调整。

6)货运场站。货运场站有多种类型,如各种运输方式的运输枢纽、货运站点,公铁联运场站、公水联运场站、公铁水联运场站等,它们在物流运作中起到货物的组织、分拨、集散、换装等多种作用,涉及多个物流管理与操作环节,是重要的物流基础设施。区域物流产业发展规划应加强对货运场站的资金与技术投入,加快信息系统的综合开发和推广应用,加强各种运输方式线路与货运场站的衔接,按照物流管理和服务运作要求扩充其服务功能,整合不同货运场站资源,尽快形成货运配套网络及仓储配送设施系统,并以此为平台大力发展区域多式联运,支持区域物流业的发展。

(2)专门化物流设施建设规划。专门化物流设施是专门为物流的组织和运作提供服务的设施,它通常位于企业供应链管理过程中物流活动相对集中的地区,并且这些地区周边的专业化物流设施一般较为齐全,并与专门化物流设施形成良好衔接。

1)物流园区。物流园区是大型综合物流基础设施,其服务面向全社会,具备综合运输、仓储、流通加工、信息传递与数据处理等综合物流服务功能,是一级物流节点。具有区域性物流组织与服务功能的物流园区,一般以城市群为服务范围,选址在兼具地理与经济区位优势的地区,并与国家和区域的交通网络规划相匹配。物流园区的主体功能设计要适应于所服务的城市群主体产业的物流服务需求，并且要按照产业运行的要求对园区进行功能区划分。特别是要充分发挥货运设施的相关功能，在空间布局和功能上对货运设施进行整合，减少不同物流设施的功能重叠和重复建设。

2）物流中心。物流中心是具备一定综合性的物流基础设施，其服务对象一般为国民经济与社会系统中的局部领域，它也集合了多种物流服务功能，但通常以一两种功能为核心，是二级物流节点。区域物流中心的规划建设应该与物流园区、综合运输枢纽相协调，根据实际情况，可在经济中心城市和其他重要城市多处选址，服务范围主要为所在城市及周边地区。区域物流中心一般都具备货物分拨处理功能，并且其他服务功能常常围绕分拨功能展开。

3）配送中心。配送中心是相对专业化、具有专门功能的物流基础设施，规模相对较小，其服务主要面向特定用户和市场，围绕货物配送功能开展各项业务，是三级物流节点。由于服务对象较为明确，区域配送中心的布局应该与区域内主要市场的布局相结合，主要吸引第三方物流企业进驻，根据服务对象的物流需求特点，进行较为专业化的功能规划与物流流程设计。

4）区域物流信息平台。物流信息平台是现代物流产业发展的重要支持系统和区域物流体系的重要组成部分，也是加快物流产业发展的重要手段。因此，必须对其建设和发展进行规划，明确信息平台的功能和结构，以及信息平台的建设运营模式，为现代物流的发展营造良好的环境条件。

区域物流信息平台因为行政管理分割等原因，建设与运行难度相对较大，但同时其对于区域物流产业发展的意义也更为重大，因此，必须进行重点规划。从功能设计而言，区域物流信息平台应具备物流公共信息服务和企业物流信息管理两大功能，在结构上必须充分满足企业对物流管理的需要和物流信息管理技术进步的要求，保持服务的适应性和技术的先进性，以及维护的低成本和方便性。

7. 区域间物流产业的协调发展与合作

物流产业具有一体化、网络化运行特征，因此，制定区域物流产业发展规划要特别注意与相邻经济区域物流产业发展规划的衔接，以及与周边区域物流资源的整合。区域物流产业发展规划应促进物流要素跨区域自由流动，鼓励物流业在区域之间能够协调发展与合作运行，这其中主要涉及物流基础设施整合与衔接、共同市场的建设、物流运营组织的一体化和物流行业管理的协调和政策的统一等几方面的问题。

（1）物流基础设施整合与衔接。物流基础设施大多是投入高、占地多、回收期长、具有一定公益性的项目，在制定区域物流产业发展规划时应慎重行事，与其他区域统筹规划、协调发展，不可互相攀比，盲目建设。一些规划项目如果与周边区域已经建成或在建的项目具有共同需求基础和客户群体，目标市场定位也相近，则应考虑通过协商，采取适当的形式，进行跨区域合作共用，避免重复建设，以便提高设施的利用效率；对于同时规划中的项目，则应通过市场调研，摸清需求，采取跨区域共建或集中布局等方式，对设施进行整合；此外，为保证跨区域物流设施网络的畅通，各方应协商解决跨区域路网的具体线位走向、线路对接、物流节点布局等实际问题。

（2）共同市场的建设。区域物流产业发展规划对于跨区域共同市场的建设问题可以从以下几个层面考虑。

从政府层面来说，主要是克服不同区域间的政策差异和体制落差，建立共同市场规划，并在行政审批、税收政策、通关程序、交通管理等方面采取具体措施，为物流业跨区域合作扫除制度与政策障碍。

从产业层面来说，主要是实现物流业的跨区域分布和经营，以及物流相关要素的自由流动。

从企业层面来说，主要是物流服务需求企业开展基于供应链的跨区域合作，物流服务供给企业积极拓宽市场，发展跨区域业务。

从法律环境层面来说，主要是通过完善的法律法规破除地方保护主义，促进竞争机制的产生和发展。

（3）物流运营组织的一体化。在相邻区域物流基础设施整合与衔接的基础上，实现跨区域物流运营组织的一体化。

物流产业发展规划中应做好三个方面的工作：一是要推进物流技术标准化，包括统一不同地区、不同物流环节、不同运输方式之间的装备标准、物流操作方法及流程、计量方法和统计口径等；二是加强跨区域物流信息系统建设，采用先进的信息化技术、信息平台技术和设备，提高物流业信息化程度；三是为网络化服务的物流企业的跨区域经营，以及服务网络的建设提供管理、市场准入等支持。

（4）物流行业管理的协调和政策的统一。物流行业管理的协调和政策的统一，是物流运营组织一体化的重要保障，也是形成统一的物流市场，提高物流服务资源在区域之间高效率配置的基本条件，应采取的措施包括理顺区域之间的物流业管理体制，建立跨区域物流合作机制和协调性组织，统一各项税收与收费标准，明确各管理部门的职能和岗位的职责范围、权利义务、工作方法、检查监督责任等。

（五）区域物流规划问题

1. 区域主导产业发展与物流产业发展关系问题

主导产业是区域产业体系的骨架，也是物流业最主要的服务对象。一方面，物流应该满足主导产业运行过程中产生的服务需求，并且能够适应主导产业发展过程中需求的不断调整变化；另一方面，物流业应通过规划布局和产业自身的进步，利用物流业所营造的降低成本、提高效率和改善服务的良好环境，合理有序引导主导产业的发展壮大和结构与布局调整。制定区域物流产业发展规划可以从区域主导产业规模、结构、布局等方面处理产业发展与物流的关系问题。

（1）主导产业规模扩大。规模扩大是大多数产业发展过程中必然经历的发展阶段，主导产业作为区域经济体系的构成主体，本身已形成一定规模，物流需求基数大，伴随经济与社会发展，主导产业规模进一步扩大，产业发展所必需的能源、材料消耗上升，产量增加，物流需求在原有基础上快速增长，对物流产业总体服务供给规模提出了新的要求。

然而，区域物流基于主导产业规模扩大产生的需求增加只是表现在总量上，对于主导产业集群中的某一单个产业，产业增加值与物流需求量的比例一般是下降的。这一方面是由于物流管理技术的提高优化了物流过程，压缩了物流实际操作量；另一方面是由于主导产业结构也在持续调整，高附加值产品比例提高，单位产值的物流需求因此不断降低。

（2）主导产业结构升级。不同的产业类型对物流需求的规模、结构、层次、分布具有较大差异，因此区域主导产业结构的变化必然伴随着物流需求的改变。一般产业结构的演变趋势为劳动密集型—资本密集型—技术知识密集型。我国区域间经济发展水平差异显著，不同区域主导产业结构升级所处的阶段不尽相同，在制定区域物流产业发展规划时应根据具体情况区别对待。

主导产业结构由劳动密集型向资本密集型转变的区域，以采掘业、建筑业、制造业为代表的第二产业发展较快，物流需求规模迅速扩张，特别是能源、原材料、工业品物流需求显著增长，并且由于区域间产业分工、产业转移等原因，跨区域物流、国际物流增长较快。

随着现代工业生产过程向标准化、自动化的方向发展，生产流程愈加严格，要求物流服务更加及时、准确、专业，而现代工业集中布局的特点使物流需求在空间分布上也趋于集中，特别对服务专业、批量物流处理能力强的物流园区等基础设施产生了较高需求。

主导产业结构由资本密集型向技术知识密集型转变的区域，第三产业和第二产业中的高新技术产业成长迅速，高附加值产品产量大幅增加，高端的、个性化的物流服务需求旺盛。当区域主导产业结构处于这一调整阶段时，城市化进程一般也会随之加快，随着城市商业网点的密布，批发零售业的快速发展，小批量、多批次的物流服务需求比例不断提高，对配送中心等物流基础设施的需求会明显上升。

（3）主导产业布局集约化。区域主导产业是由多个产业构成的产业群或产业体系，随着产业的发展和调整，同一产业或联系密切的上下游产业会趋于集中布局，以发挥规模化效应和便于开展供应链合作。制定区域物流产业发展规划一方面要关注主导产业布局的这一变化趋势，通过设施的科学规划和物流过程的合理组织满足其需求；另一方面也要按照物流产业发展规划引导主导产业发展的原则，促进区域内形成数量合理、组合有序、功能明确的主导产业带或产业集群。

2. 经济中心城市与区域经济发展关系问题

（1）发挥中心城市的带动作用。区域的地域范围相对广袤，社会经济体系相对庞杂，如果对整个区域社会经济同步推进、均衡发展，一是不现实，二是缺乏效率。通常由于地理经济区位、资源禀赋、产业基础等原因，有些地区在区域经济发展壮大的过程中，经济增长呈现出较快的增长速度与较高的增长质量，成为区域经济增长极。这些地区除了自身经济总量庞大，增长迅速，对区域经济增长贡献率大之外，还是带动区域内其他地区经济增长的领头羊，因此，占据了区域经济中心城市的地位。

从物流服务于社会经济发展的角度而言，物流产业发展规划布局与产业发展应该有利于区域经济在空间上的集约化发展，有利于不同地区的合理分工与合作，有利于区域经济增长极的形成和作用的发挥。

因此，在区域物流产业发展规划中应该处理好经济中心城市与区域经济发展的问题。

（2）依托中心城市促进区域经济发展。由于经济中心城市是本区域经济最活跃、产业最密集、贸易最频繁的地区，能够集聚大量的人流、物流、资金流，因此，一般也是区域物流中心。制定区域物流产业发展规划应突出经济中心城市的地位，明确其区域物流中心的功能，通过设施规划、物流组织形成对中心城市经济发展的支持，并借助中心城市与其他地区间物资的顺畅、高效流动，放大和强化其辐射带动作用，通过物流在中心城市的积聚所形成的"枢纽经济"，促进整个区域的共同发展。

3. 技术进步与信息化问题

（1）必要性。产业的可持续发展离不开科学技术的推动与促进，现代物流业更是依赖于科技进步发展起来的新兴产业，它与传统的运输、仓储等行业最显著的不同之处就在于，它是依靠现代的高科技和现代的科学管理理念来提升、整合原有的行业，并依赖于先进技术的应用与推广来实现行业的持续快速发展，特别是现代信息技术的日新月异，加快了物流产业的信息化步伐，从而从真正意义上提高了现代物流技术与管理水平。

所以，推动物流技术进步，加速产业的信息化进程，对促进物流业的发展有相当积极而重要的作用，在区域物流产业发展规划中应给予高度重视。

（2）应考虑的主要问题。区域物流产业发展过程中都会遭遇物流技术与信息技术瓶颈，主要在于两个方面：一是技术的创新与发展问题；二是技术的推广和应用问题。制定区域物流产业发展规划时应针对上述问题提出科学、可行的政策建议与规划方案，具体可从以下几方面考虑。

1）在物流产业发展总体规划框架下制定专项规划，明确区域物流技术与信息技术的发展战略、目标与实施方案等，主要落实在物流技术的研发、应用到产业化和区域物流信息系统建设和运转等方面。

2）政府加大对物流设备与技术研发的投入力度，各地开展合作，共同开发新技术和研制新设备，破除地区间的技术壁垒，使研究成果能够在区域内得到迅速推广与应用。

3）开展跨国和跨区域合作，引进、消化、吸收、转化国内外先进物流技术研究成果，缩小与发达国家和发达区域间的差距。

4）通过税费调节和补贴政策等，鼓励物流企业开展技术研发和采用先进的技术设备，促进企业物流信息系统的建设。

5）推行物流技术与装备标准化，为新技术的推广使用扫除障碍。

4. 物流需求管理与服务市场建设问题

（1）需求管理与市场建设的必要性。物流需求是一种引致需求，社会经济活动是产生物流需求的原因，社会经济的发展必然刺激物流需求的增长。物流需求既有产生于生产环节的，也有产生于消费环节的，近年来，随着循环经济的发展，在消费之后的回收环节也产生了大量物流需求。

因此，物流业拥有庞大而多元化的市场，如何对市场进行建设和监管，如何引导和有效满足市场需求是物流产业发展规划必须回答的问题。区域物流产业发展所面对的市场由于地理分割和行政分割而显得更加复杂，管理难度更大，必须在发展规划中提出合理、有效的物流需求管理与服务市场建设方案。

（2）需求管理与市场建设存在的问题。我国长期计划经济体制下形成了普遍的重生产轻流通的思想，全国很多区域物流市场建设起步晚，基础差，且计划经济时期僵化管理体制造成的分散经营模式在今天依然留有痕迹，物流企业总体竞争力不强，服务意识与服务水平均有待提高；同时，工商企业在"大而全、小而全"的传统经营管理理念束缚与资产盘活、就业安置等历史包袱的重压下，将物流活动从企业日常生产经营活动中剥离受到现实条件制约，企业间封闭的物流运作模式难以形成基于社会分工的专业化的物流服务需求。

（3）需求管理与市场建设应解决的问题。针对上述问题，我国区域物流需求管理的方向应该是引导生产、消费与回收各个领域的物流服务需求向社会化方向转变，并且尽快建立健全物流服务市场，将生产领域与流通领域紧密联系起来。需要强调的是，区域物流服务市场的形成途径不能再延续计划经济时期的道路，而应该以市场为导向，以企业为主体。

比如可以通过资产联合重组和专业化改造，充分利用和整合区域内工商企业的自有物流资源，结合批发企业和储运企业的改组、改造，有计划、有步骤地完善和发展提供社会化、专业化物流服务的第三方物流企业，同时激活工商企业物流外包需求，促进区域物流市场的发育。也可以鼓励有条件的大型工业企业和商贸企业利用自有物流资产，投资发展专业物流公司，或与第三方物流企业合资发展物流配送业务，面向社会提供物流服务。

5. 管理体制与运行机制问题

（1）现行管理体制割裂了物流运行系统。我国实行的是从中央到地方对应的部门管理体制，而物流具有复合产业特性，涉及多个管理部门，部门的自我封闭、自成体系造成了物流多头管理、各自为政的局面，使物流本应具有的系统、整体功能被切割和削弱。同时，隶属于不同部门的物流资源不能被自由地选择和平等地使用，且难以整合和社会化，造成效率低下，浪费严重。

（2）地方利益阻碍了区域物流共同市场的形成。现行财税体制形成的地方利益格局成为建立区域物流大市场的主要瓶颈之一，在地方保护主义盛行的情况下，物流资源的自由流动、物流企业的业务拓展均受到严重制约。

地方利益的制约对区域具有统一运作和服务能力的物流网络建设也构成大的障碍，从地方利益出发的封闭的物流市场培育模式，如强调培育自己的企业，市场开放程度不高，也不利于在企业整合和配置资源的市场机制的作用下推进统一市场的形成和发展。

（3）个别物流领域市场化程度低。物流的运行特征决定了其运行过程贯穿多个领域，需要利用不同领域的资源，踏入不同领域的市场。虽然我国大部分物流活动涉及的领域已经市场化，然而，个别领域的封闭与垄断使现代物流的组织模式与运行过程受到难以突破的阻碍。

（4）政府部门服务意识与办事效率有待提高。目前，我国正处于经济体制转型阶段，一些政府主管部门的职能尚未完全转变，服务意识不强，加之物流运作涉及的环节多、部门多，造成了物流服务及管理体系缺乏效率。在一些地区，部分行业政企不分，政府直接或间接参与物流经营运作的现象依然存在，妨碍了区域统一公平的物流市场环境的建立，也影响着政府公正地行使管理职能、办事效率和企业市场竞争能力的提高。

（5）区域物流产业发展缺乏系统规划。多数区域尚未制定综合性的物流业发展规划，不同行业在各专项规划的指导下独立、无序、盲目地发展，难以形成物流体系，区域内部物流合作和资源整合程度较低，区域之间的物流产业发展合作不够，不能或很少从真正发挥区域资源优势的角度考虑物流的发展领域和方向，极易造成资源浪费、重复建设和恶性竞争。

（6）物流经营分散，产业运行组织化程度低。一些区域由于政府缺乏对物流企业发展的规划、引导和培育，造成物流经营过于分散，缺乏有实力的大型物流企业担当产业龙头，带领产业整合与发展，难以按照一体化、网络化的模式对物流过程进行运行组织。

（7）物流管理与技术滞后。我国区域之间与区域内部发展不平衡，在不同地区与行业间，物流管理理念、物流技术应用、物流信息化程度均存在较大差异，物流管理与技术标准化得不到普遍推广，造成物流过程的阻塞或脱节，成为区域物流运行机制不畅的重要原因之一。

上述物流管理体制与运行机制问题是我国区域物流产业发展道路上的巨大障碍，制定区域物流产业发展规划时应根据本区域实际情况，针对具体问题，结合各地区经济管理体制和运行机制的改革，突破物流管理体制与运行机制瓶颈，通过加强协调、加快改革、合理规划、有效实施、科学引导、积极扶持来推进区域物流体系的建设和发展。

6. 区域物流产业发展政策问题

我国目前的物流政策主要以两种形式出现：一是有关物流的法律、法规；二是有关物流的各种意见、通知等行政类文件。我国区域物流政策一般是在沿用国家政策的同时，采用一些地方性的政策法规，因此区域物流产业发展政策在构成上分为法规性政策、行政性政策两大体系和国家政策、地方政策两个层次。当前的区域物流政策体系从内容上来说是较为丰富的，为规范和推进区域物流产业发展发挥了积极作用，但同时也暴露出一些问题。

（1）地方性政策缺乏兼容性。大多数区域尚未建立起物流产业发展的联动机制，区域性的物流产业发展政策缺失或政策的针对性、系统性不强，且地方性政策又受制于地方利益而难以兼容，一个统一、开放、适应性强的区域物流政策体系亟待建立。

（2）专门政策效力不强。从国家到地方，专门针对物流领域的政策多是以"意见""通知"的形式颁发，缺乏法律效力，并且其内容较为抽象，对于具体操作缺乏直接指导性，这些均影响到政策的贯彻实施力度。

（3）部分领域政策缺失。物流的发展需要政策的推动，但很多区域在物流标准化、物流信息化、物流协作化等领域的相关政策几乎处于空白状态。这些缺乏政策依据而缺少发展动力的领域形成了物流系统的薄弱环节，阻碍了区域物流的快速发展。

（4）政策更新速度较慢。物流作为一个新兴行业，发展速度十分迅猛，然而许多区域物流政策不能适应物流的发展需要做出及时调整，或者不能对出现的新行业、新技术、新领域、新情况等适时颁布新的政策予以规范和指导，在一定程度上制约了物流管理与运行方式的创新、技术的更新、新领域的开辟、物流产业国际化等。

政策平台是区域物流产业发展的宏观软环境，对于维持区域物流市场秩序，支持和推动产业高效运作和不断向前发展具有非常重要的意义。

上述政策问题在我国大多数区域物流产业发展过程中普遍存在，但问题的根源不尽相同。区域物流产业发展规划应实事求是地找出问题的症结所在，据以提出措施建议来解决相关问题，为区域物流产业发展创造一个更加优良、宽松的发展环境。

第二节 培养区域物流产业集群

一、物流产业集聚及其特性

（一）物流产业集聚概念

众多研究对于相互关联的企业在地理空间上集聚的现象称谓并不一致，集群（clusters）、产业集聚（industrial agglomeration）、产业集群（industrial cluster）以及区域集群（regional cluster）等术语出现于不同的研究文献当中。

虽然国内一些学者从宏微观层面的角度，或从事地理接近的角度，对企业集群、产业集群和区域集群概念进行了区别，但综观国内外大多数相关研究，很少对以上概念进行清晰的区分。大多数研究将以上概念等同使用。对处于相同或相近产业价值链上相互关联的企业及其他相关机构在地理上群聚的现象有着不同的称谓与理解侧重点。

关于物流产业集聚的研究刚刚起步，查阅相关文献数据库，国内大部分物流产业集聚文献是在 2005 年以后才出现的，在 2005—2008年间是个高峰期，对于物流产业集聚的概念和界定尚处于探索阶段，从物流集聚、物流集群、物流园区、物流产业集群、现代物流产业集群等一系列相关联的词语，从简单到复杂，从单独到关联，一步一步充实完善了相关概念。

对于（现代）物流产业集聚的定义，国内的研究基本沿用波特关于产业集群的定义，结合中国物流产业的实际，给出了众多定义。文海旭认为，在一定的空间范围之内，以物流企业为核心的，同时具有竞争和合作关系，有相互关联性的物流企业、专业化的供应商、服务供应商、相关产业厂商，以及相关机构（如大学、制定标准化的机构、产业公会等）集中并保持持续竞争优势的现象。

王瑛认为，在某一特定的区域内即物流同区内，以运输枢纽设施（如港口、机场、铁路货运站、公路枢纽等）、科研开发组织（物流技术、物流信息平台的开发等）、管理部门为依托，运输、仓储、装卸、包装、加工配送、物流信息及其相关制造、流通企业在空间上的集聚现象。

傅淞认为，某一特定的区域内，以交通运输枢纽设施（如港口、机场、铁路货运站、公路枢纽等）、科研开发组织（物流技术、物流信息平台的研发等）、管理部门为依托，以第三方物流企业为核心，运输、仓储、装卸、包装、加工配送、物流信息及其相关制造、流通企业在空间上的集聚现象。

章建新认为，在一个区域地理环境中，聚集着功能不同的物流企业，依靠地理和区域经济的优势，将运输、仓储、货物进出口、物流加工与配送及信息处理有机集成，形成物流产业链，提高物流运行效率。

马丽认为，在特定区域中，一群以物流产业（包括运输业、仓储业、装卸业、包装业、加工配送业、物流信息业等）为主导的相关企业与单位，以交通运输枢纽设施（如港口、机场、铁路货运站、公路枢纽等）、科研开发组织、管理部门为依托，以服务的制造业、流通业等联系密切的企业为重要组成部分，相互依存、相互竞争又相互促进，产生经济效应的现象。

王燕认为，在一个经济密切融合的地理区域内，以物流产业为龙头的、具有相互依赖关系的、分散的相关产业，通过"竞争—合作—协调"的运行机制组织在一起，在一定区域内大量聚集，并在物流产业集群信息的引导下，企业之间形成完整的内部分工体系，统筹规划、相互配合、协调一致，共同完成任何单独物流实体不能完成或虽能完成但不经济的物流任务，从而实现总体效果优于单独运作效果的一种横向一体化的物流系统模式，为区域经济增长提供有力的支持和引导。

苏筱玲和禾祺夫认为，在某一特定区域内，一群通过需求供应形成的有着专业化分工和合作的与物流活动相关的企业和单位，这些企业和单位以物流产业（包括运输业、仓储业、装卸业、包装业、加工配送业、物流信息、邮政业等）为主导；以其服务的制造业、流通业等联系密切的企业为重要组成部分；以运输枢纽设施（如港口、机场、铁路货运站、公路枢纽等）、科研开发组织（如物流技术、物流信息平台的开发）、管理部门和中介组织为必要支撑机构。

在上述定义中，苏筱玲和禾祺夫的定义比较全面，受到大多学者的引用。

所以，物流产业集聚概念包含三层结构。

第一层是核心层，一般是地理上的集中，以物流园区为依托，主要包括相互关联的物流企业，共享物流基础设施和物流信息。

第二层是紧密层，由于物流业是一种衍生产业，其存在必须是以其他产业的发展为基础的，物流需求大的产业主要包括结构制造业、流通业。

第三层是外围支撑层，主要包括政府部门、行业协会、科研机构和金融保险等部门。

（二）物流产业集聚的特性

物流产业作为生产性服务业，是一种衍生产业，其存在与否是以其他产业的发展为基础的，这是因为物流需求是一种引致性需求，是在生产和交换中间间接产生的，它与流通活动紧密相连，物流的这种特性决定了物流产业的发展与制造业、流通业相辅相成。因此物流产业集聚往往与其他工业园区或产业相伴而生。

物流产业集聚除了具有一般服务业的特性，也具有与传统产业集聚不同的属于自己的特性，主要体现在以下几个方面。

1. 物流产业集聚的产业依附性

物流产业具有伴生性，是伴随着其他产业的发展而发展的，它的本质是为进一步的生产活动做准备，本身并不能创造价值。

物流业的职能是按需求方的要求，将所需的产品按时、按地、按量、按要求从始点送到终点，物流产业的这种职能特性决定了其生存是以其他产业的发展为基础的，这就要求物流产业的集聚要以市场需求的空间分布相适应。

2. 物流产业集聚的区位选择性

物流产业集聚的区位选择不同于其他产业，主要表现在两个方面：一是地理位置不同，因为物流产业不同于金融业等其他服务业，对空间的要求较高，一般选择在城市边缘地区，城市边缘地区土地资源开发较好，用地充足，成本较低；二是交通基础设施的选择。物流企业是提供为其他产业的商品或中间产品快速、高质量的运往需求地，所以物流集聚区一般在交通较便利的地方，港口附近或者高速公路进出入口。

3. 物流产业集聚网络的开放性

物流服务的特殊性决定了物流产业集聚网络的开放性。物流服务本身就是一个多环节、前后环节联系程度高的过程，在整个活动过程中，各企业之间要保持信息的畅通，要有良好的沟通性，才是提供高质量的物流服务的基本保障。因此产业集聚的内部企业构成了集聚内部网络，集聚内部企业又与社会资源整合成为更大的社会网络。物流企业在服务的过程中与物流服务需求方、中介机构和业务辅助性企业进行交流合作，形成一个开放的网络。

4. 物流产业集聚服务多样化，物流企业之间存在着竞争、合作关系

现代物流不同于传统意义上只包含运输和仓储的物流，现代物流还包括流通加工、分拣、包装、配送等多项服务，单个企业的孤军备战方式已经不适合企业的发展，只有物流企业间既竞争又合作，实现共赢才能促进企业的发展和整个行业的进步。

二、中国物流产业集聚发展政策与建议

（一）物流产业集聚的政策概述

我国工业经济的蓬勃发展带动了物流产业的快速发展，物流产业在我国国民经济中的基础和主导地位也越来越明显，本书通过对物流产业集聚的实证研究也证明了物流产业在中国存在显著的集聚效应。但是从以上的分析可以看出，虽然我国物流产业集聚这种趋势正在加强，但是我国不同地区物流产业的集聚水平还很不平衡，如何为不断提高物流产业集聚水平创造良好的条件，并引导物流产业进入可持续化的发展进程，更好地发挥物流产业对于工业经济发展的积极作用，是政府的经济工作中的一件大事。

为此，根据对我国物流产业集聚的理论分析和实证研究的结果，总结出以下四方面的政策含义。

1. 进一步加强物流基础设施建设

区域的服务配套对物流产业集聚无重要影响，但是对基础的物流设施与设备有一定的依赖性，公路密度和铁路密度较高的区域更容易吸引产业的集聚。因此，政府应努力发展现代物流产业的基础设施和装备条件，从而促进物流产业集聚水平的提高，带动区域工业经济的发展。

北美、欧洲和日本等世界上的发达国家和地区，物流业的起步较早，现代物流产业已成为国民经济的支柱产业，其物流基础设施非常完备。尽管我国的现代物流业已经形成，但与国外发达的物流产业相

比仍有相当大的一段距离。经过近几年我国对于公路特别是高速公路、铁路，物流基地和现代化港口等物流基础设施等其他物流通信设施的大量投资，我国已经基本具备了发展现代物流业的基础条件。

至2010年年底，我国运输线路中，铁路营业里程9.12万千米，公路里程400.82万千米，高速公路里程7.41万千米，内河航道里程12.42万千米，民航航线里程276.51万千米，管道输油（气）运输里程7.85万千米。货运量总计3241807万吨，货物周转量总计141837亿吨公里。载货汽车拥有量已达1597.55万辆，民用运输船舶拥有量178407艘。沿海主要港口吞吐量为548358万吨。

2010年底，我国已经建成了以"五纵七横"为重点的公路国道建设，全面贯通了"二纵两横"；建设改造了"八纵八横"铁路主通道，扩大西部铁路网；加强沿海主枢纽港口大型集装箱运输系统、专业化散货运输系统及重要港口出海航道建设，建设上海国际航运中心；加强长江、珠江及京杭运河等水运通道建设，积极发展内河航运；突出支线机场建设并向西部地区倾斜，完善枢纽机场和干线机场；加强油气管道建设初步形成管道运输网。

以上的数据表明，我国的现代物流产业已经初具规模，已经具备了发展现代物流产业的基础设施和装备条件，但是问题是如何把已有的物流基础资源整合成现代化的物流产业，特别是中西部更应重视物流基础设施的投资建设。

要把现代物流产业作为用高新技术和适用技术改造传统产业、重新整合各种存量资源、合理设计增量资源，从而使其成为具有高科技含量和高附加值，在国民经济运行中创造新生利润源泉的重要新兴产业（Igor Kabashkin，2005）。这就要明确物流产业在国民经济中的重要地位，制定支持这个产业发展的财政、金融、税收、吸引外资等政策，继续加大对物流基础设施、关键技术和生产关键装备的投资力度，加快现有物流资源整合和发展的进度。

2. 制定物流产业集聚的发展规划

我国产业普遍都存在着物质资本存量不足的现象。但是，我国中西地区的物质资本和人力资本都没有达到最优化的理想水平；如果继续加大资金和劳动的投入，可以继续带来工业产业产出的持续增长，这说明我国中西部发展空间和潜力还很大。而中国东部地区物流产业缺乏总体战略规划，项目盲目上马，空间布局不合理，从而通过物质资本的投入，使得产业集聚水平的提高不会给经济发展本身带来有利的影响。因此，政府应统筹规划，科学布局，有针对性、有重点地促进我国东部和中西部地区物流产业集聚程度的平衡发展。

日本1966年制定了《流通业务城市街道整备法》，把集中在大城市中心部位的流通设施向距离市中心20千米左右的郊区集中搬迁，以提高大城市的流通机能，保证道路通畅，增强城市的整体功能。根据这一法律，25年来日本在全国22个城市中建设了24个流通园地，将运输、集散、中转、储存、配送、租赁、订货、销售、售后服务等功能有机结合起来，大大提高了物流设施的利用效率。通产省、运输省、农林水产省、建设省和经济企划厅等5省主务大臣，制定全国统一的总体构想，决定建设物流基地的具体城市。这些城市按照城市的整体规划确定物流基地的地点、数量、位置、规模及功能，并报中央政府审批。

德国联邦政府在统筹考虑交通干线、土枢纽规划建设的基础上，通过调查生产力布局、物流现状，根据各种运输方式衔接的可能，在全国范围规划物流园区的空间布局、用地规模与未来发展。从日本等国的物流产业发展规划可以看出，现代物流的发展离不开有力的政策支持。发展物流，必须认识到物流的建设是一个系统工程。

目前，我国仍存在涉及物流的有关行业、部门、系统自成体系，独立运作，各做各的规划，各搞各的设计，各建各的物流中心或基地，部门分割、行业垄断、地方封锁，相互之间毫无关联，不仅难以达到节约物流成本的作用，还会造成资源配置的极大浪费。

因此，要全面统筹，整体布局，设计出既符合现代物流要求，又能充分利用和整合各种存量资源，也可优化增量配置的全国物流产业发展规划，并按照规划构建我国运输大通道，合理设立综合物流中心或物流基地等物流产业集聚区，已是当务之急。政府在制定物流集聚区的发展规划时，应从整个区域经济和市场需求的角度考虑，把物流集聚区这个"点"的布局，放在城市和国家范围内的物流系统规划这一"面"的布局当中。根据东部和中西部物流产业集聚水平的不同，充分地利用已有的设施合理布局，加快发展多式联运的物流，有针对性地制定物流产业发展规划。把如何整合物流运力资源、合理设置物流设施，发挥整体合力，避免存量资源闲置、增量资源浪费作为物流产业集聚发展的重要规划原则。根据物流产业集聚的机理分析可知，不断提高产业的市场化水平及对外开放水平也能有助于物流产业集聚的形成。政府在服务和管理物流集聚区时，应重视集聚区自主发展，政府发挥宏观调控的职能，把决策权和主动权让位于市场和物流企业，使得物流企业获得一个良好的发展环境。

3. 有效提高行业的规模经济水平

中国物流业的产业集聚同其他产业集聚一样，锁定效应和自我强化效应显著，地区产业规模越大和企业数量越多，产业越容易集聚。企业内部规模经济和外部规模经济相得益彰，一个区域某产业的企业平均规模越高，体现出来的产业专门化水平也越高。

因此，为了提高区域物流产业集聚水平，应重视物流产业规模、物流企业规模和数量的发展。为了有效提高行业的规模经济水平，促进物流产业集聚发展，首先要建议培育大型物流企业集团。着眼区域优势，把握功能特色，选准强势企业集群的发展方向。有选择地培育大型物流集团，如中远、中外运、中邮、中铁等，可在税收、土地、投资、市场准入、金融等政策上给予优惠，同时要引进国外的大型物流企业。双管齐下，树立集群品牌，形成强势企业集群的向心优势，并以此为基础促进物流行业的进一步集聚化、专业化，调整产业结构层次。为了有效提高行业的规模经济水平，优先发展重点行业企业的同时，还要注重对产业集聚区内中小企业的扶持力度，通过政策引导、资金技术支持和集聚区内的物流产业规划，使得中小企业突破发展瓶颈，向着规模化和专业化的更高水平发展，使得产业集聚分工更加深化，产业链条更加完善，产生更显著的外部经济效应，从而有力地推动行业和区域经济增长。为了缩小物流产业集聚所带来的地区经济差异，各个地区需要快速培育自己的特色产业或者是鼓励产业的快速成长才能平衡发展地区经济。为了培育地区特色产业的发展，一定程度上也需要政府的干预。考虑到产业集聚的形成原因，要促进地区产业的发展，政府需要优化地区投资环境、增加市场透明度、鼓励人才的引进，创造良好的环境来吸引或者培育物流产业的发展。以此来培育特色产业或是吸引众多产业的集中，推动地区物流产业的集聚发展，从而促进地区经济的持续增长。

4. 重视技术创新能力和人才培养

在我国反映区域教育水平和创新能力的指标，并没有显示出对物流产业集聚的促进作用。毋庸置疑，人力资本及创新是新时代产业持续发展的重要动力，但是目前在中国这方面的作用还没有体现出来。因此我们应重视人力素质水平、技术创新能力等对中国物流产业未来发展的潜在影响和作用。

发展物流也必须有自己的核心能力，从知识技能的积累，技术体系的完善，高素质人才的储备等人手构建核心能力。而中国的物流产业大部分仍处于技术水平含量较低阶段，对人力资本和技术创新的需求不显著。

在流通中，商流、资金流和信息流这三种"流"都可以通过计算机和网络通信设备极大缩短流通过程，使其流通时间可以达到马克思所说的"等于零或者趋近于零"。企业的交易成本将主要被物流所占用，物流成本的高低，就成了企业在市场竞争中能否取胜的决定因素。

可以说，现代经济的水平很大程度上取决于物流水平，而物流的水平的高低则取决于高素质人才的拥有量。物流企业的发展需要大批懂得业务知识，拥有业务技能的各个层次的受过专业训练的从业人员。应鼓励和允许高等院校按照市场需求开设现代物流专业课程体系，为现代物流培养高级管理人才和专业人才；鼓励和引导企业、行业组织及民办教育机构参与现代物流人才的培训和教育工作；借鉴国际经验，由行业社团组织来执行现代物流产业从业人员执业资格制度，逐步建立和完善我国物流行业从业人员职业教育、培训和从业资格认证制度及相应的认证体系。

产业集聚的发展要兼顾深度和广度，也就是一个产业集聚要成熟通常需要 10 年甚至更长的时间，我们必须要有耐心，同时政府的政策一定要有连续性。在政府主导的同时，企业要自己完善合作机制，充分发挥行业工会、高校以及科研机构的作用。通过建立公共机构或制定公共政策来获得竞争优势集聚内可以成立一些中介机构来为集聚区内所有的企业服务。如行业协会联系集聚区内各个企业的技术、管理人员，举行各种正式和非正式的活动，不仅加强显性知识和技术间的交流、扩散，而且为区域集聚区内的隐含性知识传递和扩散提供条件。集聚区还可以通过改善交通、通信等基础设施来营造企业发展和创新的硬环境。

另外，通过制定一些正确引导集聚发展的法律法规、产权保护、金融、财政等政策、劳动力供给、可持续发展等公共政策来营造一种适合创新主体发展的氛围和软环境。建立共同的创新系统，注重建立共同的研发机构，集聚区内企业与企业间形成网络，集聚区内的"产—学—研"结合。

（二）物流业与工业协同发展

物流产业在中国存在显著的集聚效应，物流产业集聚度可以提高物质资本和人力资本的投入产出弹性，从而提高产业竞争力，这对于中国发展新型工业化，提高中国制造业在世界上的地位，从工业大国向工业强国转变具有重要意义。产业集聚必然要落实到具体的区域，产业一旦在某地区集聚，不仅仅是自身产业生产能力和竞争力的提高，还会通过前后向关联和对人才、技术、资本等要素的集聚带动相关产业进而带动全地区的发展，产业集聚是构成区域经济增长的一条重要途径。但是，到目前为止，中国物流集聚在东部沿海地区，并且这种集聚趋势正在加强，对于中国区域协调发展提出了重要挑战。

1. 物流产业集聚与区域经济发展

物流产业集聚是产业在一定区域的集中性生产，这种生产集中必然会作用于区域经济的发展。产业集聚是推动区域经济增长、提升区域竞争力的重要方式，是区域创新系统的一种重要实现方式。

物流产业集聚实际上是把产业发展与区域经济，通过分工专业化与交易的便利性，有效地结合起来，从而形成一种有效的生产组织方式，是推动地方区域经济增长的重要方式。物流产业集聚的机理分析和区域经济效应的实证分析表明物流产业集聚可以产生滚雪球式的集聚效应，吸引更多的相关企业集聚，扩大和加强集聚效应。集聚本身产生的外部经济就是外部企业进入的动力，产业集聚的雏形一旦形成，便进入了内部自我强化的良性循环过程，即吸引更多的相关企业与单位向该集群聚集，而新增的企业与单位又增大了集聚效应，如此产生滚雪球效应，推动区域经济快速发展。

产业集聚还可以促进区域新企业的快速衍生与成长。产业区域集聚不仅使很多的相关企业集聚，而且还有很多相应的研发服务机构及专业人才，新企业在此发展。新企业可以有更多的市场机遇，获得更丰富的市场信息及人才支持，从而降低市场风险。而且由于集群内部分工的不断细化，可以衍生出更多的新生企业，从而进一步增强集聚体自身的竞争能力。集聚区企业通过分工与合作而结成稠密的区域网络组织，共同面对快速变化的外部市场环境和技术条件，这些专业化的产业集聚体内部的生产率不断提高，创新活动不断涌现，从而呈现出很强的区域竞争力及区域的综合竞争力。

由以上的分析可以看出，物流产业集群与区域经济之间不是单向的促进与被促进的关系，而是一种复杂的互动关系。区域经济环境所提供的"资源"吸引物流企业的聚集从而形成物流产业的集聚，集群周边的相关上下游产业的发展和科研院所的设置又为物流产业集聚的发展提供了动力支持，促进物流产业集聚走向成熟。

反过来，成熟的物流产业集聚对其他产业的发展有着很大的促进作用。举例来说，制造业为适应当今采购成本快速增长的需要，希望在供应链的上游和下游两个方面降低成本，这就需要上游采购和下游分销体系的专业化，而独立于买方和卖方的现代物流产业以其专业化服务参与制造业价值链的重塑已成为制造业企业的利润来源。

其次，物流产业集聚利用其独特的区位优势和协作效益将对其他产业产生强大的吸引力。在全球产业链下，物流产业集聚的竞争力是通过企业之间的合作优势体现的。合作竞争能够促成企业之间资源共享和优势互补。

再次，物流产业集聚将有效推动制造业企业的组织变革。制造业企业形成集聚一方面有其自身的集聚优势；另一方面通过剥离非核心业务实施流程再造，推行组织扁平化，甚至构建虚拟企业组织，从而使组织的运行更加快捷、高效。

最后，物流产业作为服务业，其效用的发挥将使同一区域内制造业企业间的联系加强，区域资源利用率提高，从而使产业集聚的外部经济性得以显现；同时，也将提升产业集聚的创新能力和区域竞争优势，进而带动区域经济的发展。所以，物流产业集聚和区域经济二者是相互依存、相互促进、相互发展的互动关系。

2. 物流产业与工业产业联动

制造业是我国国民经济的支柱产业，每年的经济数据统计中，制造业产值占到工业总产值的绝大部分。制造业与物流业的联动发展属于产业联动的范畴。在传统经济学理论中，产业主要指经济社会的物质生产部门，一般而言，每个部门都专门生产和制造某种独立的产品，某种意义上每个部门也就成为一个相对独立的产业部门，如"农业""工业""交通运输业"等。

联动是指若干个相关联的事物，一个发生运动或变化时，其他的也跟着运动或变化，具有"联系"和"互动"之意。综上所述，产业联动可以总结为：以产业关联为基础，位于产业链同一环节或不同环节的企业之间进行的产业协作活动。物流企业集聚通过集聚区内不同物流企业的集成、整合及分工合作、技术互补等方面的兼容，实现功能提升，以共同体形式为工业企业提供"一站式"服务模式，从而稳定双方关系，促进产业间的分工和提高交易双方的资产的专用性，提高生产效率。

同时，两者的稳定关系降低交易双方的交易费用、交易的不确定性和治理成本，增加了企业利润并扩大企业规模，增加双方福利，实现整体的帕累托最优。

（1）物流服务包含在制造过程中，离不开制造业。制造过程是将原材料经过一系列加工为最终产品的过程。这一过程实际上就是将各种原材料物质实体进行物理形态、空间和时间变换的过程，而其中的时间和空间变换就是物流活动，由此可以看出，物流活动是制造活动的重要组成部分。离开了制造业，物流业就失去了服务的对象，离开了制造业的需求，物流业就失去了创新和发展的动力，物流业的发展是建立在制造业发展基础上的。

（2）制造业发展离不开物流服务。现代制造业的变革从没有停止过，每一次重大的变革都与物流业紧密相关，比如，造船业实施分段制造、汽车等制造业实施精益制造与柔性制造、计算机等制造业实施直销和按单制造、许多制造业实施供应商管理库存的变革过程，这些变革如果不是对物流系统进行的变革就是以物流系统变革为前提而进行的制造变革，制造业采用的许多新的制造技术或制造过程的组织与管理技术主要都是物流技术。

我国目前制造业处于产业结构优化升级的关键时期，制造业内部优化结构，必须首先对其物流活动进行思考，摆脱企业完全管理物流活动的现状，寻找适合自己企业的物流业务发展模式。制造业主动与物流业合作，共同管理制造业物流活动是一个最好的选择。

我国物流业当前正面临着产业升级的发展趋势，与制造业联动发展是进一步提升我国物流业国际竞争力的重要手段。如果没有物流业的产业升级发展，我国传统制造业就很难升级为现代制造业，而没有现代制造业物流需求的社会化，我国物流业也很难实现规模化和全球化经营。只有两大产业进行联动发展，才能集中精力培育各自的国际核心竞争实力。

特别是制造业企业的顾客在不同时期可能会有不同的物流业务需求，对于这样的企业来说，能够完好地与所有这些顾客的信息需求匹配是相当困难的，而物流业企业能够使制造业企业更有效、更经济地延伸到这些顾客，如果两大产业的企业能够采取联动发展的手段发展，那么两大产业的国际核心竞争力必将提高。

（3）"两业"联动发展的建议。根据现有物流业与制造业的发展现状和"两业"协同发展中所出现的问题，提出以下五点意见和建议。建议涉及政府、两业主体，涵盖物流政策、信息平台、物流市场、物流园区、物流标准化等方面。

第一，需要营造"两业"协同发展良好的政策环境。

相关的企业和政府主管部门，要充分认识"两业"协同发展的重要性，切实把"两业"协同发展作为启动物流需求、推进制造业升级的重点工程。要在发挥市场机制作用，调动企业积极性的基础上，积极营造有利于"两业"协同发展的政策环境。可以考虑，首先在列入调整和振兴规划的钢铁、汽车、造船、石化、轻工、纺织、有色金属、装备制造、电子信息等九个产业中，积极推进"两业"协同发展。要鼓励制造企业转变传统观念，改造业务流程，分离外包物流业务；支持物流企业采用现代物流理念，提升服务水平，提高适应制造企业需要的一体化服务能力，引导制造企业与物流企业信息沟通，标准对接，业务协同发展，结成战略合作伙伴关系，共享"两业"协同发展的好处。

第二，大力支持物流企业增强一体化服务能力。

要鼓励现有运输、仓储、货代、联运、快递企业，进行功能整合和业务延伸，加快向现代物流转型；提倡条件成熟的制造企业内部物流机构，进行社会化重组改造，开展面向社会的物流服务；支持制造企业和物流企业通过参股、控股、兼并、联合、合资、合作等多种形式进行资产重组，联合组建第三方物流企业；鼓励大型物流企业做大做强，中小物流企业做精做细，发展各类企业在专业化分工基础上的联合协作。要鼓励物流企业深入了解制造企业物流和供应链运作模式，把物流服务嵌入供应链各个环节，努力实现"无缝对接"，提供定制化服务；要积极引导物流企业按照客户至上、集成整合、快捷高效、绿色环保、增值服务的原则，不断提升一体化服务能力，实现从传统运输、仓储服务向现代物流服务提供商、供应链集成商的转变。

第三，整合提升物流产业集聚区物流功能。

目前，制造业产业集聚的趋势发展很快，由此带来物流需求的大量集聚。如何按照社会化的思路，形成物流供给集聚、需求对接，整合提升物流产业集聚区物流功能，是"两业"协同发展的重要课题。要加强物流产业集聚区物流功能整合，提升服务能力，积极引导工业园区、经济开发区、出口加工区、高新技术产业园区等产业集聚区释放和集聚物流需求。要统筹规划物流产业集聚区的物流服务体系，倡导集聚区内物流基础设施、物流信息平台共享共用，为物流需求释放提供良好的服务条件。要严格控制集聚区内制造企业自营物流用地，凡能够委托外包的物流资产和业务，都要实行社会化运作。鼓励区内制造企业与专业物流企业建立物流业务托管机制，制造企业集中精力生产，物流企业提供专业服务。

第四，鼓励物流企业托管置换制造企业物流要素。

制造企业特别是国有和国有控股企业，一般都有自己的物流管理机构、设施和人员。在推进物流社会化的进程中，这些物流要素缺乏通畅的退出机制，已成为"两业"协同发展的一大障碍。因此，许多制造企业虽然存在物流社会化的动机，但受到客观条件制约，很难有所作为。要鼓励物流企业托管置换制造企业物流要素。对制造企业将闲置物流设施进行出租，可减征或免征租赁收入的营业税。

物流企业在承接国有大中型制造企业剥离的运输设施（如废旧的铁路专用线、运输场站设施等）时，应给予物流企业在土地置换和税收等方面的优惠。对物流企业租赁制造企业的仓储等闲置物流设施，允许将租赁支出可以一次性计入费用，降低物流企业所得税税基等。对物流企业接受原制造企业物流分流人员，或分流人员创办物流企业，应在项目审批、资金补助、税收、贷款贴息等方面给予优惠政策。

第五，促进制造业与物流业信息共享、标准对接。

信息共享、标准对接，是促进物流社会化的重要保障。现在的问题是，制造企业和物流企业的信息系统不能互联互通。信息资源不能有效的交换与共享。制造业的原材料或产成品的标准与物流业的技术设施标准缺乏有效衔接，两者标准不统一，影响了物流的运作效率。鼓励制造企业在企业物流管理流程规范化、核算精细化的基础上，积极推进物流管理的信息化进程。支持制造企业、物流企业建立面向上下游客户的信息服务平台，实现数据实时采集和对接，并建立物流信息共享机制。建立和完善制造业物流标准体系，鼓励制造企业采取物流业相关运作标准，制、修订物流信息、物流服务流程、工具器具和技术装备等领域的标准和规范。鼓励协同发展的制造企业和物流企业主动采用国家物流标准，充分发挥行业协会和龙头企业在制定和贯彻标准中的重要作用。

总而言之，物流产业集聚的发展要从总量上、结构上以及发展趋势上适合国民经济发展的需要；提出物流产业集聚要从纵向和横向两个方面进行资源整合，以提高资源的利用效率，降低物流业成本；提出了物流业外部融合的发展思路，分析了物流业外部融合的基础、内在动因和外在动因，并指出物流业应与制造业、建筑业、房地产业、金融业等进行产业融合，提供更有针对性的服务，以促进国民经济的快速发展。考虑到物流系统是国民经济系统的一个子系统，国民经济的发展决定了其对物流产业发展的方向、方式和规模的需要，物流产业集聚必须与国民经济发展需要相协调。因此，要加强物流业需求的研究，明确国民经济对物流需求的规模，结构与层次，同时也要加强物流需求与供给之间平衡的研究，以达到资源充分利用，运作效率提高，物流成本节约的目的。

物流产业与其他产业的融合是分工与协作矛盾统一的表现，是市场细分的结果，也是服务水平提高，客户满意率提高的保障。因此，今后应加强物流产业与其他产业融合的研究，对产业融合的模式、方法进行深入探讨，同时也应开展对物流业外部产业融合的效益评价研究。

第三节 中国物流产业发展展望

一、中国物流产业发展现状总结

（一）物流规模在膨胀，效率在提升

从社会物流总额构成状况来看，工业品的物流总额构成比例最高，其次是进口货物、农产品、再生资源、单位与居民物品；从社会物流总额的增长率来分析，工业品的物流总额增长率最快，其次是单位与居民物品、进口货物、再生资源、农产品；从每单位 GDP 的物流需求角度来看，工业品的物流需求系数最高，其次是进口货物、农产品、再生资源、单位与居民物品。从绝对数变化状况来看，中国社会物流总额在此期间均呈上升趋势，各种方式的货运量在此期间均呈上升趋势。

其中，公路货运量最高，其次是铁路、水运、管道、民航。

从中国物流总费的绝对数变化状况来看，近年来一直呈上升趋势。其中，运输费用最高，其次是保管费用和管理费用。而且，社会物流成本呈现出不断下降趋势，物流效率在不断提升。

（二）物流业的集聚趋势显著

集聚是企业为追求外部规模经济而形成的一种同一类企业在区域上的额外集中分布。在西方发达国家，产业集聚是一种普遍现象。从1978 年开始，中国实行对外开放的政策，尤其是20 世纪90 年代以后，改革开放向纵深发展，市场化水平不断提高，资源配置过程中政府干预越来越少，市场调节则逐渐占主导地位，企业选址有了自主权，特别是一些国内新进入企业和外资企业它们主要从经济角度，按照成本收益比较和市场需求等方面考虑企业的选址。原来计划经济时代的产业布局模式被打破，产业的集聚水平也发生了很大变化。我国各地区

总体的物流产业集聚优势已经显现。

（三） 物流业进一步向东部地区集中

Wen 使用了第二和第三次工业普查资料研究了中国制造业的区域集中，发现 1995 年中国制造业在几个沿海省市高度集中。其他的许多经济学者也都得出类似的结论。

物流产业集聚的利益来源主要来自交易费用的降低、交易效率的提高、规模经济效益的扩大等。2009 年出台的物流产业振兴规划中明确提出了将制造业与物流业的联动发展列为物流产业振兴规划的九大重点工程之一。

伴随着中国制造业的集聚，中国物流业的集聚也在不断加强。相对于中部和西部，我国东部有较强的物流产业集聚。东部物流产业集聚度比较明显的地区有天津、上海、辽宁、福建，中部物流产业集聚度无较明显的地区，西部物流产业集聚度比较明显的地区只有内蒙古。

东部地区的自然地理优势、交通运输条件和其他基础设施、人力资本水平、市场规模、对外开放程度等都具有中西部地区无可比拟的优势，从而构成了对企业选址的巨大吸引力。

（四） 大部分地区的物流产业集聚效应显著

市场经济中，集聚是企业追求利润最大化的选址结果，集聚可以降低生产与交易成本，并通过知识和技术溢出等提高生产效率。

伴随物流产业集聚水平的提高，东部地区可以增加人力资本的产出弹性，而中西部地区则增加物质资本的产出弹性。

（1）无论是我国东部地区还是中西部地区，区域经济发展中普遍都存在着物质资本存量不足的现象，也就是说，对我国大部分地区的物质资本投入尚未达到最优化的理想水平；如果继续加大对相关产业的资金投入，可以继续带来相关产业产出的持续增长。

（2）我国中西部地区的物质资本和人力资本还没有达到最优化的理想水平；如果继续加大资金和劳动的投入，可以继续带来工业产业产出的持续增长，这说明我国中西部发展空间和潜力还很大，这与我国大力发展中西部的战略相吻合。

（3）中国东部地区物流园区建设缺乏总体战略规划，项目盲目上马，空间布局不合理，重复建设，导致生产结构和产业布局不合理、产能过大等问题，提高了工业企业的生产成本，加大了企业的运营负担。从而出现了恶性循环的局面，使得物流产业集聚水平增加时工业的资本产出弹性会随之减少；所以，这些情况都使得产业集聚水平的提高不会给经济发展本身带来有利的影响。东部地区通过提高人力资源素质水平和创新能力，提高物流产业集聚的产出弹性，或引导更多的劳动力进入物流行业，增加物流企业的数量和规模，从而达到提高物流产业集聚的产出弹性。

（4）中西部地区物质资本匮乏，而劳动力资源丰富，所以中西部地区应增加物质资本的投入来提高物流产业集聚的产出弹性。

比如，加大物流基础设施建设的投资、增加外商固定资产投资和平均投资水平，等等。将物流产业集聚机理分析和区域经济效应分析结果相结合，可对东部和中西部从物流产业集聚的视角提出相应的政策指导。总而言之，我国东部较发达地区物流产业的发展应由资本密集型向技术密集型转变；而在我国中西部欠发达地区物流产业的发展应由劳动密集型向资本密集型转变。

二、发展展望

目前，对产业集聚的研究已经达到相对比较成熟的阶段，而对物流产业集聚的研究尚处于起步阶段，大部分学者均是通过借鉴产业集聚的发展思路来分析物流产业集聚现象。但是，并没有揭露不同省份之间的物流产业集聚度的差异、物流产业集聚机理进行分析及其区域经济效应等。基于此，本书首先对物流产业集聚的机理进行分析，同时分析了不同省份的物流产业集聚度对工业产值的影响，分析了中国物流产业集聚的区域经济效应。

在讨论物流产业集聚程度对中国不同地区经济增长的影响时发现，物流产业集聚对中国东部地区经济增长的作用，与对中国中西部地区将会有所不同。将产业集聚的理论应用到物流产业这个新的产业领域，这种尝试不仅具有较大的学术价值，而且具有较强的实践指导意义。这些结论对更加深刻地认识中国物流产业集聚状况，以及思路的调整和具体政策的制定上都具有一定的借鉴意义。本书还将分东部地区、中西部地区进行实证研究，并对造成这种情况的机理给出了解释。

最后，建议将物流产业集聚的发展最终落实到制造业与物流业联动发展的政策措施中，加快推进制造业与物流业有机融合，联动发展，以现代物流业为突破口来促进生产性服务业的发展，对于促进经济社会和谐发展和落实科学发展观意义重大。

（一）物流产业集聚有待更细化的研究

理论上，提到产业集聚，一般考虑更多的是中小企业的集聚，由于它们本身的内部规模经济性较低，抗风险能力和抗竞争能力都较弱，因而对于外部规模经济尤为重视，如中国江浙一带的纺织业集聚体就主要由中小企业构成，发达国家的许多研究也都表明，企业规模越小，从产业集聚中获得的收益越大，由于中国年鉴缺乏这部分小企业的资料，因而也就无从进行验证，这对于产业集聚实证研究来说是一个缺憾，这非常值得在今后条件允许的情况下进一步研究，以更全面地反映中国物流业集聚对工业影响的全貌。

马歇尔指出产业集聚的三个来源：劳动力市场蓄水池、投入共享和知识溢出。对于这几个方面，产业集聚中的企业生产越相似，这几个方面的效应越强，从而获得的外部规模经济越可观，集聚的动力也就越大。

对于产业集聚研究，一般产业划分越细越好。但是，实际研究往往受制于统计资料，在西方，一般可以细化到三位数产业，有的甚至还可以到四位数产业，但是中国按地区分类的统计只细化到两位数产业。两位数产业包含的内容很广泛，特别是物流产业，我们只能以交通运输、仓储和邮政业代表整个物流业进行研究。

所以，如果单纯考察交通运输、仓储和邮政业的集聚情况，不进行细分，结果将导致科学性和准确性会有所降低。另外，细化研究还包括解释变量的进一步细化。

（二）"两业"联动发展的对策有待探索

关于物流产业的产业组织研究、产业结构研究、产业集聚研究等根本目的都是探讨如何提高物流产业生产效率和提升工业产业的竞争力。产业竞争力的度量一般在两个范畴上进行，最常见的是产业的国际竞争力比较，另一个范畴是一国之内区域之间的产业竞争力比较。我国物流产业的集聚对工业总产值有显著促进作用，由此也可以推导出物流业与工业之间存在协同作用，而制造业又是工业的主要构成，因此物流业与制造企业的联动发展将是一种潜在的创造价值的战略选择。

为实现我国物流业平稳较快发展，以成功应对金融危机和实现物流市场复苏，国务院于 2009 年出台了《物流业调整振兴规划》。其中物流业与制造业联动发展被确定为振兴物流业的九大重点工程之一。在这种"共赢"理念的指引下，物流企业与制造企业之间的关系将会出现一系列全新的变化，跨产业的战略联盟合作关系——联动发展，将在两大产业间蓬勃发展。但如何有效促进现代制造业与物流业有机融合和联动发展具有重要的理论和现实的指导意义。针对特殊的时代背景提出推进我国物流业与制造业联动发展的对策，是一项具有理论意义和实践意义的工作，也是物流产业集聚和其他产业联动研究领域需要继续研究的问题。

参考文献

[1] 陈利民. 物流产业集聚及其区域经济效应研究——基于省级面板数据的实证分析 [M]. 北京：企业管理出版社，2013.

[2] 崔介何. 企业物流 [M]. 北京：北京大学出版社，2008.

[3] 狄方耀. 当代西藏产业经济发展史 [M]. 北京：中国藏学出版社，2014.

[4] 丁俊发. 中国物流 [M]. 北京：中国物资出版社，2007.

[5] 郭子雪. 区域物流产业竞争力评价及应用研究：以河北省为例 [M]. 北京：科学出版社，2017.

[6] 刘妤. "一带一路"战略下物流产业拉动西藏区域经济可持续发展研究 [M]. 厦门：厦门大学出版社，2017.

[7] 陆画普. 交通规划理论与方法 [M]. 北京：清华大学出版社，2006.

[8] 毛阳海. 生态安全与西藏新型工业化研究 [M]. 厦门：厦门大学出版社，2014.

[9] 商业部设计院. 冷库制冷设计手册 [M]. 世界知识出版社，2007.

[10] 汪鸣，冯浩. 我国物流业发展政策研究 [M]. 北京：中国计划出版社，2002.

[11] 汪鸣. 物流产业发展规划理论与实践 [M]. 北京：人民交通出版社有限公司，2014.

[12] 王庆云. 交通运输发展理论与实践 [M]. 北京：中国科学技术出版社，2006.

[13] 王永刚，张锐，冷链，等. 河南省物流产业发展研究报告 [M]. 北京：经济管理出版社，2015.

［14］王志纲. 面板数据模型及其在经济分析中的应用［M］. 北京：经济科学出版社，2008.

［15］杨明洪. 西藏经济社会跨越式发展的实证研究［M］. 北京：中国藏学出版社，2006.

［16］胡莉明. 关于加快我国冷链物流发展的探讨［J］. 佳木斯教育学院学报，2012（06）：405 – 406.

［17］姜玉娟. 基于 S – P – E – C – I 模型的我国航空冷链物流发展战略研究［J］. 空运商务，2014（04）：56 – 58.

［18］雷国. 我国冷链物流业发展现状及对策［J］. 对外经贸，2015（04）：59 – 61.

［19］李国刚，曹昱亮. 区域物流发展与经济增长关系的实证研究［J］. 经济问题，2012（12）：121 – 124.

［20］李虹. 关于我国区域物流竞争力的分析与评价——以辽宁为例［J］. 技术经济与管理研究，2012（04）：108 – 111.

［21］李锦，谢如鹤. 冷藏运输装备技术研究进展［J］. 流体机械，2014，42（05）：82 – 87 + 56.

［22］李明芳，薛景梅. 京津冀轴辐式区域物流网络的构建与对策［J］. 中国流通经济，2015，29（01）：106 – 111.

［23］李苏苏，谢如鹤. 从经济学视角谈我国果蔬冷链流通体系建设［J］. 科技管理研究，2013，33（22）：215 – 219.

［24］刘广海，谢如鹤. 冷藏运输装备发展现状分析及发展趋势研究［J］. 广西轻工业，2009，25（08）：122 – 123.

［25］刘国丰，欧阳仲志. 冷藏运输市场现状及发展［J］. 制冷，2007（02）：27 – 30.

［26］吕亚博. 浅析河南省食品冷链物流的发展出路——以漯河双汇物流为例［J］. 漯河职业技术学院学报，2013，12（06）：102 – 104.

［27］潘福斌，戴志桑. 谈我国冷链标准化的发展对策［J］. 商业时代，2014（11）：19 – 21.

［28］阚丽娟，刘冰. 我国冷链物流发展的对策分析［J］. 电子

商务，2014（08）：5-6.

[29] 史秀苹. 河南省食品冷链物流供应链模式探讨 [J]. 物流技术，2012，31（13）：339-341.

[30] 孙宏岭，李金峰. 中国冷链物流业的主要运作模式分析 [J]. 粮食流通技术，2012（02）：1-3+38.

[31] 孙宏岭，周行. 河南省冷链物流发展战略研究 [J]. 河南工业大学学报（社会科学版），2011，7（01）：70-72+83.

[32] 孙明燕，兰洪杰，黄锋权. 冷链定义浅析 [J]. 物流技术，2007（10）：29-31+52.

[33] 王圣云，沈玉芳. 我国省级区域物流竞争力评价及特征研究 [J]. 中国软科学，2007（10）：104-110.

[34] 张同升，梁进社，宋金平. 中国制造业省区间分布的集中与分散研究 [J]. 经济地理，2005（03）：315-319+332.

[35] 赵琦轩. 生鲜农产品冷链物流的发展现状与对策研究 [J]. 物流技术，2015，34（16）：27-29.

[36] 董红艳. 电子商务环境下山西省物流业竞争力研究 [D]. 太原：太原理工大学，2016.

[37] 李子为. 区域物流业综合竞争力分析与评价 [D]. 上海：上海师范大学，2013.

[38] 周君侠. 区域物流竞争力评价理论与实证研究 [D]. 南昌：南昌大学，2012.